POR DENTRO DA GESTAPO

RUPERT
BUTLER

POR DENTRO DA GESTAPO

a poderosa máquina de terror de **HITLER**

TRADUÇÃO
EMANUEL MENDES RODRIGUES

Lafonte

Brasil – 2020

Título original: *The Gestapo - A History of Hitler's Secret Police 1933/45*

isbn: 978-85-8186-461-7

Edição Brasileira

Direção Editorial *Sandro Aloísio*
Tradução *Emanuel Mendes Rodrigues*
Revisão *Ciro Mioranza*
Diagramação *Demetrios Cardozo*

Dados Internacionais de Catalogação na Publicação (CIP)
(Câmara Brasileira do Livro, SP, Brasil)

Butler, Rupert
Por dentro da Gestapo / Rupert Butler ; tradução Emanuel Mendes Rodrigues. -- São Paulo : Lafonte, 2020.

Título original: The Gestapo : a history of Hitler's secret police 1933-45
ISBN 978-85-8186-461-7

1. Alemanha. Geheime Staatspolizei 2. Guerra Mundial, 1939-1945 - Gestapo - Serviço secreto - Alemanha 3. Polícia - Alemanha - História - Século 20 I. Título.

20-33438 CDD-363.2830943

Índices para catálogo sistemático:

1. Alemanha : Gestapo : História da polícia secreta de Hitler 363.2830943

Cibele Maria Dias - Bibliotecária - CRB-8/9427

Esta edição foi publicada pela primeira vez em 2004 por Pen & Sword Books Ltd., 47 Church Street, Barnsley, South Yorkshire, S70 2AS

AGRADECIMENTOS
O autor gostaria de agradecer a Peter Padfield por lhe permitir usar um excerto de seu livro, Himmler Reichsfuhrer-SS (Macmillan Ltd., 1990).
O autor também gostaria de agradecer a Evangelischen Akademie em Berlim por deixá-lo usar o material guardado na Prinz-Albrecht-Strasse 8, assim como a valiosa ajuda da Biblioteca de Londres, do Instituto de História Contemporânea e a Biblioteca Wiener, o Museu Imperial da Guerra e o Instituto Histórico Alemão John Coughlin foi de um valor especial na pesquisa e na assistência.

CRÉDITOS DAS FOTOGRAFIAS
AKG-Images: 48, 69, 77, 79, 114, 116, 144, 196 / Corbis: 68, 89, 186, 190 / Photos12.com - KEYSTONE Pressedienst: 19, 25, 93, 159, 176, 201 / Oasis: 45, 67, 167 / Hachedé: 98 / Bertelsmann Lexikon Verlag: 147, 166 / POPPERFOTO.COM: 31, 60, 67, 72, 78, 100, 141, 170, 186, 206, 208 / Suddeutscher Verlag: 17, 21, 23, 28, 34, 39, 50, 52, 63, 80, 87, 92, 95, 123, 131, 149, 150, 155, 156, 168, 176, 179 / Topham Picturepoint: 10, 37, 44, 58, 16, 182, 191, 208, 211 / TRH Pictures: 8, 12, 15, 17, 21, 28, 34, 42, 46, 58, 65, 84, 86, 103, 104, 106, 110, 118, 125, 128, 131, 136, 139, 144, 150, 174, 178, 184, 194, 199, 204 / Ukrainian Stae Archive: 139.

3ª edição brasileira: 2020
Direitos de edição em língua portuguesa, para o Brasil, adquiridos por Editora Escala Ltda.

EDITORA LAFONTE
Av. Profa Ida Kolb, 551, Casa Verde,
CEP 02518-000, São Paulo-SP, Brasil - Tel.: (+55) 11 3855-2100.
Atendimento ao leitor (+55) 11 3855- 2216 / 11 - 3855 - 2213 - atendimento@editoralafonte.com.br
Venda de livros avulsos (+55) 11 3855- 2216 - vendas@editoralafonte.com.br
Venda de livros no atacado (+55) 11 3855-2275 - atacado@escala.com.br

Impressão e acabamento:
GRÁFICA OCEANO

COM A ALMA NAS MÃOS

GESTAPO – ou *Geheime Staatspolizei* – ou *Polícia Secreta do Estado*. Em outros tempos e em outros países, se diria KGB ou FBI. Todas siglas que põem o cidadão em alerta, submetem-no a desconfianças, receio, calafrios. Todas elas escritas sempre com letras garrafais, bojudas, transformando-se em espécie de olhos onipresentes, que tudo vêem, tudo controlam, tudo reprimem. Siglas que caçam deslizes, cochichos, até pensamentos, se possível fosse. Siglas que vasculham cartas, mensagens, bilhetes. Siglas que remexem arquivos, fichários, agendas. Siglas que auscultam telefonemas, conversas de bares, confidências de amigos. Siglas que arrombam, invadem, matam. Siglas onipotentes em nome do Estado. Polícia secreta – que se conserva em segredo, mas que não tolera segredos de outrem. Quando a serviço de um Estado democrático, sua função é proteger o cidadão de bem contra o cidadão do mal. Passável, aturável, quiçá compreensível. Quando a serviço de um Estado totalitário, é temida e odiada, porque passa a ser vergonhosamente secreta, covardemente escondida em si mesma, invasivamente destruidora de toda privacidade, desavergonhadamente ditatorial mostrando suas garras a quem der o menor sinal de insatisfação para com o regime.

A **GESTAPO** era tudo isso e mais que isso, porque se aperfeiçoou nos requintes de perversidade num Estado totalitário e beligerante. A intolerância de qualquer expressão de desacordo levada ao paroxismo da repressão e do ódio. Com todos os métodos e subterfúgios validados em nome de um Estado que se presumia detentor de todos os poderes políticos, sociais e religiosos, fazendo do ser humano um simples joguete de pseudo-ideais nacionais, um mero autômato inserido na engrenagem do Estado todo-poderoso.

Além disso, a **GESTAPO** não era somente instrumento de um Estado ditatorial, era especialmente a máquina predisposta para forjar terror e ódio na mente humana contra povos, raças e religiões. Tudo em favor do Estado, do sistema, do nazismo. A **GESTAPO** só é compreendida plenamente quando inserida inteiramente no contexto do nazismo. **GESTAPO** e nazismo se confundem e, nessa confusão, se auto-definiram como dois monstros num só. Nazismo, uma ideia pérfida. **GESTAPO**, uma ação perversa a serviço da perfídia.

Mais, não há que dizer. Os fatos descritos neste livro falam por si. Os personagens descrevem os antros e os horrores de uma época a ser esquecida, mas impossível de se esquecer. Resta a perplexidade ante os fatos. Para vergonha da humanidade, esses realmente aconteceram, foram verídicos e mancham para sempre a natureza do homem, criatura tão inteligente e tão ignorante, tão sublime e tão má, tão... pode-se dizer o que se quiser. Realmente, o homem é capaz de tudo. De bom e de péssimo.

A GESTAPO – um livro a ser lido com o coração distante, com o estômago vazio e com a alma nas mãos.

INDÍCE

1. FUNDAÇÕES

A derrota ALEMÃ na Primeira Guerra Mundial anunciou a República de Weimar, um regime calcado no cinismo e na constante violência nas ruas. Mas com o advento de Hitler, veio a esperança de um novo amanhecer.

Mesmo que a Gestapo, como a Polícia Secreta do Estado dedicada a manter o regime nacional socialista, tenha perecido juntamente com o nazismo em 1945, muito de sua influência e poder sobreviveu até o colapso do comunismo. Cinco anos após o fim da Segunda Guerra Mundial, o infame *Ministerium für Staatssicherheit* (Stasi) foi estabelecido no leste germânico, usando métodos familiares a muitos alemães: mídia controlada, vasta rede de informantes para reprimir subversivos, o encorajamento de membros de família a fim de espionarem um ao outro por meio de ameaças físicas e o medo da chantagem. No final dos anos 1980, a Stasi, que mantinha uma força de mais de 90.000 agentes uniformizados, possuía por volta de 175.000 informantes oficiais em seus registros – grosso modo, um para cada 100 pessoas. Muitos de seus operadores eram ex-integrantes da Gestapo.

A existência da Stasi era uma lembrança, embora extrema, de que todos os governos, de qualquer complexidade, confiavam em alguma forma de força de lei, utilizando várias medidas para encobrir possíveis conspirações contra o Estado, e perseguir ameaças à lei civil. Quanto mais autoritário um governo, mais pesados devem ser seus métodos.

Os membros do Ochrana, por exemplo, como servidores da autocracia do Império Russo, protagonizaram prisões em massa e tortura extrema contra inimigos políticos entre 1881 e 1917. Após a revolução de outubro de 1917, eles foram sucedidos pelo Cheka (Comitê Extraordinário Contra Sabotagem e Contra-Revolução),

Adolf Hitler é visto aqui com o presidente von Hindenburg, em 30 de janeiro de 1933, dia em que se tornou chanceler. O quase senil Hindenburg, com menos de um ano de vida, havia previamente declarado: "Tenho pouquíssimo tempo para essa boemia corporal."

que assumiu várias das características de seu predecessor tzarista, usando agentes infiltrados e provocadores.

As organizações mais tarde introduzidas pelos comunistas, a Inteligência Soviética Militar e o Comitê de Segurança do Estado (KGB) possuíam uma ampla rede de departamentos especiais para espionar as forças armadas, a indústria e todas as grandes instituições governamentais. Como em todas as ditaduras, seus agentes recrutavam um grande número de informantes cuja tarefa era assegurar a observação das regulamentações de segurança e monitorar as atividades dos empregados. Tudo dependia de diferentes graus de terror e intimidação. Ninguém sabe com precisão quantas pessoas foram enviadas aos campos durante a era de expurgo de Stalin, mas estima-se que entre 4 e 5 milhões de indivíduos tenham sido retidos antes e após a Segunda Guerra Mundial.

Os primeiros métodos sofisticados de força de lei usados na Alemanha foram inspirados nas ações de Napoleão Bonaparte, que organizara espionagens como parte integral de seu sistema militarista de operações. Karl Stieber, da Saxônia, um ex-advogado e renegado socialista, trabalhou disfarçado a serviço do rei da Prússia. Ele conseguiu o posto de *Polizeirath,* que lhe rendeu o controle policial normal e independente, e os equipamentos necessários para criar uma complexa rede de inteligência que caçava os inimigos do Estado. A base desse sistema permaneceu intacta mais ou menos até a derrocada da Alemanha em 1918.

A VELHA ORDEM

A República de Weimar entre as duas grandes guerras foi caracterizada pelas mudanças políticas de lealdade apoiadas por grande violência nas ruas. Embora houvesse um banimento oficial de todos os aparatos das polícias secretas alemãs, uma no entanto havia sido estabelecida em Berlim, com extremos e assustadores poderes "para prevenir e acusar... todas as ofensas penais que possuírem um caráter político." Portanto, já havia uma base de poder e pessoal para conduzir a Ges-

A REPÚBLICA DE WEIMAR

A República de Weimar, que emergiu das cinzas da derrota alemã em 1919 e durou até o surgimento do Terceiro Reich em 1933, deve seu nome à cidade, a 240 km (150 milhas) ao sul de Berlim, onde os signatários de uma assembleia nacional haviam aceitado o Tratado de Versalhes. Isso exigiu da Alemanha reduzir seu território e se desarmar, embora o exército e o serviço civil tenham permanecido.

Foi estabelecido que a constituição da nova república deveria tomar como modelo as realizações das democracias há muito estabelecidas - a forma do gabinete de governo existente na Inglaterra e na França, a eleição de um presidente segundo as linhas americanas e, onde apropriado, o emprego de um referendos, como na Suíça. Isso era para ser expresso em boas frases que pareciam irrepreensíveis: **"Poder político emana do povo... todos os alemães são iguais perante a lei... todos os habitantes do Reich gostam de liberdade completa de crença e consciência."**

Mas essas altas aspirações foram obscurecidas pelo Tratado de Versalhes, que era um anátema tanto para o exército quanto para os políticos conservadores, que se recusavam a aceitá-lo como tratado de paz ou da República que o havia ratificado. A oposição a Weimar ficou mais difícil quando o mercado soçobrou, levando a uma inflação desastrosa e tornando a moeda alemã sem valor nenhum. Um pedido da Alemanha para suspender os pagamentos com moratória foi rejeitado e tropas francesas ocuparam o Ruhr, efetivamente dilacerando o coração da economia do país. As massas do povo com uma moeda sem valor voltaram seu ódio contra os arquitetos da República de Weimar, manifestando-se especialmente na violência de rua.

tapo quando foi fundada na Prússia. Até então, ela tinha sido submetida às leis civis, mas este estado de coisas estava para mudar em breve.

Os estertores de morte de Weimar haviam sido óbvios para alarmar os observadores fora da Alemanha, mas foi apenas em 30 de janeiro de 1933, quando o presidente e *Generalfeldmarschall* Paul von Beneckendorf und von Hindenburg, o idoso ícone da velha ordem, se encontrou com Adolf Hitler, o populista austríaco do Partido Nacional Socialista dos Trabalhadores (NSDAP), que o destino do mundo para os próximos 15 anos foi finalmente decidido. Hitler assumiu o título de Chanceler do Reich, apesar da desdenhosa declaração anterior de von Hindenburg que "o cabo austríaco" dificilmente era adequado para o posto de ministro.

ASSUMINDO O CONTROLE

A exploração nazista da propaganda através de um teatro brilhantemente encenado nas ruas foi demonstrada espetacularmente em Berlim na noite do compromisso de Hitler. Uma marcha triunfante, iluminada por milhões de tochas, bradava seu progresso no Portão de Brandenburg da cidade. O passado hitórico alemão foi lembrado em uma canção: o triunfo dos reis bávaros, de Frederico, o Grande, da Prússia, e de Bismarck. A voz da nova Alemanha também podia ser ouvida, no entanto, nas canções do *Schutzstaffel* (Esquadrão de Proteção, SS).

Dois policiais no meio das ruínas do Reichstag alemão, em 27 de fevereiro de 1933. Quem incendiou o prédio permanece um mistério. O que é indiscutível é que, depois do incêndio, liberdades civis foram destruídas junto com as chamas, pavimentando o caminho para a opressão nazista.

Em 24 de fevereiro, com os escritórios nazistas atuantes há pouco mais de um mês e com o anúncio de novas eleições, os contingentes policiais prussianos fizeram uma batida no Karl-Liebknecht-Haus, a sede comunista em Berlim. Hermann Göring, chefe supremo da polícia, anunciou a descoberta de arquivos incriminadores, "provando" que os comunistas estavam à beira de uma revolução longamente planejada. Ele sustentava suas afirmações com uma alegação oficial do governo prussiano dizendo que "prédios do governo, museus, mansões e plantas essenciais deveriam ser queimados. Mulheres e crianças seriam mandadas contra grupos terroristas..."Dificilmente importava o fato de que não havia provas para tais alegações. Os suspeitos eram encerrados em caminhões de tipo militar, enquanto logo cedo pela manhã os carros disparavam pelas ruas levando agentes para a frente das casas e dos apartamentos nas vizinhanças. Não eram apenas os principais protagonistas da esquerda que eram escolhidos. As famílias dos suspeitos também eram levadas e colocadas em porões da Columbia-Haus no Columbiadamm, conhecido na Gestapo pelo apelido de "Bar Columbia."

Entretanto, Göring pode ter estado na batida da Karl-Liebknecht-Haus; um espetacular evento três dias mais tarde o ajudou em sua causa. Um pouco antes das nove da noite, um homem, atravessando a praça em frente ao prédio do parlamento do Reichstag, ouviu de repente o som de vidros se quebrando. Ficou assustado por uns segundos diante da figura que estava no primeiro andar segurando uma tocha acesa, depois correu para buscar ajuda. Antes de os bombeiros chegarem, o restaurante do prédio e vastas áreas do Salão de Sessões estavam um inferno. Três policiais entraram com as armas apontadas para uma figura de tronco nu, que saiu dos fundos do local e logo se rendeu. Um deles gritou: "Por que você fez isso!", e recebeu a seguinte resposta: "Foi um protesto." Precisamente após 24 minutos de o fogo ter sido descoberto, Marinus van der Lubbe, 24 anos, de Leiden, na Holanda, foi retirado do prédio.

"PARA A PROTEÇÃO DO POVO"

Göring logo estava em dificuldades, denunciando publicamente os comunistas por cometerem um incêndio premeditado e acusando o fraco van der Lubbe, um comunista idealista, de ser seu agente. Além disso, Göring gritou: "Isto é o começo da revolução comunista! Não devemos esperar nem mais um minuto. Não iremos mostrar piedade. Todo comunista oficial deve ser morto!" Em sua chegada, Hitler foi levado pelos corredores que ainda estavam acessíveis, tomando a oportunidade para esbravejar: "Trata-se de um sinal de Deus. Ninguém mais pode nos impedir de esmagar os comunitas com um só golpe."

O reinado de terror em Berlim teve início na noite do incêndio. Mesmo os mais fracos antinazistas foram presos e jogados na cadeia. A mando de Hitler, o presidente von Hindenburg foi obrigado a assinar um decreto "Para a proteção do povo e do Estado" entendido como uma "medida defensiva contra atos de violência comunistas que punham o Estado em perigo". O decreto dizia: "Restrições à liberdade pessoal, ao direito de livre expressão de opinião, inclusive liberdade de imprensa, aos direitos de assembleia e de associação; e violações da privacidade das comunicações postais, telegráficas e telefônicas; e mandados de busca em casas, ordens para confisco, bem como restrições à propriedade, são também permitidos além dos limites legais já prescritos." Um grande número de líderes comunistas foi levado às docas, assim como van der Lubbe, mas no final apenas o holandês foi guilhotinado no mês seguinte de janeiro.

Toda a verdade sobre o incêndio do Reichstag, e se o patético van der Lubbe foi o único responsável, nunca será descoberta; historiadores recentes se inclinam para esta visão, apontando que ele tentara, sem sucesso, incendiar outros locais. O que é certo é que o incêndio marcou o começo da guerra de Göring contra os comunistas, fornecendo-lhe um pretexto útil.

Era apenas o início. No começo de maio, o jornal *Deutsche Allgemeine Zeitung* estampava manchetes proclamando que "Os social-nacionalistas assumem os Sindicatos. Os líderes estão presos. Ações em todo o Reich." Contingentes em massa da polícia prussiana invadiram as sedes dos sindicatos, brandindo decretos oficiais assinados por Hermann Göring. De maneira significativa, já então a polícia operava sob o novo nome de Gestapo (*Polícia Secreta do Estado*). Acompanhando-os, estavam os jovens valentões do Terceiro Reich, membros do *Sturmabteilung* (SA, Desligamento da Tempestade), geralmente conhecidos como os Camisas-Marrom e, em sua maioria, recrutados entre os paramilitares nacionalistas e os contrabandistas do pós-guerra, os *Freikorps* (Corporações Livres). O líder do grupo SA era Ernst Röhm, de cicatriz no rosto, cuja participação no partido nazista vinha desde os primeiros dias. Mas o fato de a Gestapo e a SA estarem trabalhando juntas nessa ocasião não era indicativo de uma aliança harmoniosa, como logo se veria.

A ASCENSÃO DE GÖRING

Herman Göring era filho de um oficial de Rosenheim, na Alta Bavária Superior. Ele havia conquistado espetacular reputação na força aérea como piloto de combate, tornando-se comandante em 1918 do celebrado grupo aéreo "Flying Circus", tornado famoso pelo barão Manfred von Richtofen. Göring havia emergido da Primeira Guerra com a medalha *Pour le Mérite* e a Cruz de Ferro (Primeira Classe). Após retirar-se da companhia aérea Fokker, ele se tornou conselheiro do governo dinamarquês, piloto-acrobata e depois piloto comercial para a Svenska Luttraffik, na Suécia. Mesmo nessa época, suas altas ambições chamaram a atenção da delegação alemã em Estocolmo, que relatou a Berlim que

Göring se descrevia a si mesmo como "um candidato para o posto de presidência do Reich."

Mas Göring possuía pouco dinheiro e magras qualificações para ganhar a vida fora dos campos militares e da aviação. Sua sorte mudou com seu casamento com a sueca divorciada Carin von Kantzow, cujo primeiro marido havia deixado para ela um generoso legado. O casal fixou residência em uma propriedade de caça em Hockreuth, nos Alpes bávaros, cerca de 80 km (50 milhas) de Munique. Nessa época, Göring fez uma fraca tentativa de melhorar sua educação ao se matricular na Universidade de Munique, frequentando um curso de ciência política e História, mas seu temperamento impetuoso o tornou impaciente com qualquer forma de disciplina acadêmica. Em vez disso, ficou fascinado pela cidade de Munique que, como o resto da Baviária, estava abraçando um nacionalismo extremo expresso em passeatas e marchas contra as injustiças infligidas pelos vitoriosos que haviam reduzido a Alemanha a uma impotência econômica e armada em 1918. A culpa recai, declara-

Num dia de verão de 1929, o Sturmführer Horst Wessel lidera o Sturmabteilung (SA, Desligamento da Tempestade) pelas ruas de Nüremberg. Filho de um capelão protestante, Wessel, o "brigão de rua nazista", foi mais tarde assassinado em uma rixa. Deixando para trás as letras da canção "Horst Wessel Lied"(canção de Horst Wessel), foi elevado à categoria de herói nacional.

FREIKORPS

No clima pós-guerra de uma derrotada Alemanha, grupos descontentes de paramilitares voluntários, conhecidos como *Freikorps*, tiveram um breve mas significativo papel na vida política do país. Originalmente formados em Berlim, sua influência pode ser traçada da abdicação do Kaiser Wilhelm II em 1918 até o fracassado Beer Hall Putsch de 1923. O nome *Freikorps* foi adotado como tributo a Ludwig Freiherr von Lützow que, em 1813, tinha organizado um corpo policial de voluntários armados para a libertação do domínio de Napoleão.

Membros dos novos *Freikorps* eram ex-oficiais, soldados desmobilizados, aventureiros militares, nacionalistas ardorosos e jovens desempregados, todos ansiosos para destruir aqueles que consideravam ter traído a nação-mãe ao aceitar o Tratado de Versalhes. Os *Freikorps*, ilegais e politicamente de esquerda, também culpavam a desmoralização da Alemanha nos Sociais Democratas e nos judeus. Um de seus principais arquitetos era o capitão (mais tarde general) Kurt von Schleicher, futuro Chanceler alemão, que trabalhava com o departamento político do *Reischwehr*, o exército de 100.000 soldados permitido à República Alemã pelo Tratado de Versalhes. O *Reischwehr* era responsável por equipar e pagar secretamente pelas unidades do *Freikorps*, inicialmente para proteger as fronteiras do leste do país, e depois para lançar revolução em casa. Essas unidades eram oponentes radicais da rígida estrutura hierárquica do antiquado exército da Alemanha.

Um dos alvos-chave dos *Freikorps* na Alemanha era o governo esquerdista da Baviária, que foi esmagado por cerca de 3.000 partidários em 1919 sob o comando de Franz Xaver Ritter von Epp. Uma vez que os *Freikorps* consistiam de pequenas unidades de soldados, em vez de grandes exércitos sob comando ferrenho, suas forças não possuíam disciplina rígida e eram difíceis de controlar. Isso era particularmente verdade na Bavária, onde eles levaram alguns colaboradores do governo para as prisões, e os espancaram utilizando os cabos dos rifles, antes de massacrá-los. Durante uma batalha com cerca de 350 comunistas, 21 médicos foram capturados e assassinados.

Mas os dias dos *Freikorps* estavam contados. Adolf Hitler havia estabelecido sua base de poder na cidade de Munique, politicamentre volátil. Com a formação de seu *Sturmabteilung* (SA, Desligamento da Tempestade) dentro do Nationalsozialistische Deutsch Arbeitpartei (NSDAP, Partido Nacional Socialista dos Trabalhadores Alemães), as unidades *Freikorps* começaram a ruir. Muitos foram recrutados para a SA.

Os *Freikorps* foram formalmente dissolvidos em 1921, e seus últimos remanescentes foram desligados do serviço em uma cerimônia em Munique em novembro de 1933, para marcar o décimo aniversário do Beer Hall Putsch (complô da cervejaria).

vam os agitadores, naqueles responsáveis pela conclusão do armistício de 11 de novembro de 1918, que eles rotulavam de *Novemberverbrecher* (Os criminosos de novembro).

Grupos políticos virulentos estavam aflorando diariamente, mas curiosamente poucos eram capazes de surgir com alguma estratégia minimamente coerente. Uma exceção era uma força militar de descontentes que se uniu como *Nationalsozialistische Deutsche Arbeiter Partei* (NSDAP, Partido Nacional dos Trabalhadores Alemães Socialistas). Tinham um desprezo contundente contra aqueles que queriam uma mudança gradual e que suas exigências fossem fortes: uma violenta revolução, um novo Estado, uma sociedade drasticamente modificada. Dificilmente alguém que vivesse em Munique, em 1922, poderia não ter estado ciente do expoente mais volúvel do NSDAP. Foi mais tarde, naquele mesmo ano, que Göring viu pela primeira vez Adolf Hitler na multidão, numa passeata contra os poderes dos Aliados pela extradição dos líderes militares alemães; Hitler, que considerava esse protesto em particular mero palavrório sem nenhum poder de apoio, havia declinado em falar. Mais tarde, os dois homens se encontraram frente a frente, um encontro engendrado através da ligação de Carin Göring com as figuras-chave do NSDAP.

Em Berlim, em março de 1919, um grupo de Freikorps se junta diante de um carro-forte Erhardt, preparado para as batalhas contra os espartacistas do Partido Comunista Alemão durante os dias da República de Weimar.

Nessa ocasião, Göring mais tarde contou: "Hitler falou sobre o protesto, sobre Versalhes... e o repúdio do Tratado... a convicção vinha de palavra por palavra, como se aquilo saísse de dentro de minha própria alma. Em um dos dias seguintes, eu fui aos escritórios do NSDAP... queria apenas conversar com ele para saber se poderia ser de alguma utilidade. Ele me recebeu imediatamente e, depois que me apresentei, ele disse ter sido uma virada do destino extraordinária que tivéssemos nos conhecido... Ele estava há muito procurando um líder que tivesse tido alguma distinção na última guerra... para que possuísse a autoridade necessária. Agora parecia a ele ter tido um golpe de sorte que eu, em particular, o último comandante do Esquadrão Richthofen, me colocasse à sua disposição."

O encontro pode ter surpreendido Göring, mas Hitler, o oportunista cínico de sempre, confidenciou aos colegas: "Propaganda excelente! Além disso, ele tem dinheiro e não me custa um centavo." O considerável magnetismo pessoal de Göring também emprestou um rosto respeitável para o partido nazista. Em janeiro seguinte, após seu primeiro encontro com Hitler, Göring foi nomeado comandante supremo das tropas de elite. Sua tarefa, foi deixado bem claro, era moldar a turba mal organizada da SA em algo parecido com um exército privado e disciplinado.

Nem todo mundo dentro da SA estava feliz com Göring. Os elementos mais rudes, muitos dos quais soldados desempregados, o viram como algo do passado, associado aos privilégios da classe burguesa, da plutocracia e da classe dos oficiais. Havia uma convicção difundida entre os seguidores de que a SA deveria estar na vanguarda da genuína revolução – acima de tudo, suficientemente socialista para varrer do mapa a velha ordem. Sob Göring, mas em nada apreciando a posição, estava o fanfarrão Ernst Röhm, obeso, cheio de furos de bala, com a cara vermelha e com um fraco por jovens efebos.

Para Röhm, as pessoas eram fichadas como soldados ou civis, amigos ou inimigos, proclamando: "Uma vez que sou um homem imaturo e mau, a guerra e a balbúrdia têm mais apelo para mim do que a boa ordem burguesa." Atraído pela oratória de Hitler, ele havia se tornado um dos primeiros membros do partido nazista, bem como um amigo íntimo do *Führer*, em cuja defesa Röhm reuniu um grupo heterogêneo, consistindo a princípio de um lojista, um lutador amador, um relojoeiro e um segurança de uma cervejaria. O novo grupo de guarda-costas foi chamado Stosstrupp (tropa de choque) e ficou subordinada à SA de Röhm, composta de 2000 homens, para ser mais tarde substituído pelos *Stabwache*, ou Guarda Pessoal, formando a base para a *Schutztaffel*, a SS.

O COMPLÔ DA CERVEJARIA

Brigas nas ruas das cidades alemãs eram coisa comum e parte da vida social e política do cenário até que os nazistas tomassem o poder em janeiro de 1933. Trabalhadores, encorajados pelos comunistas para se oporem à República, são vistos aqui enfrentando os cacetetes da polícia de Munique.

Nos últimos meses de 1923, uma grande crise ameaçou não apenas o Estado da Bavária, mas também toda a República alemã. O chanceler Gustav Stresemann, um conservador com simpatias monarquistas, anunciou o fim da política de resistência passiva no Ruhr, coração industrial da Alemanha durante a ocupação francesa. Além disso, declarou que deveria haver uma retomada dos pagamentos de reparação aos vitoriosos: achava que, se era para a Alemanha ser salva e o caminho para a anarquia refreado, algum tipo de negociação precisava ser feita com os Aliados, a fim de dar à República um respiro antes de reconquistar sua força econômica. Ao prever oposição inevitável, Stresemann persuadiu o presidente Friedrich Ebert a declarar estado de emergência. A Bavária ficou em ponto da histeria, unindo tanto nacionalistas como comunistas em feroz denúncia contra a República. Para Hitler, parecia uma oportunidade caída do céu. Sua melhor chance de ganhar poder político, pensou, estava na aliança de seu partido com a direita bávara, e promovendo uma marcha em Berlim. Entretanto, o que faltava a Hitler e a seus colegas nazistas, na maior parte arruaceiros da SA, era conspicuamente um rosto respeitável. Hitler achava que o havia encontrado no general Erich Ludendorff, um herói militar e advogado de extrema direita. Tal aliado seria valioso na companhia do triunvirato reinante da Bavária: Gustav Ritter von Kahr, Comissário Central do Estado, o general Otto von Lossow, Comandante Geral das Forças Armadas, e o coronel Hans von Seisser, chefe de polícia do Estado da Bavária. Ordens de Berlim foram imperiosamente ignoradas por von Kahr, a despeito de um aviso de que qualquer revolta seria sufocada pela força.

Em um caso clássico de falar antes do tempo, Hitler distribuiu um pôster que declarava: "Proclamação para o povo

Neste retrato retocado, Hermann Göring – o antigo ás da Luftwaffe que, em 1918, tornou-se o Comandante do Circo Voador tornado famoso pelo barão Manfred von Richthoften – é visto aqui usando a condecoração Pour le Mérite. Já no fim da Primeira Guerra, ele havia ganho bastante popularidade como um acrobata dos céus.

alemão! O regime dos criminosos de novembro é hoje declarado extinto. Um governo nacional alemão provisório é formado." Na assinatura, estava o nome de Hitler e o do triunvirato. Em 8 de novembro de 1923, Hitler atacou, escolhendo como base o Burgerbraukeller, um local nas cercanias de Munique onde von Kahr fazia uma reunião patriótica. Com a ajuda de Göring, e a "coleção" heterogênea da SA de Ernst Röhm, o porão foi cercado, e Hitler irrompeu na reunião, derrubando um tonel de cerveja no chão, atirando para o alto e gritando: "A revolução nacional começou. O local está cercado por 600 homens pesadamente armados e ninguém pode sair. O governo da Bavária e o do Reich foram depostos e um governo do Reich provisório será formado."

Von Kahr e os outros foram levados para um quarto dos fundos e foi exigida sua cooperação. Em uma tentativa desesperada de jogar com o tempo, von Kahr concordou em continuar com seu apoio; entretanto, a coragem do triunvirato estava rapidamente minando. Foi então que Hitler cometeu o erro de concordar em permitir que os homens deixassem o local. Logo, muitos estavam renunciando. Von Lossow não perdeu tempo para correr a um telefone e pedir reforço de tropas para serem enviadas às pressas à cervejaria. Pior que isso, mandados foram enviados para a prisão de Hitler, Ludendorff e outros envolvidos no golpe, que caminhava para o fracasso.

Hitler, no entanto, confiante no apoio de Ludendorff, não estava preparado para desistir. No dia seguinte, com uma falange da SA e tropas de elite, os rifles presos nos ombros, o partido se dirigia para o centro de Munique. Logo que chegaram à Odeonsplatz, próxima ao Felden Halle, cerca de cem policiais do estado abriram fogo contra 3.000 nazistas. Em questão de segundos, 16 nazistas e três policiais caíram mortos. Hitler prontamente abaixou-se na calçada, enquanto Göring, com menos sorte, levou uma bala perto do quadril. Ludendorff continuou marchando em frente, movendo-se entre as trincheiras de policiais que, em um gesto de respeito pelo velho herói de guerra, viraram suas armas para o lado.

Na confusão, Hitler foi resgatado por um carro, enquanto Göring recebeu primeiros socorros de um judeu proprietário de um banco próximo e que depois fugiu do país. À frente dele, na companhia de Carin, estavam cerca de quatro anos de exílio na Áustria, Itália e, finalmente, na Suécia. As dores de seu ferimento eram agudas e constantes, e ele precisou se submeter a tratamento de morfina praticamente todos os dias. O efeito foi alarmante. Não apenas ele se tornou obeso e inchado por causa do peso em excesso, mas também passou por uma mudança forte na personalidade que incomodava a todos que passavam por seu caminho.

"CONFINAMENTO HONORÁVEL"

Hitler, juntamente com Ludendorff e Röhm, cujas SA estiveram à frente na tentativa de golpe, foi finalmente preso e levado a julgamento que, de acordo com observadores, ocorreu numa atmosfera de boa vontade entre a acusação e a de-

Membros da SA em frente às barricadas durante o golpe da Cervejaria de Berlim de novembro de 1923. O segundo, a partir da esquerda, é Rudolf Hess, com o chefe da SA Ernst Röhm, o terceiro a partir da esquerda. Próximo a ele, está o espetacular e cristalino Heinrich Himmler, o futuro chefe supremo da SS.

fesa. Hitler aproveitou a oportunidade para dominar a corte, dizendo: "Eu assumo a responsabilidade sozinho. Mas não sou um criminoso por causa disso... Não há coisa pior do que a alta traição dos traidores de 1918... Acredito que a hora vai chegar quando as massas, que hoje estão nas ruas com a bandeira da suástica, vão se unir com aqueles que atiram neles." Ele deixou bem claro que sozinho possuía a coragem necessária e iria sem dúvida alguma lutar contra a "república judaica." Ele foi sentenciado a cinco anos, em um "confinamento honroso", com a garantia de que poderia ser libertado daí a um ano. Röhm foi mantido em Stadelheim e Ludendorff absolvido de todas as acusações. O NSDAP, no entanto, foi banido da Bavária.

Um dos maiores ajudantes de Ernst Röhm no golpe atraiu grande interesse na época. Uma fotografia de uma pequena e insignificante figura olhando por detrás das barricadas e dos arames farpados chamou a atenção. O envolvimento exclusivo de Heinrich Himmler não mereceu nenhuma observação nos processos e foi mantido nos tradicionais modos imperiais. Seu lugar destacado na ascensão nazista ainda estava por vir.

Antes de seu julgamento e prisão, Hitler reconheceu seu erro tático ao tentar fazer uma revolução por ação direta em vez de procurar ganhar o apoio das massas, atrair suporte financeiro e então facilicar a pavimentação de seu caminho para a supremacia política através de meios legais. Entretanto, o golpe esteve longe de ser um fracasso total porque o julgamento levou as manchetes do movimento nazista para outros países. Mesmo que o moral dentro do próprio partido nazista tenha se enfraquecido até atingir seu ponto mais baixo, enquanto a atenção se voltava para os grupos de esquerda, Hitler estava preparado para alcançar seu intento, por um breve momento ao menos. Ele insistiu em manter silêncio público até que a condenação de seu partido fosse levantada. No fim de fevereiro de 1925, dois meses após sua libertação do castelo de Landsberg, fez sua primeira investida. A escolha de seu local foi um ato de calculismo premeditado: um discurso enaltecedor no Burgerbraukeller clamando pela união do partido. Na busca de seu objetivo, estava bastante preparado para as trocas que viriam, forjando alianças com a direita e o centro, enquanto aguardava sua oportunidade.

ENFIM O PODER

A fase final da luta nazista pelo poder chegou em 30 de maio de 1932, com a indicação feita por von Hindenburg de Franz von Papen como Chanceler. Um nobre que havia servido como membro da extrema direita do Partido de Centro Católico, von Papen tinha procurado o apoio do exército (o *Reisch-*

wehr) e dos barões industriais. Ele era, no entanto, bem conhecido como um João-Ninguém, levando André-François Poncet, o embaixador francês em Berlim, a declarar que a indicação "foi saudada a princípio com uma incredulidade estarrecedora. Todo mundo sorriu. Existe algo a respeito de von Papen que evita que seus amigos como seus inimigos o levem muito a sério. Ele carrega a estampa da frivolidade."

Hitler, cumprindo já por nove meses sua sentença de cinco anos por organizar o golpe da Cervejaria, é visto com os partidários no conforto da prisão de Landsberg, onde lhe foi permitida associação livre com outros 40 nazistas ali presos. Entre eles estavam Rudolf Hess (segundo à esquerda), que fez muitas anotações do livro Mein Kampf e mais tarde se tornou deputado do Führer.

Mas essa era uma frivolidade que mascarava certa crueldade. Tido por muitos como um cavalo de Troia para os nazistas, estava no posto havia escassas duas semanas, quando baixou uma proibição contra a SA e os uniformes nazistas que haviam sido instituídos por seu predescessor, Heinrich Brüning. Von Papen continuou a demitir os governos de diversas províncias e, sob os protestos da administração na Prússia, assumiu controle como Comissário do Reich. Seu apoio a Hitler foi expresso em uma promessa de fomentar o coração financeiro das indústrias da região do Reno.

Tudo isso agradava aos nazistas, que estavam no topo de tudo, apenas observando. Nas eleições de julho de 1932, os Nacional-socialistas asseguraram cerca de 230 cadeiras e se tornaram o partido mais forte de toda a Alemanha. Como acontece, o tempo de von Papen como Chanceler foi breve. Seu posto foi tomado por Kurt von Schleicher, ex-Ministro da Defesa e um intrigante de primeira categoria, que ofereceu apoio ao governo Nacional-Socialista na condição de que Hitler o indicasse para o gabinete e lhe permitisse dirigir o *Reichswehr*. Ficou frustrado quando Hindenburg indicou Hitler como Chanceler e von Papen Vice-chanceler.

Quanto a Göring, havia retornado do exílio após tratamento com morfina e uma estada em um hospital psiquiátrico, onde foi diagnosticada esquizofrenia que se manifestava em acessos lacrimosos por sentimentalismo e fúria descontrolada. Impulsionado por uma energia sem fim, possivelmente graças aos efeitos da morfina, sua devoção para com a política tornou-se o centro de sua vida, servindo para encobrir a devastação pela morte de Carin de tuberculose. Em 1928 foi um dos primeiros nazistas a ser eleito para o Reichstag, e foi reeleito dois anos mais tarde, servindo como agente político de Hitler em Berlim, e alcançando definitivamente o posto de Presidente do Reich. Outros postos eram igualmente cobiçados: Ministro do Reich sem pasta, Comissário do Ar do Presidente-Ministro Prussiano e Ministro Prussiano do Interior. Além disso, procurou um casulo de segurança que ia direto contra a SA de Röhm. Sua atenção primordial, no entanto, voltava-se para a polícia prussiana, e perdeu muito pouco tempo procurando um aliado lá dentro, uma figura que estaria no centro do poder em Berlim.

DIELS À FRENTE

Como estudante de medicina e Direito nas universidades de Giessen e Marburg, Rudolf Diels, filho de proeminente proprietário de terras, passou boa parte de seu tempo evitando trabalho acadêmico em favor de bebedeiras homéricas com os membros de uma unidade militar. O legado foi uma série de cicatrizes em suas bochechas. Aos trinta anos, havia entrado no Ministério Prussiano do Interior como especialista em assuntos comunistas. Designado como 1A e preocupado com a segurança do Estado, era na verdade um posto insignificante, com pouquíssimos funcionários e sem nenhum dinheiro, dificilmente capaz de lidar com um Partido Comunista Alemão que em 1930 possuía 250 mil membros e 4.000 células políticas.

Para Göring, impulsionado por visões de uma revolta da esquerda dentro da Alemanha que espelharia aquela que devastou a Rússia em 1917, o posto era propício para uma mudança, e Diels possuía um papel-chave. Por todas as suas limitações existentes, logo ficou muito claro a Göring que, em Berlim, os quartéis-generais da polícia que ele havia herdado foram reintegrados, muitos dos quais contendo dossiês detalhados sobre várias personalidades. Extraindo informações desses documentos, não houve nenhuma perda de tempo no expurgo, tendo início dentro da própria polícia prussiana, onde oficiais da velha República foram abruptamente removidos para serem substituídos pelos nazistas. A principal campanha, contudo, de interrogação e terror era, presumivelmente, mirada contra os comunistas.

Rudolf Diels, o grande sobrevivente. Originalmente um oficial do Ministério Prussiano do Interior, progrediu dirigindo novos setores da polícia secreta, mais tarde a Gestapo. Foi demitido devido à rixa pelo poder entre Göring e Himmler. Acusado de deslealdade, Diels foi preso após o bombardeio de julho de 1944, mas sobreviveu ao colapso do Terceiro Reich e, depois da guerra, conseguiu emprego novamente no governo local.

Em 26 de abril de 1933, Göring estabeleceu por decreto o *Geheime Staats Polizeiamt* (Gestapa, "Escritório da Polícia Secreta do Estado"), e sendo designada mais tarde apenas como *Geheime Staats Polizei* (Gestapo).

Com o advento da Gestapo como corpo oficial, as palavras do jornalista britânico Douglas Reed deram forma à vida na Alemanha de Hitler para centenas de cidadãos, muitos dos quais possuíam pouco ou nenhum interesse em política: "Quando a Alemanha acordou, a casa de um homem não era mais seu castelo. Ele poderia ser preso por qualquer indivíduo, não poderia pedir proteção à polícia, poderia ser detido indefinidamente sem acusação nenhuma, sua propriedade poderia ser tomada, suas comunicações verbais e escritas perseguidas e censuradas; não possuía mais o direito de se reunir com seus amigos, colegas de trabalho e os jornais não poderiam de maneira alguma expressar suas opiniões."

Isto sublinhava o que havia acontecido no mês de março anterior, depois das eleições, nas quais, a despeito da atmosfera de terror e repressão, os nazistas já haviam assegurado uma maioria esmagadora com a ajuda do partido nacionalista. Mesmo que os comunistas tivessem ganho cerca de 5 milhões de votos, ficaram proibidos de assumir suas cadeiras. Antes que os membros do Reichstag se juntassem no Kroll Opera Haus, Hitler abriu o debate sobre o Ato de Permissão, que proporcionou a fundação constitucional

O ATO DE PERMISSÃO

Depois de alguns meses de se tornar Chanceler em 30 de janeiro de 1933, Adolf Hitler havia transformado a frágil democracia que imperava na Alemanha em uma ditadura imposta por um conjunto de terror, intimidação e habilidosa propaganda. A eleição tinha dado aos nazistas aproximadamente 288 cadeiras e para seus aliados nacionalistas mais 52. Juntos, os dois partidos tinham ganho mais da metade dos votos e, depois de os comunistas terem sido banidos, acusados do incêndio do Reichstag, os nazistas possuíam uma clara maioria. Um sinal de como a Alemanha estava sendo moldada pôde ser julgado em 23 de março, quando os novos representantes eleitos chegaram ao Kroll Opera House, local de encontro do Reichstag após o incêndio, pavimentando seu caminho através de cordões bem cerrados da SS e Camisas-Marrons da SA armados. O show de força funcionou. Com a maioria de dois terços necessária, os representantes nazistas e Nacionalistas forjaram o Ato de Permissão, que deu a Hitler poderes ditatoriais para governar sem nenhuma referência ao Reichstag.

O Ato de Permissão (*Gesetz zur Erhebung der Not von Volkund Reich*, "Lei para remoção da dor do povo e do Estado") lançou as fundações da ditadura ao fazer importantes alterações na constituição de Weimar. Em cinco curtos parágrafos, o poder da legislação, aprovação de tratados com outros Estados e a criação de emendas para a Constituição passaram longe do Parlamento e foram entregues ao gabinete do Reich.

Em 7 de abril, Hitler nomeou governadores do Reich (*Reichstatthälter*) , dissolveu a assembleia ou demitiu os oficiais do Estado. Os poderes desses governadores eram extremamente controlados, contudo, porque lhes era exigido atuar a "política geral emanada pelo Chanceler do Reich." Hitler celebrou o primeiro aniversário da conquista do poder promulgando uma "Lei pela Reconstrução do Reich." Aqui, "reconstrução" no sentido de dissolução dos poderes reinantes dos Estados, que eram transferidos para o Reich, com todos os Estados devendo responder prontamente à administração do Ministro do Interior do Reich. A Lei de Permissão foi renovada em 1937, 1939 e 1942. Cada vez o poder parlamentar foi mais solapado, uma vez que o Reichstag tornou-se uma ficção constitucional que se reuniu apenas uma dúzia de vezes até 1939, sua única voz sendo a de Adolf Hitler e sua liderança nazista.

O primeiro gabinete de Hitler foi uma enorme coalizão. Além do próprio Hitler, havia mais dois outros nazistas, Hermann Göring, futuro Reichsmarschall, e Wilhem Frick, nomeado Ministro do Interior do Reich. O gabinete tornou-se uma marca para as políticas nazistas, sua reunião final ocorreu em fevereiro de 1938.

da ditadura nazista e confinou a República de Weimar aos livros de História. A aprovação parlamentar já não era mais exigida, e muitos daqueles que faziam oposição estavam na cadeia. Os nazistas haviam dado um passo crucial à frente: de donos da rua, tornaram-se donos do Estado.

O poder da Gestapo, que previamente havia sido confinado a Berlim, foi estendido a todo e qualquer departamento de polícia na Prússia. Embora parecesse que os comunistas tinham, ao menos por certo tempo, sido neutralizados, Göring ardia de impaciência para expandir seu império. Sua posição, no entanto, não era, de modo algum, inatacável, uma vez que a SA de Ernst Röhm havia expandido sua força consideravelmente: três milhões de homens poderiam agora ser mobilizados. Além disso, havia 300 mil membros do *Stahlhelm* (Capacete de Aço), a organização dos ex-homens de serviço. As atividades ilícitas desses membros da SA cresceram com a força de seus números e mostraram sinais claros de estar fora de controle. Mas, como aconteceu, um corretivo poderoso e sinistro estava em vista.

2. RIVALIDADE

Com os nazistas firmemente como donos da Alemanha, Göring e Himmler perseguiram seu objetivo definitivo: controle de uma polícia secreta cujos tentáculos se alongariam por todo o Reich e além dele.

Heinrich Himmler, a nulidade com óculos do semifarsesco golpe da Cervejaria, estava agora de olho na crescente força em Berlim da SS e da Gestapo. O posto de "Presidente de Polícia Ativo" lhe foi conferido, mas ele o estimava pouco, mesmo com a adição do título grandioso de *Reichsführer-SS*. O filho de um respeitável professor da Bavária, uma vez vendedor de fertilizantes, originalmente se havia inscrito na SS como Membro número 168. Sua carreira militar lhe deu o posto de cabo nos alojamentos, em cujo interior se especializou em colecionar as indiscrições e fraquezas de seus colegas. Mas isso era apenas uma parte do homem que acreditava firmemente nos princípios raciais e nas armadilhas pseudomísticas do Socialismo Nacional, e que arduamente absorveu as incompreendidas teorias do *Super-homem* de Friedrich Nietzsche, juntamente com as antigas lendas teutônicas da Alemanha de florestas e caçadores que viviam da espada e da adaga.

Como o falecido Hugh Trevor-Roper, historiador britânico, escreveu: "...para Himmler eles eram, cada um deles, a pura verdade ariana, que, se um homem não se mantivesse puro, sem dúvida sucumbiria. Foi com um pedantismo tão estreito, com esse antiquarianismo, que Himler estudou os detalhes dessa besteira triste e sem fim." Aqueles que trabalharam com Himmler tinham opinião semelhante: Albert Krebs, por exemplo, durante seu tempo como Gauleiter de Hamburgo, certa vez dividiu uma viagem de trem com Himmler e teve de aguentar um monólogo tedioso, descrito nas memórias pós-guerra de Krebs como "besteira política", e "vulgaridade estúpida e fundamentalmente vazia."

O SS Gruppenführer, Reinhard Heydrich, que chegou a chefiar todo o aparato de segurança da SS. Implacável carreirista, Heydrich era temido pelos nazistas e oponentes. Embora um modelo de virilidade masculina ariana, ele tinha um medo secreto – as insinuações de muitos inimigos de que ele possuía "sangue impuro", uma ancestralidade parcialmente judaica.

Essas exaltações e fantasias nórdicas, contudo, também eram abastecidas pela busca desenfreada do poder – acima de tudo, a determinação para ganhar o controle absoluto do uniforme negro da SS.

A ASCENSÃO DE REINHARD HEYDRICH

Logo depois da indicação de von Schleicher como Chanceler do Reich, uma proibição anterior imposta tanto à SA quanto à SS havia sido determinada, resultando em um surto de violência que causou grande alarme entre os círculos de negócios mais conservadores, cujo apoio era vital para os nazistas. Himmler começou a preparar para o que se previa ser uma guerra civil na Alemanha – e seu maior inimigo era a SA. A busca era por promissores subordinados. Entre estes estava Reinhard Eugen Tristan Heydrich, de Halle an der Salle, na Saxônia, cuja indicação como representante era devido simplesmente ao fato de ele ser alto, loiro e atlético, muito semelhante ao modelo nórdico tão procurado por Himmler.

Heydrich, cujo pai músico havia fundado o Primeiro Conservatório Musical, Teatro e Escola Halle, havia servido na marinha alemã. O que deveria ter sido uma carreira promissora, no entanto, terminou na corte marcial e em demissão em 1931 por conduta desonrosa. Nenhuma lembrança mais sólida da razão sobreviveu: a mais favorável dizia respeito a um *love affair* com a filha de um oficial nas docas da marinha de Hamburgo. O próprio Heydrich não estava preparado para dar nenhum esclarecimento. Ele contribuiu com uma sentença para seu dossiê da SS que dizia: "No final de abril de 1931, fui demitido das áreas de serviço e não-serviço por uma decisão do Presidente do Reich contra o conselho de meus superiores imediatos."

Nessa época Heydrich estava noivo de Lina von Olsen, filha de um professor da escola de um vilarejo da ilha báltica de Fehmarn. Qualquer que tenha sido a causa da desgraça de Heydrich, parece que não teve efeito algum no relacionamento. De qualquer forma, o enlace ia além de mera união familiar – os Olsens e o jovem Reinhard compartilhavam de uma devoção ardente pelo nacionalismo. O irmão de Lina, Jürgen havia caído na fórmula mágica de Hitler em 1928, após ouvi-lo falar, e a própria Lina havia se juntado ao grupo feminino do Nacional-Socialistas. Parecia que uma abertura no NSDAP poderia ser estabelecida para Heydrich, mas inicialmente ele não estava atraído pela ideia, julgando os nazistas pela imagem cruel da SA. Como aconteceu, foi a própria família de Heydrich que forçou o caminho através da amizade com o barão Karl von Eberstein, na época um SS-*Oberführer* que tinha o ouvido de Himmler e organizou um encontro.

Não poderia haver um contraste maior entre o apagado e tacanho Himmler, dócil, usando seus óculos, e o infinitamente mais brilhante Heydrich, um linguista, talentoso violinista, alto e de grande porte, com uma boca grande e sensual e flamejantes olhos claros. Ironicamente, o encontro, de acordo com fontes reveladoras, havia nascido inicialmente através de um contrasenso: Heydrich havia servido na marinha como *Nachrichtenoffizier* (oficial de radiotelegrafia), um termo confundido tanto por von Eberstein quanto por Himmler como *Nachrichtendienstoffizier* (ofi-

Esta antiga fotografia da SS mostra muitas figuras-chave. Heinrich Himmler (primeira fila, no centro) tornou-se Reichsführer-SS e em princípio controlava apenas 280 homens. À esquerda de Himmler está Kurt Daluege, que serviu originalmente a SA, tornando-se um oficial sênior em 1928. Um jovem Reinhard Heydrich (terceira fila, o segunda a partir da direita), o futuro chefe SD, também pode ser visto, assim como Josef ("Sepp") Dietrich, futuro Waffen-SS e comandante do destacamento blindado.

O MUNDO DE HIMMLER

Atrás das altas muralhas do castelo Wewelsburg, em florestas próximas à ancestral cidade de Paderborn da Vestfália, Heinrich Himmler forjou seu mundo bem particular. Ele foi criado não por um burocrata de óculos, mas por Himmler, o romântico, criador de um santuário dedicado às armadilhas ritualísticas da maçonaria, com seus uniformes e suas insígnias elaboradas.

Adquirido por Himmler no verão de 1934, Wewelsburg era seu Camelot, refletindo profundamente as lendas do rei Artur e seus doze cavaleiros da Távola Redonda - transformados agora em 12 *Obergruppenführers* pessoalmente selecionados, proclamados como "uma aristocracia de sangue e alma." Os *Obergruppenführers* escolhidos se reuniam com regularidade ao redor de uma grande mesa em uma sala de jantar. Aqui, Himmler era capaz de se deixar induzir pelas crenças dos anos 1920 quando ainda era membro da sociedade Thule, uma organização que acreditava na grandeza da história da Alemanha, voltando até o século 9 a.C. Então as tribos teutônicas derrotaram os exércitos de Roma, assim proporcionando a superioridade da raça ariana de europeus do norte. O perigo agora, declarou, vinha do leste, dos detestáveis eslavos, que faziam parte da conspiração judaico-bolchevique.

Em uma parte do castelo havia um quarto destinado a guardar o Santo Graal, um símbolo sagrado que Himmler acreditava que os cristãos haviam roubado de uma distante religião ariana e que ele achava que deveria ser reencontrado. A cripta abrigava 12 pedestais em pedra nos quais eram depositadas as cinzas dos "cavaleiros" mortos, juntamente com suas roupas da SS e suas armas pessoais.

A enorme coleção de armas de Himmler e uma grande biblioteca eram dedicadas ao rei Heinrich I ("Henrique, o Passarinheiro"), fundador do primeiro Reich alemão e de quem Himmler acreditava firmemente ser descendente. Perto da meia-noite no aniversário da morte de seu herói, Himmler se juntava com o Passarinheiro em silêncio.

Em 1935, Himmler estabeleceu um novo braço da SS, *Das Ahnenerbe* (Sociedade de Herança Ancestral), com uma equipe de nazistas de alto nível acadêmico. Estes homens recebiam a incumbência de organizar expedições para muitas partes do mundo - para a Islândia em busca do Graal, e para o Irã a fim de buscar evidências de ancestrais de sangue puro da raça ariana. Três anos mais tarde, a SS empreendeu no Tibet o que seria sua expedição mais ambiciosa. Alguns metros de cenas filmadas ainda foram guardadas dessa viagem e mostram os corpos de tibetanos sendo medidos e examinados para identificação imediata e vital da raça.

Muitos eram indulgentes com as obsessões ocultas de Himmler, mas, como os acontecimentos mais tarde mostraram, por trás de tudo escondia-se um motivo sinistro - inculcar nos fanáticos membros da SS a ideia da superioridade das raças arianas. Foi um prelúdio para se organizar o que ficaria conhecido como o genocídio das raças que eles consideravam inferiores.

cial de inteligência). Era a última posição que Himmler estava mais ansioso para ocupar. Como havia assegurado a entrevista com certa dificuldade, Heydrich não havia visto por bem abusar da *Reichsführer-SS.*

Himmler lhe deu apenas 20 minutos para descrever no papel como ele organizaria um serviço de inteligência para a SS. Heydrich fez um esboço a partir do conhecimento que havia adquirido nos seminários da marinha, temperando-o com memórias dos livros, muitos dos quais *thrillers* de ficção, lidos enquanto passava longas horas em alto-mar. Para dar credibilidade, incluiu o que achava serem os exemplos mais adequados e corretos da terminologia de serviço. Himmler, após estudar o resultado, se disse satisfeito. Heydrich conseguiu o emprego e foi instruído a se preparar para a viagem a Munique partindo de sua casa em Hamburgo.

Em 14 de julho de 1931, Reinhard Heyrich, com o posto mais baixo de *Rottenführer,* juntou-se à Hamburg SS, que consistia em grande parte de jovens desajustados que precisavam ficar o mais rápido possível longe das luzes cintilantes da cidade e das cervejarias abarrotadas. Esse aprendizado humilde não durou muito tempo. O Quartel-General do Partido em Hamburgo foi alertado por uma mensagem de Munique em 5 de outubro: "O membro do partido Reinhard Heydrich, nº 544916, vai ser, em outubro deste mesmo ano, levado à força do Quartel-General do Partido como membro da equipe do *Reichsführer-SS.*" A transferência para a capital bávara trouxe promoção ao posto de *Sturmbannfuhrer,* ou chefe de pelotão, mas ele era bastante realista para reconhecer que a SS da Bavária, ainda com menos de 1000 homens, era pouco conhecida fora do Estado. Seu pagamento de RM180 era insignificante e a infraestrutura necessária para levar a cabo uma agência de inteligência, quase inexistente. De um mal aparelhado quarto andar de uma casa na Turfkenstrasse 23, em Munique, Heydrich operou com um grupo que consistia de Frau Heydrich como secretária e mais três ajudantes.

UM HOMEM TRABALHADOR

Desde o começo, Heydrich exibia a força de três homens, escravizado dia e noite no que parecia ser o espelho do trabalho de Göring em Berlim – auscultando os registros da SS e realizando um fichário, a matriz de qualquer ditadura, no qual eram gravados todos os detalhes mais íntimos de alguns membros da SS e de qualquer um que pudesse representar a mais distante ameaça.O resultado de toda essa indústria foi o *Sicherheitsdienst des Reichführers SS* (SD), o serviço de segurança secreto de Heinrich Himmler, mas na verdade controlado por Heydrich.

Aqueles que observaram o gosto de Heydrich pelo trabalho, sua obsessão pelo menor detalhe, não acreditaram que isto era devido apenas à sua total dedicação ao

Três anos após Hitler ter assumido o poder, Himmler, com o posto de Reichsführer-SS, possuía o controle de todo o aparato policial da Alemanha, incluindo a chefia dos campos de concentração. Todas as suas atividades eram levadas a cabo pelo sonho de se criar uma nova elite de raça ariana em todo o mundo. Em 1944, havia galgado o pináculo do poder nazista, assumindo um status militar, inicialmente como comandante em chefe do exército de reserva.

Nacional-Socialismo. Um rumor começou a circular em certos meios nazistas de que Heydrich estava desesperadamente se empenhando em acabar com alguma coisa de seu passado, nada mais, era dito, do que uma necessidade de reparar uma ancestralidade profundamente enraizada na cultura judaica. Um verbete num léxico musical foi descoberto descrevendo seu pai como "Heydrich, Bruno, nascido Süss", possivelmente um nome judeu. Isso fez surgir um equívoco. O segundo casamento da avó materna de Heydrich, Ernestine Wilhelmine Heydrich, nascida Lindner, tinha acontecido com um serralheiro de nome Gustav Robert Süss. Como mãe de uma enorme família graças a seu primeiro marido, Reinhold Heydrich, ela com frequência se referia a si mesma como "Süss-Heydrich." O genealogista nazista dr. Achim Gercke demoliu a alegação definitivamente, ao apontar que Gustav Süss não era "de forma alguma ... de origem judaica." Os rumores chegaram até Hitler, que os transferiu para a visão cínica de que, se a alegação fosse verdadeira, ela iria assegurar a lealdade de Heydrich, bem como ser um instrumento para chantagem caso a ocasião se apresentasse. A tentativa de difamação, como ele a coloca, ficou com Heydrich durante toda sua curta vida, causando especulação em biógrafos e historiadores de que aqui estava o cerne de seu ódio aos judeus.

Felizmente para Heydrich, a importância do rumor foi favorável aos acontecimentos em uma escala maior. No início da indicação de Hitler como Chanceler, as instituições da Alemanha mais bem vistas começaram a se render aos nazistas. Os numerosos Estados do país (*Länder*), que permaneceram independentes por muitas gerações, iniciaram sua dissolução sem revolta ou protesto. Uma exceção foi a Bavária, que Hitler pretendia colocar nas mãos do general Franz Xaver Ritter von Epp, um nativo de Mu-

Prisioneiros políticos esperam transporte em Dachau, o primeiro dos campos de concentração nazistas, estabelecido em 1933 e situado a alguns quilômetros de Munique. O campo era administrado por voluntários da SS, formados pelas unidades conhecidas como Cabeças da Morte, com o emblema estilo pirata, caveira com os ossos cruzando por trás. A Gestapo não possuía muita força na administração dos campos. Ela possuía, no entanto, muito poder no envio de pessoas para lá, aquelas que havia prendido e interrogado.

nique que havia sido um dos mais proeminentes membros da facção pirata dentro do movimento *Freikcorps*. No início dos anos 1920, ele havia sido comandante de área da SA.

Na noite de 9 de março, menos de dois meses após a conquista do poder pelos nazistas, Ernst Röhm, apoiado pela corte da SA, fazendo uma manifestação em frente à Chancelaria do Estado, pediu um pouco de poder a von Epp e sua criação como general-comissário para a Bavária. O Conselho de Ministros da Bavária negou o pedido, afirmando que não haviam recebido nenhuma confirmação por escrito da nomeação de von Epp. Isso, no entanto, já havia sido assinado e selado em Berlim, e um telegrama confirmando já estava a caminho para o posto telegráfico de Munique. Um destacamento da SS, sob o comando de Reinhard Heydrich, estava presente para assegurar que não haveria nenhuma tentativa de destruição da fiação. Heydrich, sem tempo para cortesias, apareceu nos escritórios e exigiu o telegrama com uma arma na mão. Foi sua primeira operação para o partido e, na Bavária reformulada, aquilo fez muito bem para sua carreira.

1933: O ANO CRUCIAL

30 de janeiro: nomeação de Adolf Hitler como Chanceler.

22 de fevereiro: 40.000 homens da SA e da SS prestam juramento como policiais auxiliares.

27 de fevereiro: incêndio no Reichstag.

28 de fevereiro: poderes emergenciais são dados a Hitler por um decreto presidencial.

5 de março: eleições para o Reichstag - 288 representantes nazistas eleitos de um total de 647.

9 de março: Himmler eleito presidente da polícia em Munique.

13 de março: nomeação de Göbbels como Ministro do Reich para a Propaganda.

17 de março: formação da *SS-Leibstandarte*, de Adolf Hitler sob Josef (Sepp) Dietrich.

21 de março: deputados comunistas proibidos de tomarem suas cadeiras no novo Reichstag.

24 de março: adoção do Ato de Permissão (lei para remover o sofrimento das pessoas e do Estado).

31 de março: Estados autônomos do Reich privados do poder.

1º de abril: boicote nacional aos negócios judeus.

21 de abril: Rudolf Hess designado oficial do *Führer*.

26 de abril: formação da Gestapo.

2 de maio: sindicatos trabalhistas dissolvidos.

10 de maio: queima de livros em toda a Alemanha.

17 de maio: greves banidas.

9 de junho: SD se torna a única organização política e de contraespionagem do partido nazista.

14 de julho: lei sobre a formação de novos partidos.

20 de julho: concordata Reich-Vaticano assinada em Roma.

22 de setembro: Göbbels organiza a Câmara de Cultura do Reich.

24 de outubro: Alemanha retira-se da Liga das Nações.

12 de novembro: eleições do Reichstag - 93 por cento dos votos para o NSDAP.

CONSOLIDAÇÃO NA BAVÁRIA

Enquanto isso, Himmler estava preocupado com sua marcha para o poder. Em 1º de abril, Adolf Wagner, Ministro do Interior e primeiro Deputado da Bavária, lançou um diretivo em que se lia: "...Eu nomeio o *Reichsführer-SS* Heinrich Himmler... Comandante da Polícia Política da Bavária. Ao mesmo tempo, encarrego-o da execução de todas as medidas e de todas as instruções, em harmonia com as autoridades competentes do Estado da Bavária, que são necessárias para o estabelecimento de um Escritório do Comando da Polícia Política da Bavária." O diretivo continuava a enumerar as unidades policiais específicas que formavam parte das responsabilidades de Himmler, incluindo de modo significativo, "os campos de concentração que já existiam ou que ainda estavam por ser formados." Isso refletia a determinação de Himmler em seguir e eventualmente ultrapassar o esquema da Gestapo de Göring, estabelecendo campos em Berlim sob a direção de Rudolf Diels.

O programa na Bavária estreou na noite de 9 de março de 1933, quando ações foram tomadas contra todos os oponentes conhecidos e em potencial, baseado em relatos dos "especialistas de inteligência" do partido. Entre os presos havia comunistas, membros do Partido Democrata Social Alemão, o *Stalheim*, profissionais diversos, incluindo inevitavelmente os judeus. Eles foram levados para prisões locais e para as dos magistrados nos quartéis-generais da polícia e do distrito. Logo faltava espaço. Três dias depois Wagner, Ministro do Interior, escreveu ao Ministro da Justiça do Estado, dr. Hans Frank, com a informação de que "...o número de prisões pela polícia deve crescer. Se as prisões à disposição das autoridades não forem suficientes para seu propósito, recomendo que sejam empregados os métodos colocados em prática anteriormente em relação às prisões em massa de membros do Partido Nacional Socialista Alemão dos Trabalhadores. Deverão ser trancafiados em velhos galpões, mesmo que sejam deixados ao relento ou não."

Um membro da unidade militar de polícia nazista – apelidados de "cães acorrentados" – é visto em patrulha com homem da SA em uma rua de Berlim. Ambos estão mantendo a ordem durante as eleições de 5 de março de 1933, que deu aos nazistas 44 por cento dos votos e 228 cadeiras.

Himmler, entretanto, preferia locais que eram mais apertados, mas não menos brutais, ocupando uma hidroelétrica abandonada em Dachau, situada a cerca de 19 km (12 milhas) a noroeste de Munique. A princípio, serviu como centro de detenção para aqueles que eram presos "sob suspeita de atividades contrárias ao Estado", mas continuou sendo o núcleo do sistema de campos de concentração em todo o Reich – eufemisticamente classificados como "instituições para a reforma."

Além disso, Himmler manteve o foco em dois blocos para a bem sucedida criação do estado da SS: a aparentemente impenetrável SA, primeiramente, mas também o papel de Göring como Ministro-Presidente da Prússia. Este último havia indicado Kurt Daluege, outro *Freikorp* veterano e grande carreirista, a um posto de poder dentro do *Ordnungspolizei* (Orpo, "polícia uniformizada"), então o promoveu a *Gruppenführer der Polizei* dentro da SS, a despeito da reputação de Daluege como um dos homens mais cruéis em Berlim e de seu apelido de *o estúpido* utilizado por muitos de seus detratores. Um troglodita, Daluege não fez nenhuma tentativa de disfarçar seu desprezo por Himmler, considerando-o um chato pedante. Perfeitamente ciente da antipatia, Himmler tornou-se mais determinado ainda para acertar com Göring quem deveria liderar a SS.

Assim como o trabalho de Rudolf Diels ao estabelecer a novata Gestapo, Göring foi capaz de reunir ajudantes civis dos dias pré-Hitler, bem como experientes policiais e pessoal administrativo. Havia aproximadamente nove mesas de operação, lidando com uma multidão de assuntos que requeriam cobertura policial, entre os principais, de todas as organizações de esquerda. Himmler acalentou sonhos de assumir o controle de toda a operação e começou sua campanha. Heydrich, resplandescente no uniforme de um *SS-Standartenführer*, foi despachado para Berlim com o pedido de encontrar Daluege, que prontamente se recusou a recebê-lo. Telefonemas para o Ministro do Interior prussiano, onde a vítima de Heydrich estava instalada, foram ignorados. De sua base no Savoy Hotel perto do zoológico de Berlim, Heydrich escreveu uma nota exasperada para Daluege, embora, uma vez que reconhecera que o homem de Göring o ultrapassara no posto de *Gruppenführer*, era feita nestes termos obsequiosos: "Desde quinta-feira, tenho tentado sem sucesso penetrar na "tela protetora." Já telefonei não menos de seis vezes. Uma vez que preciso retornar hoje, imploro para que veja isso como um sinal de minha visita, e espero que a oportunidade para um sinal de visita se apresente novamente em cerca de dez dias. Permaneço seu servo mais humilde e obediente, R. Heydrich. *Heil Hitler*!"

Dessa forma, Himmler e Heydrich tinham de estar contentes com as medidas estendendo seus poderes na Bavária. Em 9 de março de 1933, um grupo da SS e da SA, sob o comando de Heydrich, tomou o prédio da Polícia Metropolitana de

Munique. Era parte de uma revolta geral do serviço civil. Dentro da própria Munique, Heydrich, além de ser chefe da SD, tornou-se comandante do escritório político no *Abteilung VI* ("Departamento VI") da Polícia Criminal.

Heinrich Müller, o cabeça da Gestapo, saiu da organização de Hitler em 29 de abril de 1945 e desapareceu. Enérgico policial de Munique, possuía um instinto agudo para a auto-preservação – prevendo a hora de sair e trocar de lado. Mesmo como oficial da Gestapo em 1939, mantinha opiniões de esquerda e possivelmente manteve contato com a União Soviética, onde provavelmente fixou residência.

HEINRICH MÜLLER

Havia lugares para a os policiais de carreira, muitos dos quais estavam profundamente preocupados em assegurar seus empregos, além de possuírem bastante interesse tanto no Partido Socialista Nacional quanto na política como um todo. Entre estes, estava Heinrich Müller, um severíssimo inspetor de polícia criminal que tinha sido membro do corpo policial de Munique e chefiado o escritório anticomunista da seção política. Müller foi posto a trabalho por Heydrich, a fim de conhecer os membros do Partido Comunista da Alemanha e inteirar-se dos métodos soviéticos de infiltração. Uma investigação formal sobre Müller destinada aos arquivos da SS declarava: "Ele é um homem de decisão. Não tolera que algo fique em seu caminho. Sabe exibir sua eficiência."

Em março de 1933, os homens de Müller vasculharam uma casa pertencente a um casal de Munique e encontraram panfletos comunistas dando detalhes de campos de concentração e centros de recepção. O mero fato de possuírem esse material, proclamou Müller, constitui "alta traição", uma ofensa que, na pior das hipóteses, significava encarceramento. Mas, de acordo com uma lei pré-1933 ainda em vigor, alta traição só poderia ser aplicada por causa da entrega de segredos militares. Os panfletos em posse de Müller não continham nada para apoiar a definição ou a acusação de alta traição. Nesse caso, reconheceu a derrota, mas logo encontrou meios de fechar a fenda, assegurando que futuras revelações sobre as condições em campos de extermínio por pessoas de fora caíam agora na nova definição de alta traição. Instituições penais começaram a inchar seus números com "prisioneiros em custódia protegida" – na maioria, comunistas e socialistas.

PROTEGENDO O FÜHRER

O progresso em relação à chegada ao poder em Berlim ainda parecia estar além da Gestapo na Bavária, então Himmler e Heydrich voltaram suas atenções no sentido de alertar Hitler para o que acreditavam ser um complô contra sua vida e a do regime. Quando, por exemplo, suprimentos pareciam ter sido roubados de vários armazéns de armas, Hitler foi facilmente persuadido de que este havia sido um trabalho engendrado pela SA, que os havia mantido em segredo em preparação para um plano de insurreição. Logo, havia rumores de que agentes da União Soviética espreitavam em cada esquina, e que o assassinato de figuras nazistas importantes estava sendo preparado lá de dentro. Todas as vezes que entrava no prédio, o *Führer* parecia olhar nervosamente a troca dos *Reichswehr*, que ficavam de guarda fora da Chancelaria. Em tal atmosfera, Hitler tornou-se bastante receptivo à ideia de que as funções da guarda deveriam ser assumidas por SS confiáveis. O resultado foi a fundação de cerca de 120 unidades, a elite *SS-Leibstandarte* de Adolf Hitler (ou Guarda-costas de Adolf Hitler), que Himmler reconheceu como um trunfo para sua SS, com a intenção de "proteger e servir ao *Führer*." Por decreto, sua esfera de serviços poderia ser aumentada para incluir a segurança interna do Reich, aumentando assim os próprios poderes de Himmler.

Todas essas mudanças foram tomadas contra a escalada da violência nas ruas de Berlim, e em toda a Prússia, quase sempre liderada pelos Camisas-Marrom.

Protestos surgiram dentro dos gabinetes, notadamente por von Papen, que provocou Hitler até fazê-lo dar um soco na mesa e colocar um fim nas obscenidades (*Schweinereien*) das tropas da SA. Himmler, percebendo uma oportunidade única, colocou Heydrich para trabalhar, instruindo-o a deixar saber em Berlim que "um complô trostkista" havia sido descoberto para assassinar Göring. Esta afirmação,

verdadeira ou não, foi acompanhada por uma pergunta óbvia: se verdadeira, por que a Gestapo em Berlim, onde Rudolph Diels estava no comando de tais assuntos, não descobriu essa grande ameaça à segurança? Dado este lapso, com certeza seria (nas palavras de Himmler) "simplesmente oportuno e necessário perseguir o inimigo da mesma forma em todo o Reich."

Um bode expiatório precisava ser encontrado para o erro da Gestapo em Berlim. Um dossiê detalhando a forte inclinação para a bebida de Diels, suas infi-

O MUNDO DE HIMMLER

> *"Führer"* ("Líder") era o título usado por Hitler com o significado de seu poder supremo no Terceiro Reich, equivalente ao *Duce*, descrevendo Benito Mussolini como chefe supremo na Itália; *Caudillo* usado pelo general Francisco Franco na Espanha e *Generalíssimo*, título outorgado a Joseph Stalin como comandante supremo das forças armadas soviéticas.

delidades conjugais e outros excessos chegaram ao presidente von Hindenburg. Diels foi despedido com o consolo do cargo de Diretor de Operações da polícia de Berlim. Mas seu constante medo do perigo provou ser justificado. Enquanto dirigia para o trabalho, encontrou dois ajudantes em frente ao Ministério da Justiça que o fizeram parar e o avisaram de que contingentes da SS e da SD haviam ocupado Prinz-Albrecth-Strasse 8, onde seu escritório tinha sido fiscalizado, documentos incriminadores encontrados e um pedido de prisão expedido. Ele rapidamente se retirou e, na companhia de uma amiga, fugiu para o *resort* de Karlovy Vary na Tchecoslováquia.

A indicação de Göring de um velho guarda nazista como o sucessor de Diels não passou de pura farsa. Paul Hinkler, o antigo Presidente da Polícia Nazista de Altona, logo se revelou como um alcoólatra com um histórico de instabilidade mental, e demitido após 30 dias de completa incompetência. Diels foi procurado e chamado novamente, concordando em voltar para seu antigo posto. Mas a posição tinha de ser apenas temporária porque sua remoção final veio com a chegada de Himmler e Heydrich em Berlim. Como um gesto de partilha, Diels recebeu o emprego de *Regierungspräsident* ("Chefe do Governo Regional"), em Colônia. Göring chegara ao fim da linha como chefe da Gestapo na Prússia e o controle foi passado a Himmler, que aceitou a indicação em 20 de abril de 1934, inicialmente ganhando o título de Chefe Ativo da Gestapo prussiana.

Ao final de julho, a SS foi transformada em unidade independente da SA, recebendo a aprovação de Göring como Ministro-presidente e Ministro do Interior; seu decreto afirmava que "Himmler é o único encarregado e responsável sob minhas ordens diretas." Himmler ficaria no quartel-general na Prinz-Albrecht-Strasse 8 encarregado da polícia política, inclusive a Gestapo. Os homens da SS se dividiam em três batalhões. Um esforço adicional veio das fontes da SD de Heydrich. As fundações de uma polícia de Estado verdadeiramente nacional tinham sido estabelecidas.

3. HEYDRICH ASSUME O CONTROLE

A impiedade de Heydrich ao Garantir a destruição da SA de Röhm, e a neutralidade da oposição dentro da velha ordem militar, deixaram Hitler livre para prosseguir seus preparativos de guerra.

Um retrato oficial do SS-Obergruppenführer Reinhard Heydrich enviado a todos os oficiais da Gestapo, onde a imagem era obrigatória. Heydrich chegou ao posto em 1941; na época se havia tornado chefe da SD e organizado os Einsatzgruppen, as unidades de morte da SS que seguiram os exércitos alemães na incursão dentro da União Soviética.

Berlim no verão de 1934 era uma cidade cheia de rumores, principalmente aquele que dizia que Ernst Röhm liderava uma conspiração para tomar o poder. O exército, de cujo apoio Hitler tanto precisava, dizia ter conhecimento de que Röhm queria juntar sua SA ao *Reichswehr*, produzindo um "exército do povo" de extrema esquerda. Ainda assim, parecia que o *Führer*, leal aos velhos companheiros de partido, estava deliberadamente ficando de mãos dadas. No começo do ano, ele até agradeceu ao líder da SA pelos "enormes serviços prestados ao movimento Nacional-Socialista e ao povo alemão."

Em uma proposta para neutralizar as diferenças entre o exército e os Camisas-Marrom, Hitler tinha possivelmente atingido um possível compromisso. O coronel-general

Werner von Blomberg, o Ministro da Defesa Nacional, e Röhm, como Chefe de Departamento, foram persuadidos a assinar um pacto proclamando o *Reichswehr* como "a única organização armada oficial do Terceiro Reich." A SA poderia permanecer e foi designada para um papel de defesa subordinado. Em uma recepção regada a champagne antes da cerimônia de assinatura, Röhm continuou tentando destruir o esquema. Estimulado pela bebida, loquazmente denunciou "os militares e os banqueiros", ao mesmo tempo lançando uma denúncia contra as preocupações raciais de Himmler. Hitler foi também duramente criticado por trair a revolução; o que a Alemanha precisava, declarou Röhm, era de um Estado socialista.

Ernst Röhm, chefe da SA, foi originalmente um dos maiores colaboradores de Hitler. Quando Hitler se tornou Chanceler, Röhm exigiu a retomada do poder, mas suas crenças revolucionárias haviam alienado os nazistas. Em 30 de junho de 1934, Röhm foi preso e dois dias mais tarde assassinado em sua cela na prisão de Stadelheim.

Era extamente isso o que Heydrich e seus tenentes estavam procurando, já que trabalhavam contra o relógio, examinando cuidadosamente qualquer indício do que poderia ser constatado como subversão.

Grampear ligações telefônicas tornou-se a ordem do dia de uma unidade de agentes devidamente uniformizados (de verde) intitulada *Landespolizeigruppe General Göring*, assegurados por Göring para sua própria proteção e, inspirada pela Escola de Cadetes em Lichterfelde, cresceu para cerca de mil agentes. Uma ameaça repentina foi apresentada por Franz von Papen que, como vice-chanceler, dirigiu-se de forma altamente controversa aos estudantes da pequena cidade universitária de Marburg. Afirmou que havia elementos dentro da Alemanha que estavam sendo altamente perturbados pelas ações e ameaças dos nazistas – as acusações, as prisões arbitrárias e o fim das eleições livres. Condenou "tudo o que demonstrava falta de caráter, falta de confiança, vulgaridade e arrogância encobertas sob o manto da revolução alemã."

Ter acusado uma figura tão proeminente como von Papen, contudo, teria indignado seu velho amigo von Hindenburg, e isso teria sido imprudente quando a Alemanha estava lutando por uma medida de respeitabilidade além de suas fronteiras. Heydrich procurou uma alternativa. A Gestapo logo descobriu que o discurso ofensivo havia sido escrito por Edgar Jung, um jovem escritor conhecido por suas visões conservadoras e que tinha reunido poucos, mas potencialmente subversivos, seguidores. Uma ação rápida se seguiu ao discurso de Marburg. Jung foi sequestrado de seu apartamento em Munique: a única dica para os perpetradores era a palavra "Gestapo" rabiscada com sabonete no espelho do banheiro. Em 30 de junho, seu corpo, completamente mutilado, foi encontrado em um dique fora de Berlim, na estrada para Oranienburg.

Uma vítima do expurgo purificação de Röhm – a Noite das Facas Compridas - na qual Hitler ordenou a matança de seus inimigos dentro da SA, muitos dos quais foram, sumariamente mortos a tiro. O verdadeiro número das vítimas da SA nunca foi estabelecido, mas uma estimativa chega a mais de mil pessoas.

DESTRUIÇÃO DA SA

Em Berlim, naquele mês de junho, as temperaturas subiram. Casais ficavam embaixo de árvores e pinheiros da Unter den Linden, os mais fracos matando sua sede nos numerosos cafés das calçadas. Em uma ocasião, a atividade foi centrada na enorme mansão na esquina da Tiergartenstrasse, quartel-general da Berlim-Brandenburg SA, enquanto um grupo de seus membros em seus uniformes marrons surgiu com suas mãos erguidas e foram logo empurrados com força para dentro dos caminhões da polícia carregando armas e munição pesada.

No final do mês, o *Reichswehr* foi colocado sob alerta por um artigo no *Volkischer Beobatcher*, o jornal do partido, assinado pelo coronel-general Werner Freiherr von Fritsch, comandante-em chefe, que afirmou que "o exército... apoia Adolf Hitler... que permanece um de nós... o soldado alemão está ciente de que está envolvido na vida política de um país unificado." Aqui estava uma declaração de que o exército estaria a serviço do Reich em toda e qualquer circunstância, não apenas em assuntos militares.

Hitler ainda confiava em Röhm, afirmando em um discurso perante o Reichstag na Kroll Opera Haus que "no começo de junho, fiz um esforço final com Röhm. Pedi a ele que viesse a meu escritório e conversamos por cerca de cinco horas." Em uma tentativa de esfriar um pouco as coisas, a SA foi "desligada" por cerca de um mês e, durante esse tempo, proibida de usar uniforme. A decisão foi acatada com certo receio por Heydrich, Himmler, Göring e o general Walter von Reichenau, chefe de equipe de Blomberg, que havia dado sua aprovação a uma revolta armada contra a SA. Como, segundo se declarou, Röhm seria eliminado se a SA tinha sido "desligada"?

Em questão de dias o texto de um boletim de Röhm e da equipe geral da SA, com a intenção de ser publicado no jornal *National Zeitung*, caiu nas mãos dos agentes de Heydrich e foi tomado por muitos como a confirmação das intenções de Röhm: "Eu espero que, em primeiro de agosto, uma SA já bem descansada, cheia de força, vigor e vontade, será capaz de levar a cabo a missão gloriosa que deve ao povo e à pátria. Se os inimigos da SA acham que eles não vão ser "religados", ou que irão retornar apenas em parte, deixe-os curtir essa ideia pelo tempo que quiserem."

Ernst Röhm, chefe da SA, foi originalmente um dos maiores colaboradores de Hitler. Quando Hitler se tornou Chanceler, Röhm exigiu a retomada do poder, mas suas crenças revolucionárias haviam alienado os nazistas. Em 30 de junho de 1934, Röhm foi preso e dois dias mais tarde assassinado em sua cela na prisão de Stadelheim.

Quando Hitler foi para a Westphalia para uma cerimônia de casamento de um velho amigo, Himmler tomou a iniciativa, avisando de uma revolta iminente em Berlim arquitetada por Karl Ernst, um dos ajudantes mais próximos de Röhm. O *Reichsführer* e seus agentes mantiveram a pressão com uma avalanche de *comunicados* a Hitler relatando planos de uma revolta em Munique. Hitler não mais vacilou. Foi para Bad Wiessee, ao sul de Munique, onde Röhm estava escondido com alguns jovens da SA. Foi aqui que o expurgo sangrento começou. Os números variam, muitos concordando que havia vários cadáveres e muito sangue. Röhm, que estava dormindo, foi tirado da cama e levado para a prisão de Stadlheim. Dois dias mais tarde, uma arma foi colocada em sua cela e lhe pediram para que gentilmente, e de forma honrosa, se suicidasse. Como se recusou, um esquadrão o matou. Em Berlim, sob a direção de Himmler e Göring, cerca de 150 líderes da SA foram cercados e fuzilados por pelotões de tiro na Escola de Cadetes de Lichterfelde.

Um momento notório do envolvimento de Göring nas violentas mortes daquilo que ficou conhecido como a Noite das Facas Compridas, foi a matança a sangue-frio em 30 de junho de Kurt von Schleicher e sua esposa, em sua casa nas cercanias de Berlim. Göring afirmaria que o assassinato havia sido um erro, que o grupo conhecido por *Landespolizei*, sem sua autorização, era o responsável. Entretanto, ele demonstrou pouco remorso em um encontro com a imprensa mais tarde e contradisse suas afirmações anteriores. Em resposta a jornalistas estrangeiros, disse: "O general von Schleicher estava tramando contra o regime. Ordenei sua prisão. Ele cometeu o erro de resistir. Agora está morto."

Os agentes da SD de Heydrich estavam em toda parte, inclusive colocando espiões entre a equipe do hotel Adlon em Berlim, um local de encontro para políticos. Grupos antigos foram organizados, motivados por pura vingança. Hans Bernd Gisevius, que havia servido na Gestapo nos primeiros dias e sobrevivido para se tornar testemunha nos julgamentos pós-guerra de Nüremberg, atestou que todos os documentos relacionados ao expurgo de Röhm foram subsequentemente destruídos. Gisevius era uma testemunha vívida das ações de Heydrich em seu centro de poder na Prinz-Albrecth-Strasse 8, e descreveu como as ordens foram dadas sem pausa. Heydrich possuía listas de vítimas acompanhadas de seus números e nomes. Vários telegramas vindos de todo o Reich forneceriam informação como "o número 8 chegou. Números 17, 35, 68 e 84 foram presos. Os números 32, 43, 47 e 59 foram mortos."

MORTE DE STRASSER

Evidências documentais do envolvimento direto de Heydrich nas mortes durante o expurgo são esparsas, mas a ligação pode ser provada ao menos em um incidente proeminente. Gregor Strasser era um antigo rival de Hitler pela lide-

Hitler e Göring com o marechal de campo Werner von Blomberg (à esquerda), comandante supremo da recém-formada Wehrmacht, e o coronel-general Werner von Fritsch, comandante em chefe do exército (direita). Ambos os oficiais eram contra as intenções de Hitler em expandir o Reich via uso da força e de aumentar o domínio da SS.

rança do Partido Socialista Nacional. Junto de seu irmão Otto, ele permaneceu dedicado aos "princípios socialistas não-diluídos", um termo que serviu apenas para irritar Hitler em sua busca pelo apoio dos industriais do país. A escrita estava na parede. O futuro ministro da propaganda, dr. Paul Josef Göbbels, um *protegido* de Strasser como editor da *newsletter NS-Brief*, percebeu que o poder estava fluindo para Hitler e foi bastante prudente para mudar de lado.

As relações com o *Führer* – um título, incidentalmente, que Strasser se recusava a usar – também se deterioraram. A situação com certeza não melhorou quando von Schleicher, como Chanceler, sugeriu que Strasser deveria ser nomeado vice-chanceler e *Premier* da Prússia. A ligação com o predecessor de Hitler foi o suficiente para condená-lo, um destino sublinhado na concisa nota no diário de Göbbels: "Um homem morto."

Strasser permaneceu no limbo político até a hora do expurgo, quando foi preso e encarcerado em uma cela em Prinz-Albrecht-Strasse, espancado por guardas da SS e morto. Em suas memórias, *To The Bitter End*, Gisevius relatou o testemunho de outro prisioneiro: "O prisioneiro ouviu passos no corredor e ordens sendo gritadas. Os guardas fizeram soar suas botas. E o prisioneiro escutou Heydrich dizer: "Ele não está morto ainda? Deixe-o sangrar até a morte." As manchas de sangue na parede permaneceram por semanas a fio. Era um orgulho para o pelotão da SS, uma espécie de peça de museu."

Após dois dias e continuando com o tiroteio, Hitler colocou um fim à sanguinolência, acreditando que havia atingido seu objetivo. Aqueles que sobreviveram pareciam tê-lo conseguido por pura sorte ou, no caso de Rudolf Diels, a partir da intervenção de Göring, que permaneceu obstinadamente leal em relação a um velho sócio. Às sete da manhã do dia 2 de julho, um memorando declarava: "A todos os postos de polícia subordinados: todos os documentos a respeito das ações dos últimos dois dias serão queimados, por ordens superiores. Um relatório sobre a execução desta ordem será feito imediatamente." Quando tudo estava terminado, a evidência bastante sólida de um golpe permaneceu obscura, embora muito fosse realizado dos planos propostos por Röhm para uma troca de tiros entre a SA e o exército, a fim de justificar os acontecimentos.

Gregor Strasser, nazista radical e organizador talentoso do partido durante as eleições do Reichstag, havia sido visto com um futuro brilhante dentro do partido. Mas como socialista convicto em oposição aos interesses dos grandes negócios, ganhou a inimizade de Hitler e rumores circularam de que ele tramava com Ernst Röhm para tomar o lugar do Führer. Essas alegações levaram à sua prisão e execução.

EXPANDINDO O REICH

Aliviados do íncubo da SA, Himmler e Heydrich não desistiram de sua busca pelo poder. No verão de 1936, Himmler era chefe da polícia alemã, uma expressão mais formal para chefe da SS. Mas não era apenas a estrutura do aparato de segurança que preocupava aqueles no poder em Berlim. Hitler queria ampliar os objetivos. Em 5 de novembro de 1937, três anos após a morte de von Hindenburg ter removido um dos últimos sobreviventes da velha ordem, a confiança do *Führer*

havia crescido suficientemente para marcar um encontro secreto na Chancelaria do Reich. Presentes estavam o Ministro da Guerra, o Ministro das Relações Exteriores e os comandantes de três serviços. O *Führer* falou por cerca de quatro horas; disso tudo emergiu uma análise da situação da Alemanha – o país precisava de mais espaço, "que poderia ser adquirido apenas pela força." Os alvos, declarou, seria seu país natal, a Áustria, seguida da Tchecoslováquia e da Polônia. Os preparativos deveriam estar prontos para o ano seguinte, 1938, e as operações, completas em 1943, 45, no máximo. Embora nenhuma oposição efetiva fosse ouvida durante a reunião, fortes reservas foram individualmente expressas mais tarde a Hitler, mas ele não estava com humor para tolerar desaprovações. Foi forçado a reconhecer que a maior e mais séria oposição à sua política viria dos mais altos escalões do exército (a *Oberschicht*, ou "a alta crosta"), principalmente von Blomberg, Ministro da Guerra, e do comandante em chefe, o coronel-general Werner Freiherr von Fritsch.

Uma cena do filme Salon Kitty, de 1975, que se baseou em eventos ocorridos no bordel de mesmo nome criado por Heydrich e financiado pela SD na esperança de que seus habitués, seduzidos pelas belas mulheres e pela atmosfera luxuosa, revelassem informações úteis. O próprio Heydrich fazia uso do espaço.

SALON KITTY

Um dos esquemas mais bizarros de Reinhard Heydrich foi a formação em 1939 de um bordel, financiado pela SD, chamado Salon Kitty. Seu objetivo era fornecer entretenimento barato e discreto para os diplomatas e homens de negócio dentro do Reich e além. Heydrich pensava que, na presença de companhia feminina atraente, mesmo o indivíduo mais cauteloso seria obrigado a relaxar e a revelar informação útil. Uma vila foi a escolhida dentro de um distrito de Berlim. Microfones foram especialmente instalados em determinadas e especialmente construídas paredes duplas que se conectavam por transmissão automática a gravadores escondidos. Estes pegariam toda e qualquer palavra dita em todo o estabelecimento.

Instruções severas foram dadas para que ninguém soubesse a quem o Salon Kitty pertencia, menos ainda sobre as *anfitriãs* recrutadas por Artur Nebe, chefe da Kripo. O ostensivo dono da casa era capaz de contratar a equipe mais experiente para servir excelentes pratos e bebidas – e muito caros.

A clientela incluía o conde Geleazzo Ciano, Ministro das Relações Exteriores da Itália, que com frequência dava festas para os diplomatas de Roma. Para grande prazer de Heydrich, outro habitué era Joachim von Ribbentrop, Ministro do Exterior do Reich. O próprio Heydrich fazia suas visitas ocasionais ao Salon Kitty, durante as quais, desnecessário dizer, os microfones eram desligados. Definitivamente, no entanto, ele considerava o bordel de valor limitado, e o esquema foi logo abandonado porque, como comentou com um colega: "Estou surpreso como tão pouca coisa foi revelada. Talvez seja um mito essa ideia de que segredos são revelados entre quatro paredes e em cima de uma cama."

Salon Kitty, de certa forma um filme sombrio sobre os acontecimentos no bordel e baseado num romance de Peter Norden, foi realizado em 1975 pelo diretor italiano Tinto Brass.

O CASO BLOMBERG-FRITSCH

Uma oportunidade conveniente para remover von Blomberg ocorreu em 12 de janeiro de 1938, com o anúncio em jornais alemães de que ele havia casado com a *senhorita* Erna Gruhm em Berlim, uma união testemunhada por Adolf Hitler e Hermann Göring. Este último ficou ciente de que o antigo amante da senhora von Blomberg era judeu, e Göring o havia persuadido a sair do país.

Mas os assuntos não ficavam por aí: a polícia de Berlim logo apresentou a Göring arquivos e fotografias revelando que Erna von Blomberg tinha sido prostituta profissional, posando para revistas pornográficas; se necessário, Heydrich forneceria os arquivos. Von Blomberg foi forçado a renunciar e se retirar para Capri com sua noiva. Uma virada aparente para o fim da história foi revelada 38 anos mais tarde na biografia de Heydrich pelo jornalista veterano Edouard Calic, o qual afirmou ter entrevistado a viúva de von Blomberg. Disse que Heydrich arranjou uma série de fotografias a serem preparadas por um membro da Gestapo, sobrepondo sua cabeça ao corpo de uma mulher em atos indecentes.

Alfred Naujocks, um ex-policial de rua da SA, era um dos ajudantes em quem Heydrich mais confiava após chegar à SS em 1932. Outro dos sobreviventes, o principal protagonista da Batida de Geiwitz foi definitivamente dispensado pela SD por desobediência, e se juntou à Waffen-SS em 1943, na qual foi acusado de ser o responsável pelo assassinato de membros da Resistência dinamarquesa.

Além disso, um caso de indecência em lugar público foi tramado contra von Fritsch quando a Gestapo prendeu um chatangeador homossexual chamado Hans Schmidt, que havia identificado von Fritsch como o homem que ele tinha observado cometendo ato homossexual com um jovem na estação de trem de Potsdam. Rumores circulavam que von Fritsch, um solteiro convicto, tinha tendências homossexuais, mas era conhecido de uma tropa do exército de honra. Sua carreira, no entanto, desmoronou. Com a permissão de voltar para o exército, von Fritsch foi para a Polônia no início da guerra e, de acordo com oficiais, colegas dele, fez de tudo para ser morto o mais rápido possível.

PREPARATIVOS PARA A GUERRA

Com a queda dos dois homens, Hitler tomou o posto de comandante em chefe de Blomberg e aboliu o Ministério da Guerra, criando em seu lugar o Alto Comando das Forças Armadas (*Oberkommando der Wehrmach-OKW*). No comando, colocou o obediente Wilhelm Keitel, que ficaria no posto até o fim da guerra. A posição de von Fritsch foi, para o general Walther von Brauchitsch, a de companheiro seguro e confiável. Logo outros generais foram abandonados com transferências e aposentadorias, até que o esnobe grupo dos *Oberschicht* fosse finalmente dissolvido. Hitler não via motivos para atrasar seus planos de criar uma Grande Nação Alemã.

Todos os sinais indicavam preparação para a guerra. A Áustria era anexada em março de 1938, a ser seguida em

A BATIDA DE GLEIWITZ (OPERAÇÃO HIMMLER)

Na noite anterior à invasão alemã da Polônia, em 1º de setembro de 1939, as chamadas "tropas polonesas levaram adiante um ataque simulado a uma estação de rádio alemã. No mês anterior, o chefe da Gestapo Reinhard Heydrich havia chamado Alfred Helmut Naujocks e descreveu os detalhes do ataque polonês fictício em uma pequena estação de rádio em Geiwitz, a apenas uma milha da fronteira polonesa. O propósito era fazer parecer que o ataque consistia de forças da Polônia. Naujocks, liderando um grupo de comandados vestidos com uniformes poloneses, invadiu a rádio, disparando rajadas de balas e matando os funcionários. Uma transmissão falsa em polonês, e que imitava perfeitamente o sotaque, chamava "todos os poloneses às armas, a fim de humilhar e esmagar os alemães." No dia seguinte, Hitler informou ao povo alemão de que o país estava em guerra com a Polônia, citando "o ataque por tropas polonesas na rádio transmissora de Gleiwitz."

outubro pelas regiões, cuja língua era predominantemente o alemão, da Tchecoslováquia. No verão seguinte, Hitler foi chamado para cuidar da reunião anual em Nüremberg, mas ela foi abruptamente cancelada; rumores de que vastas tropas de elite avançavam se tornaram cada vez mais verdadeiros. Planos estavam a caminho para a tranferência dos quartéis-generais do exército para Zossen, a leste de Berlim. Em 15 de agosto de 1939, os pequenos navios de guerra *Graf Spee* e *Deutschland*, juntamente com 21 submarinos, navegavam pelo Atlântico.

OPERAÇÕES CLANDESTINAS

Durante esse período, Heydrich permaneceu preso à sua mesa em Prinz-Albrecht-Strasse, imerso nas montanhas de informes que chegavam da rede de agentes especiais da Gestapo. Um destes era Alfred Naujocks, um antigo estudante de engenharia da Universidade de Kiel, a quem o repórter e comentarista americano William Shirer definiu como um típico produto da Gestapo – "uma espécie de gângster intelectual" – que havia se juntado à SD em 1934. Um ano depois de seu aprendizado, Naujocks já havia encontrado Rudolf Formis, um ex-engenheiro de rádio de Stuttgart que se refugiara na Tchecoslováquia como sócio do irmão de Gregor Strasser, Otto. Formis estava passando transmissões antinazistas para o movimento dissidente *Schwarze Front* de Otto Strasser. A pedido de Himmler, as instruções de Heydrich a Naujocks e um sócio eram para raptar Formis e se livrar de seu rádio-transmissor. A operação deveria ser conduzida de maneira discreta e com um mínimo de violência, a fim de diminuir qualquer complicação com as autoridades tchecas. Entretanto, um esquema para injetar clorofórmio em Formis e imobilizar o transmissor com fósforo saiu errado. Formis sacara a pistola e feriu Naujocks com três tiros. Um acompanhante da SD, Gert Grothe reagiu aos tiros, matando sua presa. Uma fuga por uma janela do hotel transformou toda a área em um completo caos. Embora o transmissor tivesse sido destruído, as atividades da SD tinham sido expostas. De volta a Berlim, Heydrich enfureceu-se a respeito daquilo que considerou como uma missão absolutamente desajeitada, "parecida com um filme de gângster." Mas seu receio de incorrer na ira de Himmler foi infundado, uma vez que Hitler reconheceu que uma grande oposição havia sido eliminada; quaisquer complicações eram insignificantes. O exercício provou que a SD era capaz de trabalhar com certo sucesso além das fronteiras da Alemanha, e Himmler insistiu com Heydrich de que o aparato inteligente da SS deveria ser levado ainda mais a fundo.

O próximo papel designado para a SD cumprir era o de falsear uma série de incidentes, que poderiam ser usados como pretexto para a Alemanha declarar guerra. O mais notório foi o falso ataque por tropas "polonesas" na estação de rádio em Gleiwitz (agora Gliwice), na fronteira alemã com a Polônia. Em uma declaração sob juramento, apresentada no julgamento em Nüremberg, Naujocks relatou: "Mais ou menos a 10 de agosto de 1939, o Chefe da Sipo e da SD, Heydrich me ordenou pessoalmente que simulasse um ataque na estação de rádio... e fizesse parecer que era de forças polonesas. Heydrich disse: "São necessárias provas verdadeiras do ataque dos poloneses para a imprensa estrangeira, bem como para os propósitos de propaganda alemã." Fui informado de que deveria ir a Gleiwitz com cinco ou seis homens da SD e esperar lá até que recebesse um código de Heydrich para que atacássemos." Suas instruções então falavam em atacar a estação de rádio e dominá-la por tempo suficiente para que um alemão, falando em polonês, fizesse um discurso inflamado no ar, exortando os poloneses a uma confrontação direta com a Alemanha e apressando-os a partirem para a ação. Este seria o prelúdio para um ataque iminente na Polônia pela Alemanha.

Naujocks chegou à área para a operação, onde fez contato com Heinrich Müller, envolvido em planos para um incidente de separação de fronteira, no qual faria parecer que soldados poloneses estavam atacando tropas alemãs. O testemunho de Naujocks em Nüremberg continuava: "Alemães em marcha forçada adequadamente instruídos seriam usados. Müller afirmou que possuía aproximadamente 12 ou 13 criminosos condenados que se vestiriam com uniformes poloneses e deitariam mortos no chão na cena do incidente, a fim de mostrar que haviam sido mortos enquanto atacavam. Para esse propósito, injeções seriam dadas a todos por um médico contratado por Heydrich. Eles também receberiam feridas falsas de bala. Após o ataque, os membros da imprensa e outras pessoas seriam levados ao local. Um relatório policial seria preparado mais tarde." Heydrich havia dito a Naujocks para proteger um dos corpos – todos carregando o nome-código geral de "Comida Enlatada" – a fim de adicionar verossimilhança a seu próprio incidente. Naujocks ficou encarregado do cadáver próximo à estação de rádio. "Recebi este homem que me foi deixado na porta de entrada... Ele estava vivo, mas completamente inconsciente. Tentei abrir seus olhos. Não pude ver por seus olhos se estava vivo, apenas por sua respiração. Não vi as feridas de balas, mas havia muito sangue escorrendo."

O ATAQUE

Com dois colegas, Karl, o técnico da rádio, e Heinrich, que faria a transmissão crucial, Naujocks fez um ataque na entrada principal, enquanto os demais irromperam pelos lados. Seu caminho foi barrado por um segurança vestido em uniforme azul. Heinrich o esbofeteou, jogando-o contra a parede e machucando sua cabeça seriamente. Em um escritório no fundo do corredor, um homem, curvando-se num gabinete de arquivo, atirou na própria cabeça.

Seu corpo caiu num estrondo, arremessando uma cadeira contra a estante de metal. À frente do trio, havia uma porta verde onde se lia "Silêncio." Uma vez dentro do estúdio, Heinrich pegou o microfone, tirando de seu bolso o *script* já preparado. Fez uma denúncia dos líderes da Alemanha, que estavam levando a Europa para a guerra, liderados por um intimidador preparado a sacrificar um pequeno país por sua busca desenfreada pela ambição pessoal. No calor do momento, Naujocks tirou sua pistola e disparou três vezes, gritando o mais alto que pôde. Então, designou Karl para acabar com a transmissão. Os três homens se juntaram ao restante do bando e não perderam tempo na fuga.

O jornal do partido, *Völkischer Beobachter*, relatou no dia seguinte, sob a manchete "Agressores atacam a Rádio Gleiwitz": "Um grupo de soldados poloneses destruiu o prédio da Rádio Gleiwitz na noite passada um pouco antes das oito. Apenas alguns poucos funcionários encontravam-se de plantão naquele horário. Foi óbvio que os perpetradores conheciam o local muito bem. Eles atacaram o pessoal e irromperam no estúdio, nocauteando quem encontrassem pelo caminho. Os agressores... leram no microfone um discurso de propaganda preparado com antecedência, em polonês e alemão. Afirmaram que a cidade e a rádio estavam nas mãos dos poloneses, os quais haviam insultado a Alemanha, aludindo à distância polone-

A cada ano, Hitler se pronunciava no Burgerbraukeller de Munique, onde, em novembro de 1939, uma bomba explodiu. Embora Elser fosse acusado de ser pago pelos britânicos, um companheiro prisioneiro em Dachau alegou que ele havia sido cercado pela SS. Elser foi morto sob as ordens de Himmler e todo o episódio permanece envolto em mistério até hoje.

sa de Breslau e de Danzig. Os ouvintes, a princípio tomados de surpresa, notificaram a polícia, que chegou alguns minutos depois. Os agressores abriram fogo nas forças de ordem, mas em questão de minutos foram levados presos. Durante a batalha, um polonês foi morto."

O ataque do Wehrmacht na Polônia ocorreu às 4:45h da manhã de 1º de setembro de 1939; cinco exércitos alemães atacaram pelo norte, pelo oeste e pelo sul. Naujocks e seus companheiros, os agentes da SD, conseguiram satisfazer os desejos de Heydrich para um objetivo além das fronteiras da Alemanha.

TENTATIVA DE ASSASSINATO

Não houve descanso: Hitler ainda estava em busca de pretextos para maiores incursões pela Europa. Seus projetos depois se concentraram na Inglaterra e na Holanda. Em 8 de novembro de 1939, viajou de Berlim para um encontro comemorativo em Munique, que festejava o 16º aniversário do abortado golpe da Cervejaria de 1923; escolheu a ocasião para fazer uma crítica contra a Inglaterra. Em uma atuação completamente não-usual, entretanto, o *Führer*, nunca dado a discursos breves, saiu abruptamente do palanque depois de curtos oito minutos, alegando a desculpa de uma conferência militar em Berlim. Mal havia acabado de sair e o local foi atingido por uma bomba, fazendo com que o teto despencasse em cima das pessoas, matando sete e ferindo 63. O *Völkischer Beobachter* pôs a culpa do incidente no serviço secreto britânico. Himmler usou a ocasião para prender alguns descontentes e proclamar grandes recompensas pela informação que levasse à captura dos responsáveis. O homem finalmente acusado pelo ataque à bomba foi confinado no campo de concentração de Sachsenhausen; era um simpatizante comunista de 36 anos chamado Johann Georg Elser; mais tarde afirmou que certos homens, dizendo-se inimigos de Hitler e oferecendo-lhe liberdade e dinheiro, o haviam contratado para a colocação da bomba. De nenhuma maneira as pessoas acreditaram nas afirmações de um complô britânico. William Shirer, por exemplo, escreveu em seu diário: "A coisa toda soa estranha pra mim... O que Himmler e sua gangue estão tramando é obviamente convencer o facilmente enganável povo alemão de que o governo britânico tentou vencer a guerra assassinando Hitler e seus aliados."

O INCIDENTE DE VENLO

Outro melodrama teve lugar no dia após a prisão de Elster, quando a SD e a Gestapo sequestraram dois agentes da inteligência britânica que os haviam atraído para a fronteira holandesa-alemã em Venlo e os acusado de encorajar o movimento de resistência na Alemanha contra Hitler. O fato de que a explosão de Munique e o que ficou conhecido como o Incidente Venlo tivessem ocorrido quase ao mesmo tempo foi conveniente demais para convencer alguém. O papel de Heydrich no pré-planejamento dos sequestros foi descrito após a guerra por uma de suas figuras cruciais, que estava destinado a se tornar uma estrela da performance e responsável pela contraespionagem da Gestapo na Alemanha e, eventualmente, nos países ocupados.

Como muitos de seus contemporâneos, quando os nazistas chegaram ao poder, Walter Schellenberg era um jovem de 22 anos procurando por emprego. Três anos na Universidade de Bonn, durante os quais mudou do curso de medicina para o de Direito, o deixaram com poucas qualificações e nenhum dinheiro. Como milhares de outros estudantes universitários, Schellenberg tinha de confiar em sua inteligência porque empregos decentes eram difíceis de encontrar.

O ambicioso Schellenberg voltou seus olhos para a SD e chamou a atenção de Heydrich. A atração era compreensível: ambos eram jovens em busca de algo. Para a operação Venlo, Heydrich colocou Schellenberg junto de outro brilhante talento da SD, Helmut Knocken, responsável pela criação de redes de espiões no exterior. Heydrich ordenou-lhe para fazer se passar por um certo capitão Schaemmel, um oficial verdadeiro que havia sido discretamente transferido para

Após um discurso no Reichstag para se tornar Chanceler, Hitler reuniu seus colaboradores mais próximos na sacada da Chancelaria em Berlim. Heinrich Himmler pode ser visto na extrema esquerda na foto, enquanto Göring, que havia sido o primeiro chefe da Gestapo e futuro Reichsmarshall, está à esquerda de Hitler.

outra localidade. Ganhou então a confiança de dois agentes britânicos, o capitão S. Payne Best e o major R.H. Stevens, que havia conhecido em uma série de encontros em Arnhem e Haia, convencendo-os de que havia um grupo de Resistência de certa força na Alemanha. Sob o disfarce de Schaemmel, Schellenberg se dizia seu representante, implorando para ser tratado de maneira séria por Londres. Reconheceu no entanto que os assuntos precisariam entrar nos eixos logo porque, naturalmente, Payne Best e Stevens esperariam propostas concretas do povo que "Schaemmel" afirmava representar.

Os acontecimentos se precipitam com a chegada de uma figura familiar. Mais uma vez Alfred Naujocks preparava-se para a ação, reunindo um grupo de homens da SD para um ataque frontal ao café em Venlo onde "Schaemmel" e os britânicos tinham concordado em se encontrar. Payne Best e Stevens chegaram ao local em um enorme Buick, acompanhados do tenente Coppins, e foram surpreendidos por uma rajada de balas vinda de um carro da SS repleto de homens de Naujocks. Os oficiais britânicos foram tomados pelos alemães e levados para além da fronteira, onde foram feitos prisioneiros durante toda a guerra. A vítima mais desafortunada de todo o caso foi o "tenente Coppins", desmascarado como um oficial do general holandês chamado Klop. Morreu no hospital de Düsseldorf pelos ferimentos causados em Venlo.

O incidente de Venlo deixou muitas perguntas sem respostas. Em suas memórias, Schellenberg afirmou que a decisão de atacar Payne Best e Stevens foi tomada apenas após a bomba ter explodido em Munique, mas foi revelado mais tarde que o grupo de Naujocks tinha estado em posição desde o dia 7 de novembro, um dia antes da explosão. Uma conclusão inevitável foi a de que os dois eventos vieram da mesma fonte. Em 27 de novembro, Himmler anunciou que tinha encontrado e prendido Georg Elser, que havia colaborado com os dois agentes britânicos. Qualquer que seja a verdade, Hitler possuía seu pretexto para o ataque no oeste, notadamente os Países Baixos - amplamente justificado, uma vez que a neutra Holanda havia tolerado a traição com relação ao Reich em sua própria terra. A Gestapo havia pavimentado o caminho para o progresso triunfante da guerra tanto no leste quanto na preparação para o ataque seguinte no oeste. Em tudo isso, as forças de Himmler e Heydrich estavam progressivamente apertando seus laços em casa.

ELE ERA EXCESSIVAMENTE AMBICIOSO...

"Não muito tempo depois de eu começar meu trabalho nos Quartéis-Generais, fui chamado para minha primeira entrevista com Heydrich, o formidável chefe da SD. Foi com uma apreensão considerável que entrei no prédio da Gestapo onde ele tinha seu escritório...

Heydrich estava sentado atrás de sua mesa. Era uma figura alta, que impressionava, com uma enorme testa branca, olhos sem descanso como os de um animal poderosíssimo, um longo e predatório nariz, e uma boca grande e carnuda. Suas mãos eram grandes com longos e finos dedos - poderíamos até achar que suas pernas eram como as de uma aranha. Sua figura esplêndida era prejudicada pelo movimento de seus quadris, um efeito perturbadoramente feminino que o fazia parecer ainda mais sinistro. Sua voz era aguda demais para um homem tão grande e poderoso, e sua fala era nervosa e descontínua...

Quando realmente conheci Heydrich durante os anos que se seguiram, nunca mudei minha primeira impressão a seu respeito. Este homem era o pivô escondido em torno do qual o regime nazista girava. O desenvolvimento de uma nação inteira foi guiado indiretamente por seu caráter de força. Ele era extremamente superior a seus colegas políticos e os controlava como controlava a vasta máquina de inteligência da SD... Era excessivamente ambicioso. Parecia que, em uma matilha de lobos ferozes, ele sempre provava ser o mais forte e poderoso, assumindo a liderança. Tinha de ser o primeiro, o melhor, em tudo, não importavam os meios, que fosse pela dissimulação, traição ou violência. Intocado por qualquer dor na consciência e auxiliado por um intelecto brilhante e frio, poderia levar a injustiça ao ponto de extrema crueldade."

Extraído de Walter Schellenberg: *The Schellenberg Memoirs*

4. FIRMANDO OS DOMÍNIOS

As incursões de Hitler na Áustria e na Tchecoslováquia criaram as condições para o técnico supremo do Holocausto, Adolf Eichmann, que aumentou o transporte de judeus em toda a Europa.

Durante o período do Terceiro Reich, milhares em toda a Alemanha tiveram seu futuro determinado dentro de uma área de Berlim delimitada por Prinz-Albrecht-Strasse (agora Niederkirchnerstrasse), Wilhelmstrasse e Anhalterstrasse, formando o que viria a ser o ponto focal para todas as instituições-chave de segurança do regime. Mas era Prinz-Albrecht-Strasse 8 que possuía a reputação mais sinistra, como o centro de poder da Gestapo. Himmler, chefe de toda a polícia alemã, bem como um *Reichsführer-SS*, chefiou um extenso império.

Heinrich Himmler com o chefe de sua equipe pessoal, Karl Wolff (ao centro), e Reinhard Heydrich a caminho da apresentação de um filme na convenção do partido nazista de 1935 em Nüremberg.

Em setembro de 1939, suas várias seções foram conduzidas com um instrumento de terror simples, mas altamente eficiente, criado por Reinhard Heydrich. Era o *Reichssicherheitshauptamt* (RSHA, "Escritório de Segurança Central do Reich"). Nas palavras do historiador Alan Bullock: "Concentrava-se sob o controle de meia dúzia de homens... todos os poderes de espionagem e inteligência, interrogação e prisão, tortura e execução dos quais as ditaduras geralmente dependem."

A ESTRUTURA DE SEGURANÇA

A estrutura do "Escritório de Segurança Central do Reich" a partir de sua formação era a seguinte:

ESCRITÓRIO *(AMT)* I: Recrutamento e designação para todo o RSHA.

ESCRITÓRIO *(AMT)* II: Apoio logístico - exclusivo para a SD.

ESCRITÓRIO *(AMT)* III: SD ocupada com a inteligência doméstica dentro da Alemanha.

ESCRITÓRIO *(AMT)* IV: A Gestapo - polícia secreta política com poderes inquestionáveis de prisão.

ESCRITÓRIO *(AMT)* V: A Kripo (Polícia do Crime), ocupada com assuntos ordinários da polícia.

ESCRITÓRIO *(AMT)* VI: Pessoal da SD ocupado com a inteligência estrangeira.

A SD *(Sicherheitsdienst, Serviço de Segurança)*: a unidade de inteligência da SS sob a liderança de Reinhard Heydrich, responsável pela segurança de Hitler, da hierarquia nazista, do Partido Socialista Nacional e do Terceiro Reich.

A GESTAPO: Uma força secreta de polícia com a tarefa de manter o regime Socialista Nacional, apoiando a proteção do Terceiro Reich através de uma polícia política que procuraria e eliminaria todos os dissidentes. Quase sempre, usando roupas civis.

Entretanto, nenhuma decisão muito clara sobre as funções precisas da SD e da Gestapo foi estabelecida, e cada uma acabava por invadir o espaço da outra.

Quatro de suas sete seções se preocupavam especificamente com a polícia e assuntos de inteligência. O *Amt III* lidava com o trabalho de inteligência na Alemanha e definitivamente dos países ocupados; sua contraparte, preocupada com a inteligência estrangeira, era o *Amt VI*. A Gestapo, designada como *Amt IV*, estava, como já vimos, estabelecida sob o controle de Heinrich Müller, "a fim de combater a oposição ao Estado." Possuía muitas unidades, notadamente sua subseção *Amt IV E*, encarregada de contrainteligência e dos países ocupados.

Além disso, havia a SD, sujeita à autoridade de Heydrich, que tinha a categoria de *Gruppenführer*. *Amt V* detinha na Polícia Criminal (Kripo) o combate ao crime.

"A GESTAPO ESTÁ EM TODA PARTE"

A Gestapo, qualquer que tenha sido a intenção original, não era um organismo separado e estava sujeito a constante controle pela SD. Isso se aplicava a todas as seções e subseções do aparato policial, uma fonte de rivalidade interna. A função principal era investigar inimigos do Estado, um termo mais abrangente que poderia encobrir os culpados até mesmo de ações e desacordos mais moderados. Prisões, interrogatórios e buscas dentro das casas foram executados pela Gestapo, que recrutou informantes de um vasto campo, de porteiros de blocos de apartamentos (*Blockwarten*) a auxiliares de loja e equipe leiga em geral, todos recrutados por meio das mais variadas ameaças que atingiriam principalmente suas famílias. Houve casos de crianças sendo doutrinadas na escola e persuadidas a escrever qualquer comentário feito em casa que fosse contra o regime.

O slogan de Heinrich Müller, "A Gestapo está em Toda Parte" possuía a intenção de espalhar o medo, mas como afirmação era apenas parcialmente verdade. Havia áreas do Reich onde seus agentes estavam esparsamente presentes. Mas isso não impediu informantes industriosos de contatar Berlim, de toda a Alemanha. O próprio ato de falar poderia ser perigoso; a consciência disso levou muitos alemães a encontrar uma saída nas *Flusterwitze* ("piadas sussurradas"), como "Você sabia que no futuro os dentes serão arrancados pelo nariz? Por quê? Porque ninguém se atreve a abrir a boca."

Müller, enquanto se concentrava totalmente nos assuntos da polícia, estava incomodado com os esquemas vindos de Heydrich, sempre incansável em aumentar sua reputação. Uma proposta para Himmler de que a SS deveria ter

Cães tinham um papel essencial quando o assunto era a vigilância da SS, e invariavelmente acompanhavam os homens da Gestapo quando estes invadiam as casas. Aqui, os cães estão sendo treinados na Escola de Inteligência Canina em Rontengal.

seu próprio jornal foi amplamente aceita. O posto de editor foi dado a um jornalista extremamente populista chamado Gunther d'Alquen, que lançou o tabloide *Das Schwarze Korps* (As Unidades Negras). D'Alquen liderava uma equipe de seis, operando na Zimmerstrasse 88 em Berlim. Em cerca de dois anos, o *Das Schwarze Korps* vendia 189.000 cópias por semana, um número que cresceu para 750.000 durante a guerra. Himmler estava ciente de que o jornal deveria trazer um esquema maciço de propaganda nazista, mas d'Alquen percebeu que esta não era bem uma receita de vendas. As colunas traziam material comum a qualquer tabloide, tais como reportagens sobre padres de igrejas e casos de homossexualidade em mosteiros. Mas o jornal estava longe de ser um órgão de propaganda com uma tendência populista. D'Alquein convidava os leitores a falar sobre qualquer crítica ao regime na seção de cartas. Aqueles bastante ingênuos para cair na armadilha logo estariam chamando a atenção de Müller.

Os delatores tinham um dia no campo. Um berlinense atarefado chamado Paul Koch escreveu que um certo açougueiro, Gustav Schiewek tinha o hábito de "entregar a seus clientes suas compras embrulhadas em papel que trazia propaganda para os negócios dos judeus."

As propagandas do jornal forneciam mais infomações para a Gestapo. Qualquer um que escutasse uma transmissão estrangeira estava em risco. Propagandas "à venda" falsas foram colocadas, oferecendo poderosos rádios de segunda mão junto com fones de ouvido. Aqueles que tentavam comprar eram prontamente presos e entravam em uma lista de "possíveis suspeitos." Muitos eram detidos nas ruas; atrás deles estavam os agentes da Gestapo, mostrando ostensivamente os aparelhos de rádio.

Embora católico com sua mãe fanaticamente devota, Heydrich tinha um ódio ardente contra qualquer espécie de religião organizada. Com esse forte encorajamento, a atenção da Gestapo se voltou para todas as instituições religiosas e seus membros. O que isso poderia significar foi vivido na pele pelo reverendo Otto Graf, professor em Freiburg im Breisgau, que disse em uma de suas aulas: "Nas características fundamentais, todos os homens são iguais, e existe um ponto de vista que torna possível amar e estimar todos os homens. Isso é verdadeiro até mesmo para os judeus." Suas afirmações ganharam a imprensa, trazendo uma réplica do Ministro dos Negócios Religiosos, que acusou Otto Graf de usar erroneamente a instrução religiosa para expressar opiniões políticas: "Suas afirmações foram feitas para levantar a dúvida em seus alunos, uma vez que a verdade fundamental do mundo ideológico do Partido Socialista Nacional em sua teoria racial, o princípio e a doutrina do *Führer* são de absoluta obediência ao Estado." A isso se seguiu uma visita da Gestapo, uma enorme repressão e a perda de seu emprego.

DISSIDENTE INTERNO

No outono de 1938, a figura mais proeminente na rebelião foi o reverendo Martin Niemöller, um comandante de submarino da Primeira Guerra. Nos primeiros dias, ele havia simpatizado com os nazistas, que via como os fomentadores da "ressurreição nacional" para a Alemanha, após o país ter vivido sob uma república constantemente em mutação, sem nenhuma raiz, por aproximadamente 15 anos. Sua desilusão veio com a declaração de Hitler de que o Estado possuía a supremacia até mesmo sobre a religião e de que o cristianismo era meramente um estágio de transição na rejeição tanto do catolicismo quanto do protestantismo. Em decorrência, muitas organizações religiosas do interior foram suspensas, uma vez que a Gestapo prendeu o clero recalcitrante e exigiu que cada pastor se comprometesse doravante a se aliar com Adolf Hitler. Além disso, foi declarado que: "A concepção de vida do Partido Socialista Nacional é o ensinamento nacional e político, que determina e caracteriza a humanidade germânica. Como tal, é também obrigatório aos cristãos alemães." Um sermão de recusa a essas regras, realizado no distrito de Dahlem, em Berlim, levou à prisão de Niemöller em 1º de julho de 1937 e a seu confinamento na cadeia de Moabit. Após oito meses encarcerado, foi processado perante o *Sondergericht*, uma "corte especial" que lidava com ofensas cometidas contra o Estado, multado em cerca de 2.000 marcos e sentenciado a mais sete meses de prisão por "abuso de púlpito." Uma vez que já havia cumprido mais do que esta sentença, foi libertado, sem o consentimento da Gestapo, que continuou a persegui-lo após o julgamento. Oito anos nos campos de concentração de Sachsenhausen e Dachau o esperavam ainda, antes de sua futura libertação pelas tropas aliadas.

O reverendo Martin Niemöller, reconhecido por frequentadores das igrejas como uma espécie de herói folclórico, provocou a fúria de Hitler. O Führer ordenou sua prisão, declarando que Niemöller ficaria lá "até que seu rosto empalidecesse." O pastor luterano sobreviveu à guerra e, em 1946, admitiu a culpa da Alemanha no conflito em um discurso em Genebra.

VIGILÂNCIA

A vigilância permaneceu uma prioridade para Heydrich e a responsabilidade da SD *Amt II (Inland)*, que trabalhou muito ligada com os departamentos de correspondência e comunicação da Gestapo. De igual preocupação era a SD *Amt III (Ausland)*, com seu grupo de agentes de contraespionagem estrangeiros. Isso a levou inevitavelmente a ter contato com o almirante Wilhelm Canaris, chefe da *Abwehr* ("Inteligência Militar"), uma personalidade enigmática, que Heydrich havia encontrado pela primeira vez durante o curso de seu serviço naval. Uma conexão maior entre os dois revelou outra faceta da complexa personalidade de Heydrich: ele era um talentoso violinista. Isso atraiu a esposa de Canaris, Erika, ela própria uma musicista amadora, e as duas famílias iniciaram encontros sociais esporádicos. Isso, no entanto, não impediu Heydrich de ver um possível rival em Canaris; considerava a *Abwehr* como um símbolo de pensamento antiquado, repleto de vários "reacionários", os quais poderiam estar formando um bloco resistente à revolução nazista.

Mas o poder da *Abwehr* no campo da inteligência não podia ser ignorado; uma relação de trabalho deveria ser formada. O resultado foi o chamado "Dez Mandamentos" que, no papel ao menos, desenhou um esquema entre os dois serviços de inteligência da *Wehrmacht* e a SS. A Gestapo se preocupava essencialmente com atos de traição, com a *Abwehr* no papel predominante de espionagem e contraespionagem. Tudo deve ter parecido muito simples e razoável, mas para qualquer um que conhecesse Heydrich, estava muito claro que o acordo estava repleto de furos. Devagar, mas com firmeza, a SD aproximou-se de todos os inimigos do Estado, e isso incluía a vigilância da própria *Abwehr*. Suspeitando de todo mundo e jamais virando as costas, Heydrich não fez exceção em relação a Canaris, não perdendo tempo em fazer com que a Gestapo o fichasse, particularmente quando foi descoberto em 1939 que o chefe da *Abwehr* havia feito tentativas de pacificação com o Vaticano, que ele muito admirava. O codinome do arquivo era algo peculiar de Heydrich: *Schwarze Kapelle* ("Capela Negra"). Sua presença significava que se poderia produzir alguma coisa a qualquer hora, a fim de provocar a queda de Canaris.

PERSEGUIÇÃO AOS JUDEUS

Enquanto isso, o chefe da SD não permitiu nem a ele nem a qualquer um a paz. Havia mais demônios ideológicos requerendo atenção – a presença ofensiva de judeus, maçons, bolcheviques. Acima de tudo, havia os judeus. A princípio, parecia que aqueles na Alemanha teriam uma transição tranquila. A *Gleichschaltung* ("unificação") – a nazificação total da Alemanha – tinha de ser assegurada antes que a SS se sentisse confiante de que não era responsável por ninguém. Uma vez alcançado isso, o período de calma terminava. Em seu segundo mês como Chanceler, Hitler instituiu um boicote aos produtos e às lojas judaicas. Com gritos de *Judah verrecke!* (Morram, judeus!), a SA e a SS invadiam as cidades, incitando a multidão para que agredisse ou humilhasse qualquer judeu que encontrasse pelo caminho, bem como boicotar e destruir suas lojas e restaurantes.

Como resultado de uma ordem dada por Himmler em 1939, habitantes das cidades em países ocupados sofreram restrição de movimentos. Aqui, a frente de uma loja estabelece horários específicos. A princípio, tais medidas eram comparativamente brandas, mas com o passar do tempo foram ficando piores, particularmente nos meses após a Kristallnacht, quando ataques terroristas foram feitos em sinagogas e lojas judaicas.

A revolta se voltou depois contra os negócios judaicos e contra aqueles que faziam transações com eles. Em 1º de agosto de 1937, o escritório da Gestapo em Munique relatou: "As investigações foram feitas em diversos distritos do governo, a fim de se descobrir quais pessoas tinham negócios com judeus, particularmente criadores de gado. Essas investigações produziram resultados chocantes. Mostraram que uma enorme porcentagem de indivíduos ainda mantêm negócios com judeus. Foi constatado somente no *Regierungsbezirk* ("distrito administrativo") de Schwaben-Neuberg que mais de 1.500 pessoas haviam tido contatos comerciais com negociantes e criadores de gado judeus nos anos 1936-37. Supõe-se que a razão para esse ato deplorável esteja no fato de que existe uma falta de confiança nos negociantes de gado arianos com capital no interior, fazendo então com que as pessoas realizem negócios com os judeus. Vê-se, por exemplo, que 80-90 por cento da troca de gado do mercado de Nordlingen está nas mãos de judeus... Como resultado das regras e regulações do Reich e do Ministério Prussiano de Alimentos e Agricultura, a Gestapo não pôde fazer nada para evitar esse mal. A razão mais profunda para isso, no entanto, está na atitude das pessoas, que comprovam uma total falta de consciência de raça. As investigações, ainda incompletas, já demonstram que, particularmente nos distritos onde o catolicismo político ainda está sob controle, as pessoas estão tão infestadas pelos ensinamentos de um catolicismo político agressivo, que se tornaram surdas a qualquer discussão sobre problema racial. A situação indica ainda que a maioria dos indivíduos está completamente imune ao ensinamento ideológico do Socialismo Nacional, e que unicamente desvantagens materiais irão obrigá-los a entrar em relações de negócio com comerciantes arianos. A organização de negócios do Estado da Bavária, dentro do Estado do Reich para a Alimentação, era, por conseguinte, informada por todas essas pessoas conhecidas por comprarem de judeus, para que todos os privilégios do Estado do Reich para a Alimentação pudessem ser negados a elas."

Uma loja judaica destruída e pilhada em Friedrichstrasse, em Berlim, apenas um dos exemplos da orgia de destruição que se seguiu à realização da Kristallnacht. Transeuntes exibiam tanto aprovação, ou, numa tentativa apenas de se auto-protegerem, prudentemente ignoravam a violência.

KRISTALLNACHT

A difícil situação dos judeus foi ainda mais dramaticamente recrudescida na noite de 9 de setembro de 1938,

com os acontecimentos que ficaram conhecidos como *Kristallnacht* ("Noite de Cristal" ou "Noite do Vidro Quebrado"), quando uma série de ataques terroristas foram realizados contra sinagogas e lojas judaicas. Esses eventos podem ser traçados a partir de uma ordem de Heydrich para a deportação para a Polônia de 17.000 judeus poloneses, a maioria imigrados para a Alemanha após o fim da Primeira Guerra. O governo polonês não desejava acomodá-los e reagiu fechando as fronteiras e colocando tropas especiais em alerta. Isso deixou milhares de judeus não apenas sem casa, mas forçados a vagar sem comida nem abrigo. Um destes era Zindel Gryszpan, um alfaiate polonês de Hanover, cujas posses haviam sido confiscadas. Notícias dessa alarmante situação chegaram a seu filho de 17 anos, Herschel, em Paris. Em 7 de novembro de 1938, o adolescente, com um revólver nas mãos, chegou à embaixada alemã. Seu motivo preciso permaneceu obscuro, mas pensou-se que o alvo pretendido era o embaixador, o conde Johannes von Welczeck. Suas indagações foram respondidas por um Terceiro Secretário, Ernst von Rath, que acabou levando cinco tiros. A vítima, como ocorrido, foi uma triste escolha, porque von Rath era um convicto antinazista sob vigilância da Gestapo.

A retaliação nazista foi imediata. Uma ordem foi dada para a destruição de todos os locais judeus na Alemanha e na anexada Áustria: em apenas 15 horas, 101 sinagogas foram incendiadas e 76, demolidas. Cerca de 7.500 lojas de judeus foram destruídas. Provavelmente, o *Das Schwarze Korps* fez seu papel, tornando-se progressivamente mais incômodo nos dias seguintes à *Kristallnacht*; em 24 de novembro, o tabloide declarou: "Nenhum alemão deve viver sob o mesmo teto que um judeu. Devemos expulsá-los de nossas casas

Lea Grundig, uma gravurista de um livro intitulado Under the Swastika, escreveu: "Uma casa como milhões de outras, em algum lugar na Alemanha. Pessoas simples, como eu e você, moram nesta casa: elas vivem com medo. Não pergunte o que elas temem: elas temem a Gestapo, é claro. Temem as denúncias que não param de crescer... O medo está lá: portas furtivamente se abrem e os intimidados residentes olham cautelosamente para ver quem está sendo afetado."

e áreas de convivência... O plano é muito claro: remoção total, separação total!" A grande responsabilidade para a *Kristallnacht* foi mais tarde atribuída a Josef Göbbels, Primeiro-Ministro da Propaganda, que afirmou que o assassinato de von Rath havia sido uma conspiração planejada. O papel da Gestapo está numa mensagem-chave de Heinrich Müller em Berlim, transmitida à meia-noite de 9 de novembro. Intitulada "Imediata e Secreta", lia-se em parte que "ações contra os judeus, especialmente contra suas sinagogas, irão acontecer muito em breve em todo o Reich... Uma vez que até agora importante material de arquivo existe nas sinagogas, ele deve ser assegurado por medidas imediatas... Preparativos estão em andamento para a prisão de cerca de 20.000 a 30.000 judeus no Reich. Acima de tudo, judeus aptos para o trabalho devem ser selecionados. Instruções mais detalhadas ainda irão se seguir no decorrer da noite."Evidências surgiram mais tarde de que a Gestapo estava envolvida antes mesmo da *Kristallnacht*. Joe Rose, um artista comercial judeu vivendo em Sudenburg, próximo a Magdeburg, mais tarde se lembrou: "Dois membros da Gestapo se aproximaram de Nosseck, um grande amigo meu também judeu e dono de uma loja de artigos masculinos. Educadamente, mas num tom que não deixava dúvidas sobre sua autoridade, pediram para que pintasse seu nome na frente da loja. Foram muito precisos. Deveria estar no nível dos olhos, em letras idênticas de doze centímetros de altura por um de comprimento. Nosseck me pediu para fazer o serviço. Cobrei dele uma soma nominal uma vez que sabia que a cobrança vinha indiretamente por meio da Gestapo. Como aconteceu, ganhei bastante dinheiro. Outros lojistas que haviam recebido as mesmas ordens vieram até mim e eu fiquei ocupadíssimo com o trabalho. Culpamos a burocracia local e certamente não conectamos os acontecimentos com o assassinato de von Rath. Foi apenas até a *Kristallnacht* que o verdadeiro motivo ficou evidente."

O ódio aos judeus narra apenas uma parte da história. Houve muitos casos de cobiça cega justapondo-se à ideologia – roubo legalizado pelos nazistas de absolutamente tudo o que a comunidade judaica possuísse. Judeus eram submetidos a multas de um bilhão de marcos. Os negócios judeus eram vendidos a "mãos arianas", prataria e objetos pessoais eram confiscados e apreendidos. Em troca, homens judeus perseguidos pela Gestapo eram mais tarde libertados.

Privados de suas riquezas e pertences, a emigração era possível para aqueles que conseguissem um passe de permissão, como a família de Heinrich descobriu. No auge dos violentos ataques, Joseph Heinrich, de 13 anos de idade, de Frankfurt am Main, cujo pai negociante era um simpatizante sionista, estava no parapeito da janela de casa observando o incêndio de uma enorme sinagoga do outro lado da rua: "Börneplatz estava cheia de milhares de espectadores que transformaram o local num verdadeiro circo. Então de repente a multidão invade nossa casa, carregando machados e pedaços de pau, e continuou a destruir tudo. Conseguimos escapar para a estação de polícia mais próxima, mas de nada adiantou. Todos os presentes riram de nossa cara. Fomos então procurar abrigo em casas de amigos, mas não era seguro permanecer lá e logo tomamos um táxi para a casa de minha tia. Isso foi numa quinta-feira e as prisões continuaram por todo o dia. Na noite seguinte, uma batida na porta da casa: tinham vindo para prender meu tio. Meu pai protestou: "Não vou deixá-lo ir sozinho." Um deles deu de ombros: "Ótimo. Você pode vir também." Eles levaram os dois. Algumas horas mais tarde, minha irmã e eu fomos à delegacia, procurar por meu pai. Tudo o que nos disseram foi para dar o fora dali imediatamente. Alguns dias depois, minha mãe, minha irmã Lorle, meu irmão mais novo Asher e eu fomos colocados num trem a caminho da Holanda. Fomos juntos com um grupo de cerca de 25 crianças, organizadas por algumas judias. Quando chegamos à fronteira holandesa, os homens da SS nos tiraram do trem e nos levaram para uma sala de espera. Já que éramos judeus, fomos logo separados dos passageiros alemães. Não havia banheiro disponível e nenhuma água para nós, o que fez Lorle e Asher começarem a chorar. Foi apenas na noite seguinte que fomos colocados em outro trem, o Expresso Rheingold. Atravessamos a fronteira para a Holanda, onde fomos depois cercados por hordas de jornalistas e repórtres interessados em saber como estavam as coisas na Alemanha. Lembro-me de que meus sentimentos ficaram confusos. Eu era uma criança e tudo aquilo parecia uma grande aventura. Sabia que eu não estava com medo. Mas então percebi que alguma coisa havia sido irreversivelmente destruída e comecei a imaginar o que nos aguardava."

As crianças de Heinrich foram colocadas aos cuidados de

Ernst Thälmann, que havia sido presidente do partido Comunista Alemão e um ardoroso stalinista, mais tarde tornou-se membro do Reichstag. Marcado por Hitler para ser eliminado, foi preso depois do incêndio do Reichstag e, após uma hedionda tortura da Gestapo, foi morto.

uma família holandesa que garantiu que elas escreveriam para casa toda semana. Joseph descobriu que seu pai estava preso no campo de concentração de Buchenwald, que ainda não se havia tornado um local de extermínio. Ele conseguiu garantir sua liberdade por meio de um passe conseguido com outro membro da família. Instado por sua mulher e sob ameaça constante de ser preso novamente, fugiu para a Inglaterra. "Mas minha mãe não obteve permissão e eu nunca mais a vi", Joseph se recorda. "Meu pai ficou no último trem de civis a atravessar a fronteira holandesa e depois no último barco com destino à Inglaterra. Na chegada, foi internado imediatamente."

As condições nas prisões da Gestapo eram duras e humilhantes, como esta cela em Colônia demonstra. As prisões invariavelmente chegavam a seu limite, e os prisioneiros, que ficavam horas em pé antes de serem alojados nas celas, poderiam ser chamados a qualquer instante para novos interrogatórios e espancamentos.

PRINZ-ALBRECHT-STRASSE

Esses foram os que conseguiram fugir do Reich. Mas nem todos tiveram a mesma sorte; para os que não conseguiram comprar sua liberdade, havia a opção de encarceramento em Prinz-Albrecht-Strasse 8. Aqui, os judeus ficavam junto de prisioneiros políticos, esquerdistas de todo tipo e críticos do Socialismo Nacional. O enorme e impressionante prédio cobria cerca de 62.000 metros quadrados (15 acres). Os escritórios administrativos e de interrogatório estavam localizados nos andares superiores, enquanto no primeiro andar havia uma cela comunitária na qual 50 prisioneiros se amontoavam. As celas possuíam eletricidade fraca ou dependiam, às vezes, da luz solar que entrava escassamente por grades no alto. Eram rigorosamente vigiadas pelos oficiais da SS, que adicionavam ao prisioneiro a sensação de isolamento evitando qualquer outro contato humano; a comida era alcançada por uma portinhola embaixo na soleira da porta.

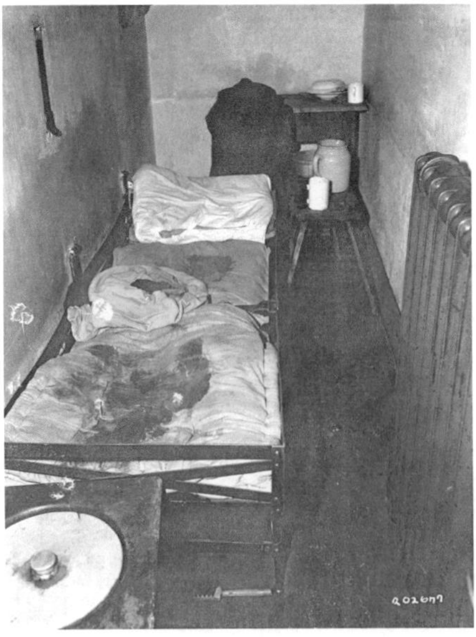

O ESPAÇO DE UM ESCRITÓRIO DA GESTAPO

"Pode interessar ao leitor, neste estágio da leitura, dar uma olhada dentro do escritório que eu ocupava como chefe do Departamento Estrangeiro do Serviço Secreto da Alemanha. Entrando no cômodo, grande, com um luxuoso tapete, o visitante encontra minha enorme mesa de trabalho. A peça mais preciosa de mobília era um antigo e grande armário contendo toda a minha biblioteca de referência. À esquerda da mesa, havia um carrinho-mesa coberto com telefones e microfones conectados diretamente com a chancelaria de Hitler e outros lugares importantes, um telefone que me fornecia linha direta com minha casa em Berlim, e com minha casa no interior, em Herzberg. Os microfones eram colocados em todo lugar, escondidos, nas paredes, sob a mesa, até mesmo dentro de uma das lâmpadas, para que toda conversa, todo som, fosse captado de todos os ângulos possíveis.

As janelas eram cobertas com uma malha de fios. Era um sistema eletrônico de segurança, que era ligado à noite e formava parte do sistema de células foto-elétricas que soavam um alarme caso alguém se aproximasse das janelas, das portas, do cofre, ou, na verdade, tentasse chegar muito perto de meu escritório. Em 30 segundos, um esquadrão de tropas armado já teria cercado toda a área.

Minha mesa era como uma pequena fortaleza. Duas armas automáticas foram colocadas dentro dela e poderiam encher de balas todo o local. Essas armas ficavam apontadas para o visitante e chegavam mesmo a seguir seus passos ao longo do cômodo. Tudo o que eu precisava fazer era apertar um botão e ambas disparariam simultaneamente. Ao mesmo tempo, eu poderia apertar outro botão e uma sirene reuniria os guardas para cercar o prédio e evitar qualquer tentativa de fuga...

Quando eu estava em missão no estrangeiro, tinha ordens estritas de fixar um dente artificial contendo veneno para me matar em trinta segundos caso eu fosse capturado por inimigos. Para ter ainda mais certeza, eu usava um anel que, sob uma grande pedra azul, uma cápsula de ouro estava escondida contendo cianido."

Extratos de Walter Schellenberg, *The Schellenberg Memoirs*

Um sofrimento maior para os prisioneiros era a certeza quase absoluta de que seu destino fatalmente seria um campo de concentração ou alguma outra coisa na rede de tortura em toda a cidade de Berlim. A reputação do lugar datava dos primeiros dias de disputa pelo poder entre a SA e a SS. Rudolf Diels não havia estado acima dos prisioneiros esporádicos dos Camisas-Marrom e os havia trazido para Prinz-Albrecht-Strasse. O interrogatório era frequentemente brutal. O político comunista Ernst Thälmann, por exemplo, havia sido preso no dia após o incêndio do Reichstag e enviado para a morte em Buchenwald. Passou por um interrogatório sem fim. Quatro de seus dentes foram arrancados e um oficial da

Gestapo chicoteou suas costas com uma violência sem precedentes, atingindo também seu rosto e peito. Wolfgang Szxepansky, artista de ascendência polonesa-letã, era um simpatizante comunista e ativista, preso juntamente com outros quinze e levado para Prinz-Albrecht-Strasse: "Na chegada, um homem com roupas civis, tão pequeno que não alcançava meu rosto para me bater, me atingiu nos testículos, com seu rosto contorcido pelo ódio. Era seu modo de dizer *olá*, eu creio. É uma verdadeira tortura esperar na cela por um interrogatório e quando percebe, eles vêm e vão te bater, provavelmente até a morte. Espera que a porta não se abra, espera que não chamem seu nome, espera que eles apenas te deixem em paz...Um de nossos quinze companheiros apanhou por horas e horas. Ele literalmente era arremessado de um canto a outro na cela. Eles se revezavam, aquilo continuava por horas a fio. É uma tortura indescritível assistir a um de seus companheiros apanhar dessa forma. As torturas se tornaram piores. Eles usavam pregos, arranhavam as pernas, cortavam os dedos, coisas em que eu não acreditaria se não tivesse visto com meus próprios olhos."

Ocasionalmente, o mundo do lado de fora ficava sabendo dos acontecimentos dentro da Prinz-Albrecht-Strasse. Em 2 de agosto de 1934, o jornal inglês *Manchester Guardian* publicou um artigo sobre o tratamento de prisioneiros políticos na Alemanha, um deles havia descrito o interrogatório: "Fui levado a uma sala onde me revistaram e me tiraram meu caderno de anotações e algumas cartas. Havia uma mesa no meio da sala e uma carteira nos fundos. Cinco oficiais sentaram-se ao redor da mesa. Pediram-me para sentar também. Fizeram várias perguntas sobre as pessoas cujos nomes e endereços se encontravam em meu caderno (meus aposentos haviam sido confiscados enquanto isso, mas nada foi encontrado a não ser algumas cartas completamente inofensivas). Perguntas e mais perguntas foram feitas com extrema rapidez, durante horas e horas. Passava um pouco da meia-noite quando os oficiais continuavam seu interrogatório, mas agora me batiam. Minha cabeça doía. Mais ou menos às três da manhã, um deles leu uma sentença, pedindo-me para assiná-la. Eu estava para obedecer quando notei que a folha do papel havia sido dobrada com muita habilidade, as pontas do papel juntas de forma quase simétrica – quando desdobradas, deixavam um espaço vazio que poderia ser preenchido com palavras que não seriam as minhas, mas no entanto apareceriam acima de minha assinatura. Cinco pares de olhos me olhavam ininterruptamente. Coloquei a caneta de volta e disse: "Sinto muito, mas não posso assinar uma afirmação dessa natureza." "Neste caso, não temos mesmo sorte", falou um dos oficiais, com voz inquisidora. Fui levado para os porões e trancado numa cela escura. Estava exausto e caí no sono rapidamente em cima de um saco de palha."

O interrogatório e as acusações – isso, entre outras coisas, que o prisioneiro havia tentado arrumar evidências a fim de provar que a SS e a SA eram organizações armadas violando o Tratado de Versalhes – foram resumidas no dia seguinte. "Um oficial me disse: "Então você não sabe de nada, não é mesmo? "e me bateu com tanta violência na cabeça que a sala parecia rodopiar até eu cair no chão. Fui chutado enquanto estava caído. "Levante-se!", um deles gritou. Tive dificuldade para me erguer. As mesmas perguntas foram feitas a mim novamente e me bateram da mesma forma até que eu não aguentasse mais e caísse no chão. E depois fui chutado no chão. Fizeram isso diversas vezes. Então me levavam para os porões. Sentei num banco com outros prisioneiros, homens e mulheres. Alguns tinham acabado de chegar, outros haviam sido examinados e estavam machucados e com sangramento. Comecei a tossir e cuspi muito sangue. Estava sentindo muita dor."

Houve um tempo em que as celas em Prinz-Albrecht-Strasse não poderiam ter prisioneiros. Aqueles, na eufemística "custódia protetora", se encontravam na prisão policial de Alexanderplatz. Muito pior era a Columbia-Haus, localizada perto do aeroporto de Tempelhof, e que havia servido originalmente como prisão militar. Kurt Hiller, jornalista do semanário inconformista *Die Weltbühne*, era judeu e, portanto, estava sob os olhares da Gestapo. Após um espancamento terrível em Prinz-Albrecht-Strasse, durante o qual seu nariz foi quebrado, ele foi enviado para Columbia-Haus, onde foi levado ao porão. Quatro homens da SS torceram seus tornozelos e seus punhos, o arremessaram contra uma mesa e lhe deram 25 chicotadas como um sinal de "boas-vindas."

ADOLF EICHMANN

Até então, todo o horror das atrocidades nazistas contra os judeus estava confinado à Alemanha e, com sua ocupação à sombra da guerra, à Áustria e à Tchecoslováquia. Mas ansioso em ampliar o império estava Karl Adolf Eichmann, cujo ódio aos judeus começara cedo. Ele nasceu em 19 de março de 1906 e cresceu na cidade austríaca de Linz. Privado de sua mãe muito jovem, mergulhou em solidão melancólica. Seu pai, quase sempre desempregado, o criou com indiferença. De pele escura e quase semítico na aparência, o jovem Adolf precisou suportar seus colegas de classe que o rotulavam de *Der kleine Jude* ("O pequeno judeu"). Quando chegou a hora de ganhar a vida, tentou inúmeros empregos, o mais significati-

vo deles foi o de vendedor de aspiradores de pó para a empresa Vacuum Oil Company AG, cobrindo a parte norte da Áustria, Salzburgo e Tirol do Norte. Isso era realizado numa motocicleta com a qual fazia viagens regulares entre Linz e Viena e, eventualmente, para participar de competições alemãs, usando camisas marrom e suásticas.

O apelo foi instantâneo. De volta para casa, ele se inscreveu no Partido Socialista Nacional Austríaco, e aos postos do que se tornou a SS, já então respondendo aos chamados de Hitler para a *Anschluss* (união com a Alemanha). Despedido do emprego por causa de sua entrada no partido, ele foi capaz de procurar um posto em tempo integral com os nazistas austríacos. Isso o levou a um contato bastante útil por ocasião de um encontro com um companheiro austríaco, o ambicioso advogado Ernst Kaltenbrunner, que não fez segredo de seu desejo pelo poder e se preparou para o surgimento da *Anschluss*. Eichmann teve um encontro ainda mais valioso com Heinrich Himmler que, durante uma viagem de inspeção, jurou que Eichmann entraria como membro da SS austríaca do norte. Em fevereiro de 1933, com a *Anschluss* ainda a cinco anos de ser formada, as autoridades na Áustria não tinham amor nenhum pelos nazistas. Elas já haviam marcado Eichmann como um provável encrenqueiro e, com a polícia literalmente batendo à sua porta, ele escapuliu para a fronteira alemã e entrou em contato com uma unidade da SS para a qual havia sido recomendado. Foi-lhe indicado um período de treinamento militar em Lechfeld bei Passau na fronteira austro-alemã, seguido de um serviço como um *Rottenführer* (Corpo de Lança) em menor grau, no campo de concentração, em Dachau.

Adolf Eichmann viajou por toda a Europa ocupada para assegurar que os esforços de vários ministérios nazistas responsáveis pela prisão, transporte e extermínio de judeus fossem levados adiante. Um eficiente burocrata, sem a menor compaixão, as cinco milhões de mortes que resultaram da Solução Final foram executados sob suas ordens.

Aos 27 anos de idade, a aplicação de Eichmann para se juntar à SD foi recompensada com um posto no departamento que cuidava da organização das fichas, onde lhe pediram que datilografasse detalhes pessoais dos maçons livres, grupo considerado perigoso por seus ideais democráticos de liberdade. O trabalho em si não era necessariamente compensador, nem havia a possibilidade de subir de posto. Seu valor foi o fato de que deu a Eichmann o conhecimento de normas e procedimentos da SD. À maneira dos executivos-juniores de qualquer lugar que ambicionam fazer carreira, Eichmann não perdeu tempo em procurar seus superiores que seriam de grande utilidade para ele. Quando de sua admissão, embora estivesse em contato com oficiais da SS seniores, foi cuidadoso ao concentrar a atenção para si e pisar firme a fim de ser notado.

Também foi bastante perspicaz para decidir a respeito de um assunto especial dentro da SD, que havia sido negado dentro dos escalões, e que ele instintivamente sentiu de que ele poderia se apoderar. Optou pela "questão dos judeus" e logo deixou claro que sua solução era sua missão de vida no Terceiro Reich, tomando para si o estudo de toda a estrutu-

Esta fotografia tirada em Dachau, apareceu no jornal nazista Illustrierte Beobachter. Sua legenda em parte dizia que estes prisioneiros eram "um grupo de repetidores políticos – pessoas que não cessariam suas agitações e atividades subversivas contra o Estado mesmo após uma prisão prévia."

ra social judaica, tanto na Alemanha quanto em qualquer outro país europeu, e a organização do sionismo. Seguiu até mesmo aulas de ídiche e hebraico. O resultado foi que conseguiu um nicho seguro na Seção II 112 da SD, setor da Organização Sionista. Seu status como especialista em judeus tornou-se tal que ele foi incluído na delegação enviada à Palestina em 1937, a fim de discutir com líderes árabes a possibilidade de uma imigração em larga escala de judeus ao Oriente Médio, como parte de sua expulsão total do Terceiro Reich. Agentes trabalhando para o Território de Mandados britânicos cercaram os visitantes alemães e eles foram então deportados. O acontecimento foi um fracasso – mas não aos olhos de Reinhard Heydrich, para quem Eichmann permaneceu tanto um dedicado antissemita quanto um esforçado *Beamte,* o burocrata dependente. Em reconhecimento, Eichmann foi promovido a *Untersturmführer*, um posto de delegação.

ANCHSLUSS

Os acontecimentos na Europa estavam se desenrolando de maneira rápida. O movimento ia em direção à guerra, antecedidos pela *Anschluss* austríaca e a rendição da Tchecoslováquia. A Áustria, com a qual Hitler sonhava, havia sido delineada em *Mein Kampf* (Minha Luta; 1925-26), programa político que ele havia iniciado ainda na prisão após o fracassado golpe na Cervejaria. Nele, tinha insistido que a *Anschluss* entre a Alemanha e a Áustria era "uma tarefa a ser levada adiante de todas as maneiras possíveis." Com a chegada ao poder de Hitler em 1933, veio a certeza de Berlim de que a política em relação à Áustria permaneceu intacta. O Chanceler austríaco, Engelbert Dollfuss, que havia assumido o cargo em maio de 1932, previu a ameaça apresentada a seu país pelos nazistas tanto da Alemanha quanto da Áustria. Os nazistas austríacos, com grande apoio de Berlim, lançaram um reinado de terror no qual os partidários do governo foram assassinados. Em 25 de julho de 1934, uma facção da SS *Standarte 89,* usando uniformes austríacos, ocupou a Chancelaria Federal; Dollfuss levou um tiro na garganta e foi deixado sangrando até morrer. O golpe intencional, no entanto, foi mal calculado e mal feito. Para fúria de Hitler, forças leais ao Chanceler dr. Kurt Schuschnigg, sucessor de Dollfuss, ganharam o controle. A *Anschluss* teria de esperar.

Hitler, entretanto, permaneceu determinado. O acontecimento decisivo veio em fevereiro de 1938, quando Schuschnigg foi persuadido por Hitler para ir a seu retiro nas montanhas em Berchtesgaden. O *Führer,* fazendo ameaças, exigiu concessões para os nazistas austríacos. Schuschnigg foi apresentado a três generais que estavam ali "quase por acaso": Wilhelm Keitel, chefe da OKW (*Oberkomman-*

do der Wehrmacht, as forças armadas alemãs), Walter Reichenau, comandante das forças alemãs na fronteira austro-bávara, e Hugo Sperrle, general da *Luftwaffe* da área de fronteira. Nenhuma dica teria sido maior - se Schuschnigg não cedesse às exigências de Hitler, então haveria uma solução pela força. A independência austríaca estava por um fio. Os minutos do encontro sobreviveram. Um grito de Hitler dá o tom para o resto: "Estou lhe dizendo que vou resolver o assim chamado problema austríaco de uma maneira ou de outra... Escute, você não acha realmente que consegue mover uma única pedra na Áustria sem que eu ouça sobre isso no dia seguinte, não é? Dou apenas uma única ordem e em uma noite todos os ridículos mecanismos de defesa serão destroçados...após o exército, minha SA e a Legião Austríaca se moverem, e ninguém pode deter sua vingança - nem mesmo eu."

Um desfile de tropas em Viena como parte da Anschluss de 1938. Fazendo a saudação está o marechal de campo Fedor von Block, comandante das tropas entrando na Áustria. À direita, encontra-se Arthur Seyss-Inquart, que veio a se tornar Reichsstatthälter ("Governador Regional") da renomada Ostmark.

De volta para casa, Schuschnigg tentou lançar um movimento contra Hitler ao anunciar um plebiscito. Mas a isto seguiram-se ordens de mobilização alemã a três Corporações *Wehrmacht*. Na manhã de 11 de março, Heinrich Himmler, em seu uniforme de *Reichsführer* emoldurado com duas granadas de mão penduradas em seu cinto, deixou Prinz-Albrecht-Strasse rodeado de seguranças e foi cumprimentado no aeroporto de Tempelhof pelos membros mais antigos da SD, liderados por Heydrich. Adolf Eichmann era de longe o mais novo dos presentes, mas um papel significativo o aguardava quando o partido chegou à Áustria. Uma vez lá, ele não perdeu tempo para estabelecer seu escritório central para a emigração judaica, dirigido por Heydrich. Ele era a maior autoridade para emitir permissões aos judeus que procuravam desesperadamente deixar a Áustria. Como a Alemanha estivesse bastante ansiosa para assegurar sua riqueza, a atitude de Eichmann em relação aos judeus mais ricos era, às vezes, conciliatória, permitindo que sinagogas ficassem abertas e o Yom Kippur fosse celebrado. Mas o escritório central possuía outra face.

Após a anexação da Áustria, o ódio nazista se voltou contra os judeus, forçados a lavar as ruas de Viena, muitas das quais deliberadamente com ácido.

CORRIDA PARA O CASTELO HRADÇANY

Walter Schellenberg se lembra da determinação de Hitler para chegar a Hradçany, distrito histórico do castelo de Praga, o mais rápido possível. "Hitler, com sua guarda da SS, se apressou pelas estradas geladas, passando pelas colunas de alemães ao longo do caminho. Quando chegamos lá, tive de selecionar oficiais apropriados e *Lebensraum*("aposentos") para Hitler no castelo." A SD e a polícia alemã imediatamente tomaram conta da polícia, trabalhando conjuntamente, entretanto, com seus colegas tchecos. "A polícia tcheca era uma organização excepcional, os homens extremamente selecionados e com excelente treinamento. Isso impressionou bastante Himmler. "material humano excepcional!", ele exclamou. "Devo levá-los todos para a *Waffen-SS*."

Era também a seção da Gestapo que lidava com inimigos religiosos do Estado, incluindo os judeus que não haviam conseguido fugir. Após dois meses de prisão domiciliar, Schuschnigg foi levado ao Hotel Metrópole de Viena, que servia como quartel-general da Gestapo. Encarcerado em uma sala minúscula no primeiro andar, foi forçado pela SS a limpar suas alas e dependências, inclusive latrinas e fossas. Isso foi apenas uma pequena parte de sua vida ao longo de toda a guerra, que incluiu temporadas nos campos de concentração de Dachau e Sachsenhausen.

O britânico Oloff De Wett, que mais tarde se tornou agente para a Resistência francesa, foi apanhado na Áustria na época da *Anschluss* e sob a suspeita de estar em contato com antinazistas. Também foi levado ao Hotel Metrópole, onde conheceu um agente brutal de nome Federmann. Desesperado com a crueldade dos interrogatórios, De Wett tentou fugir. Federmann fez um leve sinal com a cabeça para um de seus carcereiros, o qual pegou uma marreta de borracha e a desferiu na altura do crânio do prisioneiro, causando uma dor fortíssima em seus ouvidos e dentro do crânio uma dor mortal que se expande e se contrai com as marretadas."

De vez em quando, Federmann, fumando incessantemente, jogava fumaça direto no rosto de De Wett. "Ele sopra na ponta do cigarro, até que fique meio avermelhada, coloca a ponta sobre minha mão durante um segundo e aperta o cigarro vagarosamente sobre minha pele... Quando tira a ponta já amassada, sopra as cinzas e então há esta pequena circunferência branca, que, em meia hora, parece um minúsculo hemisfério brilhante. Quando o sr. Federmann faz três desses em sequência, se parecem com três ervilhas amareladas; de-

MEIN KAMPF

O *Mein Kampf* ("Minha Luta"), que incorpora a filosofia política de Hitler, foi publicado em dois volumes. O primeiro foi escrito na fortaleza-prisão de Landsberg am Lech, na Bavária, enquanto Hitler cumpria uma sentença de cinco anos por seu papel no golpe abortado da Cervejaria. Na prática, ele cumpriu apenas nove meses em condições confortáveis, onde tinha muito tempo para elaborar seu livro e ditá-lo a seu leal companheiro Rudolph Hess. O primeiro volume apareceu em 1925 e chegou a vender 9.400 cópias. Na época em que Hitler tornou-se chanceler em 1933, mais de um milhão de cópias haviam sido vendidas do livro completo (lançado em um volume em 1930).

Sua tese, predominantemente racista, era a de que os alemães possuíam o dever de se conduzir como racialmente puros, pessoas arianas superiores às outras que, revigoradas, devem aumentar seu número, a fim de povoar o planeta numa supremacia absolutamente mundial. Eles precisariam primeiro, no entanto, combater uma conspiração judaica que atrapalhava os planos dos arianos. Uma passagem frequentemente citada expressa sua crença de que "o espírito judeu" estava trabalhando para a ruína da Alemanha: "O jovem judeu de cabelos negros espera por horas, com uma alegria satânica em seus olhos, pelas garotas (arianas) insuspeitas, a quem ele envergonha com seu sangue impuro e, por conseguinte, rouba a nação inteira... Ele procura destruir as características raciais dos alemães com todos os meios a seu alcance... Foram os judeus que trouxeram os negros para o Reno, sempre com o mesmo pensamento e claro objetivo em suas mentes - destruir as raças brancas através da "bastardização", derrubá-las de suas alturas culturais e políticas."

Hitler continuou a desenvolver seu remédio para destruir este "bacilo". Um Estado ariano nacional forte seria criado por meio de da supressão de todos os partidos dissidentes, exilando todos os judeus e unindo todo o povo alemão. A expansão viria da conquista de novas terras das "planícies eslavas" e do estabelecimento de alemães na Europa Oriental e na Ucrânia. Aliança com a Inglaterra e a Itália seria necessária para destruir a França, pais com a "maior concentração internacional de judeus." Suas teorias econômicas advogavam autossuficiência nacional e independência econômica, a fim de restabelecer o comércio internacional.

Ele havia planejado que o título do livro seria *Quatro Anos e Meio de Lutas Contra as mentiras, a estupidez e a Covardia*. O editor, Max Aman, que havia servido Hitler na Primeira Guerra, mudou o título para o mais comercial *Minha Luta*. Com tato considerável, Aman mais tarde persuadiu Hitler de que o livro, que era um tanto empolado no estilo, deveria ser severamente revisado. O resultado compensou.

pois bate neles com uma régua, quando se rompem e as costas de minha mão ficam cheias do que parece ser um fluido que saiu de dentro deles."

Em outros lugares, a Gestapo desempenhou o que iria se tornar seu papel familiar – prender oponentes políticos e decretar quem seria levado aos campos da concentração. O *Tagesrapport* (Reportagem do Dia), número 8, de 7-8 de novembro de 1938, da *Geheime Staats Polizei*, de Viena, relatou: "De acordo com uma afirmação feita às 18h, em 6 de novembro de 1938, 6.547 judeus foram aprisionados durante o *Judenaktion* em Viena. Destes, 3.700 foram enviados a Dachau. 1.865 foram temporariamente dispensados e 982 libertados. Dois mil judeus, após a inspeção daqueles enviados a Dachau, foram considerados doentes demais pelos médicos para ir aos campos de concentração."

OCUPAÇÃO DA SUDETENLAND

A realização da *Anschluss* e a subjugação da oposição dentro da Áustria deixaram Hitler livre para perseguir sua próxima conquista. Em um discurso para o Reichstag, voltou sua ira contra a Tchecoslováquia com seu caos étnico de tchecos, eslovacos, rutenos, poloneses e alemães. Por não muito tempo os alemães tolerariam uma situação onde milhões de seus irmãos viveriam em opressão, mais especificamente aqueles vivendo na região fronteiriça da Alemanha, conhecida como Sudetenland, que virtualmente cercava a Boêmia e a Morávia. O objetivo real de Hitler, no entanto, era a eliminação do Estado tcheco, e os preparativos para que isso acontecesse estavam em curso desde 1933, quando Konrad Henlein fundou a *Sudetendeutsche Heimatfront* ("A Frente Alemã de Sudeten"), rebatizada como *Sudetendeutsche Partei* (SDP) em 1935, que recebia fundos da SS. Sob instruções da rígida SD em Berlim, os nazistas de Sudeten tomaram seu caminho dentro das organizações locais e regionais, recrutando líderes industriais e de negócios.

O Primeiro-Ministro britânico, Neville Chamberlain voou até Bad Godesberg em 22 de setembro de 1938, e a Conferência de Munique, uma semana mais tarde, determinou o destino da Tchecoslováquia, enquanto tropas alemãs marchavam para a Sudetenland em 1º de outubro. Durante o mês seguinte de março, Josef Tiso, o *premier* eslovaco, proclamou a fundação da autônoma República Eslovaca, tendo concordado anteriormente que ela estaria sob proteção alemã. Tropas alemãs, sem nenhum aviso, entraram na Tchecoslováquia, onde toda a resistência havia sido paralisada.

Um decreto criou o Protetorado da Boêmia-Morávia, incorporado ao Reich alemão. Os tchecos conservaram seu próprio parlamento e presidente, mas havia um protetor do Reich, um papel desempenhado por Konstantin Freiherr von Neurath, Primeiro-Ministro alemão do Exterior entre 1932 e fevereiro de 1938. Henlein recebeu sua recompensa de Hitler: o posto de chefe da Administração Civil da Boêmia e Morávia. O poder supremo em Praga estava nas mãos do *SS-Gruppenführer* Karl-Hermann Frank, um vendedor de livros de um olho só de Karlovy Vary (agora oficialmente conhecida outra vez por seu nome em alemão Karlsbad), que aderiu ao movimento radical de Henlein, que queria união com o Reich e a supremacia racial absoluta da Alemanha, impulsionada por um ódio profundo aos tchecos. No comando direto do *SS-Gruppenführer* da Gestapo, ficou Franz Walter Stahlecker, já há muito tempo um tipo conhecido por sua extrema brutalidade.

Hitler desfila triunfantemente em Praga em 15 de março de 1939. Antes de deixar Berlim, o Führer havia proclamado ao povo alemão: "A Tchecoslováquia vai deixar de existir." As iniciativas da SD e da Gestapo se seguiram. Um documento relatava: "A SD segue, onde possível, diretamente atrás das tropas que avançam, e cumpre os deveres semelhantes àqueles no Reich, que são a segurança da vida política e... todos os empreendimentos necessários à economia nacional."

A prisão do filho de um político tcheco foi testemunhada por um jornalista que, dizendo-se alemão, conseguiu penetrar no Palácio Petschek em Praga, que se tornou um centro de tortura notório. O prisioneiro foi primeiro esbofeteado no rosto, depois levado a um canto da sala e forçado a manter suas mãos para o alto enquanto era interrogado, interrompido apenas por mais bofetadas na cara quando reclamava de dores nos braços. O jornalista enviou seu relatório ao britânico *Yorkshire Post*: "Stahlecker... entrou na sala e começou a interrogar o prisioneiro, acompanhando suas palavras com socos e bofetadas, bem como insultos à nação tcheca. Quando terminou o exame, o prisioneiro foi levado ao porão do palácio... e jogado no meio de mais outros vinte encarcerados, com a barba por fazer, sujos, de roupas rasgadas. Perguntei ao meu guia qual seria o destino do rapaz e ele me respondeu: "Vão bater nele, mas não o suficiente para que morra." Acrescentou que, "se o prisioneiro tiver sorte, será libertado em 16 dias; não seria mantido na prisão uma vez que não havia mais espaço." A Gestapo fez centenas de prisões, tantas que as prisões não possuíam mais lugar; aqueles que eram levados sob custódia eram obrigados a passar dias e noites em pé, nos corredores do Palácio Petschek, aguardando para serem interrogados.

Também presentes, vindos da Alemanha, estavam contingentes dos *Einsatzgruppen* ("Grupos Especiais de Ação da SS") – esquadrões da morte cujo trabalho era cercar judeus e outros dissidentes. Após a guerra, antigos oficiais da SD e da Gestapo reclamaram que os grupos de ação não possuíam nenhum interesse pelos seus e tinham operado separadamente. Os documentos levantados nessa época não fazem menção direta aos *Einsatzgruppen*, mas à luz dos eventos futuros suas intenções eram bastante claras. Em um dos papéis de instrução da SD, lia-se: "A SD deve se preparar para iniciar suas atividades em caso de complicações entre o Reich alemão e a Tchecoslováquia... Medidas nas regiões ocupadas são conduzidas sob a liderança dos oficiais seniores da SD. Os oficiais da Gestapo são encarregados de certas operações." A verdade crua era que o povo tcheco estava à beira de um período de sofrimento quase apocalíptico, de uma extensão que não poderia ainda ser medida neste estágio. Quanto às forças de Heydrich, a charada de Gleiwitz e a invasão da Polônia eram iminentes. O mundo caminhava rapidamente para a guerra. O mundo estava caminhando para a guerra.

5. A GUERRA COMEÇA

Na Conferência de Wannsee em janeiro de 1942, Heydrich assinalou o lúgubre futuro dos judeus, uma vez que as deportações eram substituídas pelas câmaras de gás e pelos esquadrões de tiro dos Einsatzgruppen.

Um triunfante Hitler dá a saudação da vitória em Varsóvia em 5 de outubro de 1939. Os exércitos alemães haviam esmagado as forças polonesas, com os soviéticos penetrando a partir do leste. Poloneses que falavam o alemão eram bem-vindos no Reich, enquanto os restantes conhecidos como Generalgouvernement eram tratados como racialmente inferiores.

Uma vez que Hitler havia assegurado a Polônia, não existiam mais dúvidas em suas intenções. O general Franz Halder, chefe do comando geral do *Wehrmacht*, resumiu em um diário uma conversa de 18 de outubro de 1939 com Eduard Wagner, futuro general em chefe. Este último, ainda tenso depois de um encontro beligerante com o *Führer*, recebeu a seguinte notícia: "Não temos intenção nenhuma de reconstruir a Polônia. A *intelligentsia* polonesa deve ser interdita de se estabelecer como classe governante. Um modo de vida mais baixo deve ser preservado. Devemos criar uma desorganização total." Mesmo antes desse encontro, Wagner já estava ciente do propósito de Hitler. Reinhard Heydrich havia sido transferido por Himmler para o Alto Comando do Exército, a fim de dizer a Wagner que o principal na agenda era um programa que ficaria conhecido como "limpeza geral" – nada menos do que a eliminação completa. Heydrich ainda tinha especificado que "judeus

O massacre de judeus poloneses foi uma política deliberada da regra nazista. Theodor Eicke, que comandou a Divisão Waffen-SS Totenkopf na invasão da Polônia, teve responsabilidades por matanças em massa como estas, a maioria delas executadas pelos Einsatzgruppen, que seguiram o Wehrmacht dentro da Polônia.

poloneses, a *intelligentsia*, o clero, a nobreza, ninguém vai escapar." O primeiro passo seria o cerco dos judeus, os quais seriam confinados nos guetos das cidades.

A invasão em si mesma havia tomado lugar na aurora de 1º de setembro como um ataque em três frentes, simultâneo. Do norte, o general Fedor von Boch havia lançado seu Quarto Regimento da Pomerânia no oeste e seu Terceiro Regimento do leste prussiano em um movimento ainda mais vasto e numeroso. Sua presa era a base do corredor polonês, a parte do território polonês entre as duas partes da Alemanha. Esse local havia sido uma fonte de extrema rivalidade entre a Polônia e a Alemanha. Hitler achava intolerável que a província alemã do leste prussiano no Báltico estivesse separada do resto do Reich por um corredor de terra que dava à Polônia seu único acesso ao mar na Cidade Livre de Danzig (Gdansk), e o novo porto de Gdynia.

Ele havia intensificado as exigências de que Danzig fosse reanexada à Alemanha, dando aos alemães os meios para construir ligações por estrada e ferrovia para o leste prussiano ao longo do território polonês. Os poloneses tinham se recusado e agora pagavam seu preço. Mais ao sul, sob o comando do general Gerd von Rundstedt, o oitavo e décimo regimentos avançavam a leste de Varsóvia a partir da Silésia, enquanto Cracóvia e Lwow (agora Lviv na Ucrânia, e conhecida dos alemães por Lemberg) eram os alvos do 14° Regimento.

A situação difícil dos poloneses, desacostumados com esse caráter rude e violento da *Blitzkrieg* ("guerra relâmpago"), foi calamitosa. Houve tempo apenas para mobilizar 35 divisões, muitas das quais esmagadas em vastos movimentos tenazes. Em 48 horas, a força aérea polonesa havia desistido de decolar, muitos de seus aviões destruídos antes mesmo de serem ligados. O avanço pelo solo havia sido tão rápido que os russos, tendo previamente assinado um pacto de 10 anos de não-agressão com os alemães, concordando em dividir a Polônia, pouco conseguiram avançar antes de tomar o território na parte leste do país. A Alemanha incorporara no Reich estas áreas fronteiriças que havia previamente exigido. O resto do território no sudeste era designado *Generalgouvernement* sob a égide de seu general-governador, Hans Frank, um veterano *Freikorp* e ex-conselheiro legal do partido nazista. Em 23 de setembro, a Polônia se rendeu e no dia seguinte Ribbentrop e seu aliado, Vyacheslav Molotov assinaram um tratado alemão-soviético de fronteira e amizade e um sem-número de protocolos, de-

Hans Frank, o general-governador da Polônia, visto aqui em Cracóvia em 1941. Acampado próximo ao Castelo de Wawel, uma de suas ações mais notórias foi o envio de toda a equipe de professores da Universidade de Cracóvia para os campos de concentração. Sob instigação de Frank, campos de concentração estavam repletos de judeus e intelectuais e a Polônia foi transformada em "um deserto intelectual."

clarando que haviam firmado "uma fundação sólida para uma paz duradoura na Europa Oriental." No início de outubro, Hitler colocou sua assinatura no decreto, que também possuía as de Göring e Keitel, dando ainda mais poder a Himmler, que se tornou Comissário do Reich com a tarefa de "germanização" da Polônia. Foi-lhe ordenado que trouxesse de volta ao Reich "alemães verdadeiros" que viviam no estrangeiro. O objetivo era remover "a influência sinistra" de seções estrangeiras da população que representasse um perigo à segurança do Reich e da comunidade alemã, com a meta de formar novas colônias.

"GERMANIZAÇÃO" DO LESTE

As exigências de Hitler para a "germanização" da Polônia foram interpretadas pelo *Reichsführer-SS* à luz do que via como os princípios raciais da SS: "Não é nosso dever germanizar o leste no velho sentido do termo, isto é, ensinar às pessoas a língua e as leis da Alemanha, mas ver que apenas o sangue puro alemão deve viver no leste... A limpeza das raças estrangeiras fora dos territórios incorporados é um dos objetivos essenciais a serem conseguidos na Alemanha do leste." Ele continuou e ordenou "medidas apropriadas", a fim de evitar o aumento da elite intelectual polonesa. Uma vez que a liquidação total dos fazendeiros poloneses fosse realizada, as terras livres seriam distribuídas aos alemães.

Isso de maneira nenhuma indicava a extensão completa das atividades de Himmler. Por um decreto de 12 de dezembro de 1940, ele estabeleceria um "registro racial", no qual "alemães de sangue puro" ou seus descendentes seriam reeducados e regermanizados. Aqueles que se opunham a tal tratamento seriam enviados a um campo de concentração. Nas cidades maiores, os judeus poderiam organizar conselhos judaicos (*Judenrate*) para governar suas comunidades sob instruções alemãs. Dentro desses conselhos, o poder estava nas mãos do general-governador Frank. O que isso significava foi explicado por Lucy Dawidowicz, famosa historiadora judia, com dois membros familiares mortos nos campos de Varsóvia e em Treblinka: "Os judeus precisavam usar sinais de identificação nos braços; eram submetidos a trabalhos forçados em campos e outras instalações alemãs ainda em construção. Eram proibidos de entrar em determinadas seções da cidade; sua comida era mais racionada do que a da população polonesa. Estavam sujeitos ao terror e à violência constante; a maioria das sinagogas foram destruídas; milhares de judeus eram mortos todos os dias e por nenhuma razão aparente."

Os eventos na Polônia deixaram de ser notícia quando, em 10 de maio de 1940, os exércitos alemães atacaram no oeste, invadindo a Holanda, a Bélgica e a Fran-

GUETOS

A criação de guetos na Polônia ocupada começou em Varsóvia, depois do estabelecimento do *Judenrat*, primeiro dos conselhos judeus, nomeado ou eleito, a fim de implementar as ordens nazistas. Em 4 de novembro de 1939, oficiais da Gestapo armados reuniram membros do *Judenrat* e lhes leram um decreto ordenando a todos os judeus de Varsóvia a se mudarem em três dias para uma área designada como gueto. O decreto, lançado pelo general-governador Hans Frank, especificava que o *Judenrat* era obrigado a aceitar e a acatar as ordens alemãs. No mês seguinte, fizeram com que o *Judenrat* colocasse placas que diziam "Perigo: Zona de Epidemia", em 34 esquinas no coração do quarteirão judaico. A área foi então cercada para prender cerca de meio milhão de judeus. A punição para aqueles que ousassem sair do "distrito residencial judeu", ou para aqueles que os auxiliassem, era a morte.

Os guetos se espalharam em toda a Polônia. Em Lodz, mais de 160.000 judeus foram cercados, e aqueles de Cracóvia ficavam atrás de altas e poderosas muralhas de pedra. No gueto de Vilna, as pessoas dentro de suas próprias casas tiveram seus telefones removidos. A correspondência era severamente censurada ou tomada. Telegramas e mensagens só poderiam ser enviados por meio dos *Judenrat* e com a aprovação da Gestapo.

Os guetos estavam localizados deliberadamente em áreas mais baixas e pobres, com os judeus lá dentro se aglomerando aos milhares. À medida que os meses se passavam, as casas precisavam de reparos; as ruas necessitando de limpeza e depreciadas pela falta de saneamento e higiene adequados. Disenteria, tuberculose e tétano eram as doenças mais comuns. O racionamento de comida para os judeus em Varsóvia era severo, e eles acabavam por receber uma quantidade máxima em gramas destinada a "uma população que não vale a pena nem mesmo mencionar o nome." Inevitavelmente, o crime surgiu, com ladrões roubando lojas e casas.

Para Himmler, a existência de judeus na Polônia, em guetos ou não, era intolerável. No verão de 1942, ele ordenou que aqueles de Varsóvia fossem removidos "por questões de segurança." Em outubro, mais de 310.000 haviam sido transportados para campos de extermínio – a maioria em Treblinka – para a câmara de gás.

Em Varsóvia, em outra parte, um exército clandestino judeu conseguiu reunir um montante em armas e abriu fogo contra tropas do *Wehrmacht* e da SS que, em 19 de abril de 1943, marcharam para dentro do gueto para a destruição total dele. Os poloneses ainda aguentaram por mais algumas semanas, enquanto os alemães reduziram o gueto a nada. Cerca de 70 judeus escaparam por meio dos esgotos para se juntar a seus companheiros poloneses. Mas foi apenas em 17 de janeiro de 1945 que os alemães forçosamente se retiraram por causa das pressões do Exército Vermelho e do Exército polonês patrocinado pelos soviétivos.

A destruição dos guetos no final da guerra deixou um legado de amargura, não apenas contra os alemães, mas em seções do *Judenräte*. Alguns acreditavam que eles haviam traído os judeus ao obedecerem às autoridades nazistas, enquanto outros insistiam que eles haviam ganhado tempo para salvar tantos quanto possível.

Estes judeus de Varsóvia estão destinados aos guetos da cidade, organizados em 1940 para cerca de meio milhão de judeus. Dois anos mais tarde, as deportações começaram, chegando a 6.000 por dia. Esta fotografia e diversas outras foram arquivadas na SS por ordem de Himmler.

ça. Com a atenção mundial voltada para eles, Frank, com total assistência da RSHA e da Gestapo, decidiu tratar com a *intelligentsia* polonesa. Ele reuniu seu Secretário de Estado, Arthur Seyss-Inquart, um advogado austríaco, e Joseph Bühler, para projetar o que ficou conhecido como Ação A-B (*Ausserordentliche Befriedigungs-Aktion*, "ação extraordinária de pacificação"). O objetivo era destruir as perigosas agitações contra a segurança do exército de ocupação.

As diretrizes da Ação A-B foram na verdade conduzidas por membros da *Amt I* da RSHA, sob o comando do *SS-Brigadeführer* Bruno Strechenbach, antigo chefe da Gestapo de Hamburgo e agora também comandante da polícia de segurança para o *Generalgouvernement*, e pela *Amt IV*, a Gestapo, que nunca antes havia gozado de tanto poder. Esses "intelectuais" que foram perseguidos, incluindo um numeroso contingente da Universidade de Cracóvia, foram levados a julgamento por uma corte presidida pela Gestapo. Não havia representação legal ou recurso para as sentenças de execução sumária proferidas pela SS. Frank, em um memorando de 30 de maio de 1940, afirmou que os julgamentos eram "uma operação simples de pacificação necessária e que deviam ser feitos fora das regras normalmente adotadas."

Execuções associadas com a Ação A-B foram conduzidas por cinco *Einsatzgruppen* formados rapidamente por Heydrich para a campanha polonesa. Cada membro usava o uniforme de serviço da *SS-Verfügungstruppe*, mais tarde designado de *Waffen-SS* ("SS Armada"), com o diamante da SD como sinal na manga esquerda.

OCUPANDO OS PAÍSES BAIXOS

Durante os seis meses seguintes à conquista da Polônia, parecia que a poderosa máquina de guerra da Alemanha havia parado. Oficialmente, a Europa estava em guerra, mas era uma guerra irreal – uma "falsa guerra" para os britânicos, para os alemães uma *Sitzkrieg* ("guerra de poltrona"). Essa inércia logo terminaria. Em 14 de maio, os bombardeios de Hitler haviam destruído Roterdã e Haia, Stukas se rendendo ao avanço sem fim dos alemães da 9ª Divisão Panzer.

Tanto na Holanda quanto na Bélgica, a conquista parecia não ter se efetivado. Pouco parecia ter mudado nos primeiros meses da ocupação. A imprensa aparentemente gozava de plena liberdade: o principal jornal de Amsterdã, *De Telegraf* demorou para exibir a transição entre o Reichmark e o Guilder. Restaurantes, cafés e cinemas foram reabertos e a proibição ao álcool, abolida.

Aqui, uma execução sumária de 64 poloneses em Bochnia, perto de Cracóvia, em dezembro de 1943. Não houve momento ou instante nos quais os nazistas não cometessem suas atrocidades, e muitas provas incriminatórias sobreviveram para os tribunais do pós-guerra.

Após ser nomeado Deputado por Hans Frank no Generalgouvernement polonês, Arthur Seyss-Inquart continuou servindo como Reichskommissar para a Holanda, onde conquistou o ódio do povo do país. Seu arrependimento após a guerra de pouco serviu para evitar sua sentença de morte e posterior enforcamento em Nüremberg, em outubro de 1946.

Arthur Seyss-Inquart, o antigo arquiteto da Ação A-B, tomou o comando como *Reichskomissar*. Suas maneiras, embora firmes, eram cordiais. Seu anúncio sobre sua nomeação foi brando: "De hoje em diante, tomo posse como a autoridade civil mais alta e importante da Holanda. A magnanimidade do *Führer* e da força do exército alemão tornaram isso possível após apenas alguns dias de restabelecimento da ordem na vida pública. Algumas medidas serão tomadas, mas somente quando as circunstâncias assim o pedirem... Todos nós sabemos que o propósito principal de nosso *Führer* é a paz total para todos os de boa vontade." Então veio o seguinte: "Espera-se que toda a população mostre sua apreciação desses favores ao se comportar adequadamente."

De início, o *Reichskommissar* deleitou-se em seu cargo. Seu discurso inaugural foi realizado em Haia, no cenário do antigo Ridderzaal (Hall dos Cavaleiros), onde a rainha Guilhermina costumava abrir a sessão de inverno do governo em cerimônia solene. Para ressaltar ainda mais as circunstâncias de mudança, Seyss-Inquart importou a Orquestra da Rádio de Colônia. Durante um tempo, boas relações pareciam persistir. Uma administração holandesa foi permitida existir ao lado daquela dos alemães. Uma vez que a rainha e o governo holandês fugiram para a Inglaterra, onde estabeleceram uma espécie de governo exilado, os secretários principais dos ministérios do governo em Haia constituíam as mais altas autoridades holandesas no país. Faziam reuniões regulares, atuando como se estivessem em um tipo de gabinete. Visto que eram mera fachada, os alemães os toleraram; à medida que o tempo passou, no entanto, foram substituídos por alemães.

Quando chegou a hora de reforçar o poder da ocupação, houve um prático ideal no *Brigadeführer* Hanns Albin Rauter, austríaco de Klagenfurt, cujas ligações com movimentos extremistas datavam de 1920, quando havia sido membro do *Steierische Heimatschutz* ("Guarda da Estíria"), uma corporação paramilitar fanaticamente antissemita, plataforma ideológica pan-germânica que moldou seu futuro.

Na Holanda, Rauter foi designado *Generalkommissar für des Sichersheitswesen* ("Comissário Geral para a Segurança Pública"). Possuía também o título de *Höhere SS und Polizeiführer Nordwest* ("Líder Policial Mais Alto da SS") - *Nordwest* significando a designação pan-germânica para a Holanda.

Este último título era o mais significativo. Indicava que Rauter era o tenente pessoal de Hitler e como tal, comandava as organizações da SS na Holanda, incluindo a *Ordnungspolizei* ("Polícia de Segurança"), a SD e a Gestapo, assim como toda a força policial holandesa.

Os oito residentes do anexo secreto em Amsterdã, incluindo a família Frank, foram transportados para Auschwitz. Para Anne Frank (na foto) e sua irmã Margot, seu destino final foi Bergen-Belsen. As duas meninas contraíram tifo e morreram em março de 1945.

PERSEGUIÇÃO

Rauter não perdeu tempo em voltar sua atenção para os judeus do país. Em 7 de agosto de 1940, a matança ritual de animais foi terminantemente proibida; o gado não poderia ser morto por corte de artérias ou sangramento. Apenas os métodos mais geralmente aceitos de degola e tiro seriam permitidos. O próximo estágio foi a separação dos açougueiros arianos dos judeus. Os judeus não teriam mais permissão de servir aos não-judeus; da noite para o dia, açougueiros judeus perderam cerca de 85 por cento de seus negócios. Mais tarde, naquele mês, um decreto foi baixado visando aos empreendedores de negócios com conexões judaicas, embora de pequenas proporções. O efeito foi catastrófico para os 140.000 judeus que viviam na Holanda, 60 por cento deles em Amsterdã, uma vez que metade estava envolvida no comércio, indo da indústria de jóias à manufatura de artigos de segunda mão e lojinhas de rua.

Durante certo período, a repressão armada foi mantida em um mínimo, até que os habitantes foram objeto de protestos em velhos quarteirões do antigo centro judaico de Amsterdã. Rauter cercou a área, reunindo os líderes e exigindo a criação do que ficou conhecido como *Joodsche Raad* ("Conselho Judaico"). Ele enfrentou outras rebeliões nas áreas mais prósperas ao sul da capital, onde uma briga com uma patrulha Kripo levou a uma enorme quantidade de pri-

ANNE FRANK

Na ocupada Holanda, medidas anti-judaicas extremas eram baixadas dos quartéis da Gestapo em Amsterdã, resultando em deportações em massa.

Em 4 de agosto de 1944, a *Grune Polizei* ("Polícia de Segurança"), sob ordens da Gestapo, invadiu um anexo secreto atrás de uma casa no canal Prinsengracht de Amsterdã. Prenderam as oito pessoas que estavam escondidas lá por quase dois anos, incluindo a família judaica Frank. Todos haviam sido traídos por informantes e todos foram deportados.

Por todo o tempo no anexo, Anne Frank, a filha adolescente, manteve um diário descrevendo os anos críticos da adolescência e as vicissitudes das pessoas encarando a fome, a solidão e as inevitáveis dores de uma ocupação. O diário foi jogado ao chão pelo guarda de prisão e recuperado após a guerra pelo pai de Anne, Otto, o único sobrevivente do anexo. A própria Anne morreu no campo de concentração de Bergen-Belsen aos 15 anos de idade.

O diário foi traduzido em mais de trinta línguas e emocionou pessoas em todo o mundo. Uma frase tem sido frequentemente citada: "A despeito de tudo, eu ainda acredito que as pessoas são boas." Em Amsterdã, o anexo foi preservado e é visitado diariamente por milhares de pessoas. A cada ano, jovens alemães viajam a Belsen para rezar pela alma de Anne Frank.

sões. Cerca de 400 judeus, entre 20 e 35 anos, foram cercados e imediatamente deportados para o campo de concentração de Mauthausen. Dali em diante, a perseguição piorou, com a privação econômica como próximo estágio, como descrito após a guerra pela senhora Alfred B. Spanjaard, uma judia de Amsterdã que sobreviveu a dois anos de campos de concentração: "Novos decretos eram baixados todos os dias. Não tínhamos permissão de andar em certas ruas. Não podíamos andar em carros, bondes; nossos telefones e rádios foram tomados; podíamos fazer compras apenas entre 3 e 5 da tarde, e tínhamos que estar dentro de casa às oito da noite. Todos os judeus tinham de levar seus pertences, seu dinheiro, joias, para os bancos de Lippmann e Rosenthal, onde os alemães tinham tomado conta. Lá, precisávamos fazer acertos completos de nosso dinheiro e objetos de valor. Poderíamos guardar cerca de 250 guilders, e não podíamos gastar mais do que 100 guilders por mês em aluguel, roupas, comida e despesas com saúde. Não importava que tudo desse mais do que esse montante estipulado – essa era a ordem e deveria ser cumprida. Depois que 250 guilders fossem gastos, tínhamos que devolver o que restava de nossos fundos aos bancos. Se não tivéssemos mais nada, seríamos acolhidos pela comunidade judaica ou deixados à morte."

A proibição havia sido ampliada até para aos serviços públicos. A entrada para o Serviço Civil tinha sido banida para os judeus e para os não-judeus casados com judeus. Isso levou Rauter a descobrir a formação de todos os servidores públicos, inclusive daqueles que aderiram aos partidos políticos pré-guerra. A Gestapo e seus subordinados continuaram a fazer prisões, ataques em massa, deportações, ações contra as greves e execuções. Em tudo isso, tinham a assistência sinistra de agentes holandeses conhecidos como *Veteranensmänner* (Homens Veteranos). Havia milhares deles. Antes da guerra, o Partido Socialista Nacional da Holanda tinha atraído alguns seguidores, mas isso não serviu em nada para distrair seu fundador, Anton Mussert, um mestre-escola do vilarejo.

A vida para os 90.000 judeus na vizinha Bélgica parecia razoavelmente segura. Como na Holanda, havia vários empregos para serem assumidos nas áreas de comércio, enquanto Antuérpia era também o centro de uma pequena indústria de diamantes e jóias em geral. Em menos de seis meses, todas as ilusões de segurança foram destruídas. Com a chegada dos alemães, a tragédia belga de deportação teve início. Aqui também um conselho judaico foi estabelecido, cujos membros respondiam diretamente à Gestapo. Estava a cargo dos líderes negociar a libertação individual de judeus e estava muito claro que a Gestapo seria favorável – mediante o preço de 25.000 francos para cada pessoa transportada para a Suíça pela Cruz Vermelha belga.

Cartas tranquilizadoras foram escritas por aqueles que fizeram bem a viagem, como evidência de que tal arranjo era perfeitamente possível. O conselho liberava centenas de judeus, que pagavam uma taxa já acordada para a Gestapo ou para colaboradores intermediários e se preparavam para a viagem cheios de esperança, com frequência obrigados a deixar para trás suas jóias e objetos pessoais. Muitos viajaram não muito além do centro de deportação em Mechelen, posto de negócios para uma viagem final para o leste. A presença de colaboradores foi apontada por Tos Haaker, judeu vivendo em Amsterdã, que escreveu: "Os habitantes judeus foram levados para fora e maltratados. Dez minutos eram concedidos para coletar as roupas. Muitos deles, quase mortos de medo, sofreram ao serem levados sem dizer uma palavra... carros e carros passavam com muitos deles. Não era feita nenhuma distinção: velho e jovem, doente ou saudável, todo mundo foi levado para fora, muitos deles com pouca roupa no corpo. Primeiro as vítimas eram levadas para a Gestapo onde passavam um dia ou dois sem água ou comida. Então chegavam as carretas enormes... o gado humano subia nelas... As batidas aconteciam regularmente."

O tratamento aos judeus holandeses na própria Holanda foi especialmente duro, e as rondas feitas pela Feldgendarmerie, que, além dos deveres normais da polícia, era também responsável pela supervisão e controle da população civil, eram ocorrências regulares. Cerca de 110.000 judeus foram deportados para Auschwitz, Sobibor e outros campos. Um número estimado de 75 por cento de holandeses judeus morreu durante a guerra.

A COMBALIDA FRANÇA

Em 10 de junho, os alemães estavam ao longo do rio Loire e Rouen havia sido tomada. Sem um combate, o governo francês abandonou Paris e se mudou para Tours, depois para Bordeaux. Quatro dias mais tarde, o *Wehrmacht* triunfante entrou em Paris e a bandeira suástica nazista tremulava no topo da Torre Eiffel. Em 20 de junho, o Marechal Pétain, que havia sido herói nacional durante a Grande Guerra, enviou uma delegação a fim de negociar com os nazistas. Os termos do Armistício assinados dois dias depois satisfizeram o profundo ódio de Hitler pelos franceses, tornando a França uma nação mutilada: os alemães ocupariam toda a parte norte e oeste do país, enquanto Pétain teria permissão de governar da cidade sulista de Vichy, destinada a ser o quartel-general da colaboração.

Hitler, no entanto, não ocupou tudo de modo completo. Muitos comandantes do *Wehrmacht*, diante dos planos operacionais de Hitler para o oeste, haviam veementemente protestado desde o início contra as atividades da SS e particularmente contra os *Einsatzgruppen* em toda Polônia. Logo, Hi-

tler se viu diante de uma enorme oposição e reconheceu que, se a ocupação tivesse que ser um sucesso, ele teria de se comprometer. Foi decidido que nenhuma unidade de polícia ou SD *Einsatzkommando* acompanharia o exército em seu avanço na França. Todas as unidades policiais deveriam se submeter ao comando do exército.

Como era esperado, nada disso agradou a Himmler e Heydrich. Este último, contudo, viu uma solução para o problema. Entre as forças do *Wehrmacht* invadindo a capital francesa, havia um pequeno grupo de homens, usando o uniforme da *Geheime Feldpolizei* ("Polícia Militar Secreta"), que avançou sobre Paris à luz do dia, minimamente armada. Mal foram notados. Servindo como cavalos de tróia, eles eram membros de um *Sonderkommando* (Comando Independente), especialmente formado, que, sob as ordens de Heydrich, iriam ocupar calmamente e preparar o caminho para a Gestapo.

De fato, a Gestapo, escondida na Rue des Saussaies, estava a princípio bastante esparsa. O representante de Müller era um velho companheiro, Carl Bömelberg, um experiente policial que possuía a dupla vantagem de ter vivido profissionalmente na França e ser fluente na língua. Seus primeiros contatos com determinadas seções da polícia de Paris, particularmente na Prefeitura, provaram ser valiosas. Aqui, ele e seus colegas não tiveram dificuldade alguma para pôr as mãos em dossiês dos imigrantes alemães e judeus. Helmut Knochen, que havia se distinguido aos olhos de Heydrich por seu envolvimento no caso Venlo, era o representante de Heydrich no local, com instruções para a construção de ligações com o frequentemente obstinado *Wehrmacht*. Seu oponente mais formidável era o general Otto von Stülpnagel, chefe do *Militärbefehlshaber* ("Comando Militar"), com seu quartel general na Avenue Kléber, que não fez nenhuma tentativa de disfarçar seu ódio e desprezo por Himmler, Heydrich e seus agentes.

Invejoso pelo prestígio da ocupação do exército, ele não tinha intenção de permitir que os homens de Heydrich atrapalhassem. Além disso, se recusou a todo tipo de cooperação, apontando que o *Sonderkommando* estava interferindo em questões de segurança e inteligência militar, nos setores do *Militärbefehlshaber* e da *Abwehr*, também estabelecidos em Paris.

Diante de tal intransigência, Knochen ficou fora de seu caminho e para afirmar que não tinha intenção de se indispor com o exército de ocupação. Ao mesmo tempo, prosseguia em seus próprio planos, que envolviam a corte assídua de movimentos subversivos, simpáticos aos nazistas. Essas táticas estavam efetivamente em curso durante o segundo ano da ocupação. Destacava-se entre esses grupos o *Mouvement Social Révolutionnaire*, notório por seu antissemi-

Membros da SS e da Gestapo se reúnem do lado de fora do Ritz Hotel em Paris, fazendo uso deliberado dos veículos fora de serviço. Embora com a intenção de se expandir, a SS e seus oficiais inicialmente ocuparam pequenas partes da França, devido às alegações de interferência de um exército de ocupação ressentido.

tismo e pelos líderes, conhecidos por serem incrivelmente impacientes com aquilo que viam como atrasos burocráticos na implementação de medidas eficientes anti-judaicas. Tais medidas, afirmavam, deveriam ser dramáticas, lideradas por ataques violentos às sinagogas, centro da devoção religiosa judaica.

O mais concentrado desses ataques teve lugar durante todo o mês de outubro de 1941, começando com uma série de explosões que se propagaram pelas ruas de Paris, destruindo sinagogas nas áreas da Rue Notre-Dame-de-Nazareth e na Rue de la Victoire. Von Stülpnagel reagiu violentamente àquilo que reconhecia como irresponsabilidade e dirigiu sua fúria ao *SS-Brigadeführer*, dr. Thomas, supervisor dos *Sonderkommandos*. Ele também atacou Knochen e o *Obersturmführer* Hans Sommer, da *Amt VI* da RSHA, este último requisitado por Heydrich para estabelecer ligações com o MSR e fazer os arranjos práticos para os assaltos às sinagogas. Como von Stulpnagel escreveu para Heydrich: "O comandante-em-chefe do Exército Alemão exige que o *SS-Brigadeführer* Thomas seja deposto de seu cargo. O OKW reconhece que as autoridades berlinenses estão de acordo que o dr. Knochen e o *SS-Obersturmführer* Sommer não deveriam mais ser empregados nos territórios ocupados." Para acabar com a desordem entre a RSHA e o exército, Heydrich fez uma pequena concessão. Em questão de dias, o *Brigadeführer* Thomas havia pedido para "ser liberado de seus deveres", e foi enviado para os novos territórios ocupados de Kiev, como chefe da Sipo-SD; Knochen e Sommer mantiveram seus cargos. Thomas foi substituído por Theo Dannecker, de 27 anos, ex-advogado de personalidade extravagante, nomeado sob a autoridade de Knochen como chefe francês da *Amt IV AB*. Na verdade, sua nomeação veio da mais alta hierarquia da RSHA, de Adolf Eichmann, que não perdeu tempo para manipular as cordas de sua marionete. Em 22 de agosto de 1941, veio o decreto de que todos os franceses detentos eram reféns e poderiam ser mortos "de acordo com a gravidade de seus atos."

EM DIREÇÃO À "SOLUÇÃO FINAL"

Eichmann, já agora um *SS-Sturmbannführer*, tinha outras preocupações: um grande plano para a deportação judaica européia, detalhes que seriam submetidos a Himmler, via Müller e Heydrich. Originalmente, a Palestina era um destino a ser considerado, mas foi abortado por Himmler "uma vez que pertencia aos cristãos e aos muçulmanos." No lugar, um plano foi arquitetado para o estabelecimento de 40.000 judeus europeus na ilha de Madagascar, colônia francesa a cerca de 400 km (250 milhas) da costa da África do Sul, e agora sob o controle francês de Vichy. O plano seria acordado entre a França e a Alemanha por meio de um tratado. O dinheiro para a operação viria de um banco judeu internacional, que tomaria as posses dos judeus deportados, os quais seriam todos reféns e transportados para a ilha por um navio alemão. Esperava-se que, na primavera de 1941, os últimos judeus já teriam deixado o continente europeu.

Hitler apostava que os preparativos para a guerra iminente estavam chegando ao fim, para que então os planos de Eichmann pudessem ser postos em prática sem atrasos. Os acontecimentos, no entanto, não ocorreram como planejado. A operação Leão do Mar, a invasão da Inglaterra originalmente proposta para setembro de 1940, havia sido adiada indefinidamente. A *Luftwaffle* de Göring, tão alardeada, havia falhado em subjugar a Força Aérea Real como preparativo para a invasão, e não havia nenhum sinal de rendição inglesa após a derrota da França. O projeto de encontrar navios suficientes a fim de levar o vasto contingente de judeus contemplados para Madagascar se provou impossível.

Para Himmler e Heydrich, havia apenas uma alternativa – o que ficou conhecido como *Endlösung* ("solução final"), o extermínio físico dos judeus.

Embora o prestígio de Hermann Göring tivesse sofrido uma queda, após ter perdido a vantagem na Batalha da Grã-Bretanha, com sua figura impressionante

PÉTAIN E A FRANÇA DE VICHY

Na França, a opinião ainda está dividida sobre se Henri Philippe Pétain deve entrar para a História como traidor ou patriota, embora seus atos heróicos na Primeira Guerra permaneçam indiscutíveis. Nascido em 1856 de uma família pobre em Cauchy-à-la-Tour, Pas de Calais, ele conseguiu para si certa distinção enquanto comandava um regimento de infantaria, promovido depois a comandante de primeira-brigada, então uma divisão. Em maio de 1915, liderou suas tropas ao longo das defesas alemãs próximas a Arras, e em fevereiro seguinte foi designado para deter as forças do Kaiser em Verdun, uma tarefa que conseguiu através de muita energia e habilidade organizacional. A isto seguiu-se uma promoção para Comandante em chefe dos exércitos franceses no campo. Aos 61 anos de idade, seu lugar entre os renomados franceses parecia assegurado.

Em meados de 1940, sua reputação estava em ruínas. Naquele ano, ele havia se tornado representante do premier francês, Paul Reynaud, assumindo quando esse último abdicou em 16 de junho. Nessa época, acreditava firmemente que a derrota era inevitável, apressando a imediata capitulação para que a França pudesse estabelecer o melhor acordo possível com Hitler. Em 19 de junho, informou aos alemães que havia formado um gabinete e pedido a Hitler um armistício. Este último lhe deu uma zona desocupada no sul, na qual poderia ostensivamente governar com total liberdade.

Pétain teve a permissão de assumir o título de Chefe de Estado. Junto com Pierre Laval, que se tornou vice Primeiro-Ministro e depois Ministro do Exterior, Pétain aboliu a constituição republicana e organizou uma ditadura na França ocupada. Em 10 de julho de 1940, a Assembléia Nacional, reunindo-se em Vichy, outorgou-lhe um mandato de regras autoritárias dentro da zona desocupada.

Quando as tropas alemãs ocuparam a França em novembro de 1942, depois dos pousos Aliados na África do Norte, Pétain tornou-se virtualmente uma marionete dos alemães. O poder passou para Laval que, sob as ordens de Hitler, foi feito Premier. Ele colaborou entusiasticamente, encorajando as deportações francesas para a Alemanha, para trabalhos forçados.

Quando o fim da guerra se aproximava, Pétain foi forçado a deixar Vichy e acompanhar os alemães para o leste. Em abril de 1945, retornou voluntariamente à França, onde foi preso. A maioria dos francesas o odeia, muito embora ele tenha reiterado que sua colaboração com os nazistas evitou um destino ainda pior para seu país. Julgado por traição pela Corte de Justiça da França, foi condenado e sentenciado à morte, mas foi salvo pelo general Charles de Gaulle. Pétain foi exilado na Île d'Yeu e, após sua libertação, morreu em Port-Joinville em 23 de julho de 1951, aos 95 anos de idade.

Pierre Laval, por outro lado, não obteve o perdão. Após a prisão por tropas americanas em Innsbruck, passou por um julgamento altamente emocional, enfrentando o abuso dos espectadores e até mesmo do júri. No dia de sua execução, 15 de outubro de 1945, tomou veneno, que os médicos prontamente conseguiram retirar de seu corpo. Foi vomitando, arrastado e implorando por água para o cadafalso onde mais tarde disseram que teve um fim com certa dignidade.

e vitalidade inabalável, ele continuou sendo essa figura popular para o público alemão, levando um estilo de vida pródigo como um dos líderes da hierarquia do Partido Socialista Nacional com sua segunda esposa, Emmy Sonnemann, uma atriz local aposentada, fazendo o papel de sua consorte. Acima de toda a sua boemia, contudo, Göring fez jus a todas as facetas de seu poder e o exercitou vorazmente. No final de julho de 1941, assumindo seu mais importante cargo como comissário dos assuntos judaicos, ordenou a Heydrich para que todas as medidas necessárias fossem ser tomadas "em relação aos assuntos organizacionais e financeiros, a fim de dar um fim à questão dos judeus dentro da esfera alemã de influência em toda a Europa. Eu te encarrego pessoalmente de submeter a mim o mais rápido possível um esboço no qual estejam esboçadas todas as medidas necessárias para a realização da Solução Final da questão judaica."

Colaboração deliberada ou derrotismo cansado de um velho contra um inimigo superior? Os simpatizantes de Pétain apontaram que ele foi o único sobrevivente de Vichy a requerer um retorno à França a fim de enfrentar julgamento. Visto aqui na companhia de Hermann Göring, ele justificou todas as suas ações no melhor dos interesses da França.

O instrumento desse diretivo devia ser Adolf Eichmann,

As execuções de combatentes da resistência soviética, como estes em Minsk, eram caracterizadas por crueldade extrema. As forcas improvisadas com frequência não possuíam o banquinho, o que significa que as vítimas eram estranguladas vagarosamente até à morte.

como chefe da RSHA *Amt IV B2*. Ele anunciou no final de maio de 1941 que toda a emigração da França e da Bélgica estava terminantemente banida. Foi um primeiro passo. O lançamento da Operação Barbarossa, a invasão da União Soviética em 22 de junho, significou uma vasta expansão do *IV B2* como um ingrediente da Gestapo. Tinha agora conquistado o status de Departamento de Estado, com a responsabilidade de todo país ocupado pelos nazistas. Eichmann não perdeu tempo. Uma missão foi enviada para a Boêmia e a Morávia, que haviam sido designadas como Protetorado, a fim de fornecer "autonomia e governo autossuficiente" para os tchecos. Na prática, estavam totalmente sob controle alemão, com os judeus submetidos à jurisdição da Alemanha. O passo seguinte foi o estabelecimento de um gueto em Theresienstadt, originalmente pequena cidade tcheca de Terezín, de onde os judeus tchecos seriam deportados para a Polônia.

Eichmann confiou um papel particularmente importante a um velho companheiro dos anos pré-guerra, Dieter Wisliceny, atuante na Eslováquia. Lá, confiou na força da influência alemã, incluindo muitos dos 130.000 registrados racialmente como alemães (*Volksdeutsche*). Material particularmente promissor foi encontrado entre os uniformes negros, a Guarda Klinka, uma autoproclamada elite com pretensões de ser comparada à SS. Em setembro de 1941, o governo eslovaco havia sido pressionado a promulgar uma legislação antijudaica, contendo 270 artigos que redefiniam os judeus como grupo racial, exigindo que eles usassem a indefectível estrela de Davi, o que os tornava aptos ao trabalho forçado e notados claramente nas cidades e distritos.

EINSATZGRUPPEN

Os *Einsatzgruppen*, esquadrões de morte, organizados por Himmler e Heydrich, estavam prontos para seguir os exércitos alemães dentro da Polônia em 1939. Uma vez lá, suas ordens eram cercar os judeus e colocá-los em guetos. Em 1941, na véspera da invasão da Rússia soviética, este encaminhamento havia sido expandido. Em 2 de julho, uma circular para os Chefes da *Sicherheitspolizei*, uma fusão das várias polícias criminosas e de Estado, descreveu seus novos deveres:

"O objetivo imediato é a pacificação da polícia de segurança das novas áreas ocupadas...Todas as medidas de execução e busca que contribuam para a pacificação política das áreas ocupadas devem ser asseguradas. Todos os seguintes devem ser executados: oficiais do Comintern, juntamente com políticos comunistas profissionais em geral; oficiais da alta e baixa hierarquia do partido; comissários do povo; judeus empregados no partido e no Estado e outros elementos radicais - sabotadores, propagandistas, espiões, assassinos, incitadores etc, uma vez que eles são de importância especial para a reconstrução econômica dos Territórios Ocupados."

Cada *Einsatzgruppe* e seu destacamento individual, o *Einsatzkommando* variava em composição. Na União Soviética, quatro *Einsatzgruppen* estavam envolvidos, cada um com uma força de cerca de 1000 a 1.200 homens. Suas esferas de operação eram o Grupo A, os Estados Bálticos; Grupo B, Smolensk e Moscou; Grupo C, a região de Kiev; e Grupo D, o sul da Ucrânia. Quanto aos *Einsatzkommandos*, cerca de 1000 homens, 350 destes poderiam ser membros da *Waffen-SS*, juntamente com 150 motoristas e mecânicos, e talvez 100 da Gestapo. Além disso, haveria uma polícia auxiliar da *Ordnungspolizei*(Orpo), a Kripo e a SD. Cada *Einsatzgruppe* também iria realizar suas ações acompanhado de seus Executivos - um corpo móvel de intérpretes, operadores de rádio, telégrafos, escreventes e equipe feminina.

No papel ao menos, cada grupo estava sob o comando da relevante força do *Wehrmacht* dentro de uma área importante. Isso levou alguns acusados em tribunais pós-guerra a negar qualquer papel da SD e da Gestapo. Embora as comunicações com os comandantes de grupos armados fossem próximas, instruções operacionais verdadeiras eram emitidas por Heydrich, e o exército nunca viu seus conteúdos.

Um grupo de assustados judeus embarca num caminhão para transporte de gado, direto para campos de concentração e à morte certa. As deportações para o leste eram cuidadosamente preparadas, para que as vítimas acreditassem que estavam sendo enviadas para o trabalho.

Os generais do *Wehrmacht* no oeste da Europa, em geral, foram contra a interferência da SS, em notável contraste com suas contrapartidas balcânicas. O tenente-general Kurt von Krenzki, comandante em chefe da área Salônica-Egéia, por exemplo, não hesitou em atacar os 55.000 judeus na zona de ocupação alemã, obrigando-os a trabalhar em fortificações e mais tarde deportados para Auschwitz.

A ORDEM DO COMISSÁRIO

As difíceis relações entre o *Oberkommando des Heeres* (OKH-"o Alto Comando") e os grupos de Heydrich eram de uma importância sem precedentes para Hitler. Em março, à frente do lançamento do Barbarossa, o *Führer* havia reunido 200 altos oficiais do *Wehrmacht* na chancelaria do Reich e discursado para eles, gritando: "Não devemos abandonar nenhum pensamento de comando. Os comissários e os homens do OGPU são criminosos e devem ser tratados como

tais." Isso foi a origem da notória "Ordem do Comissário", que tornou obrigatória para os comandantes de formação do exército a ordem de tratar oficiais políticos capturados do Exército Vermelho como criminosos a serem liquidados ou entregues para execução ao *Sicherheitspolizei*. Heinz Höhne, em seu livro *The Order of the Death's Head*, sucintamente aponta que "dificilmente um general estava preparado para oferecer resistência à ira de Hitler, a tentação era a de deixar todo o tratamento especial para a polícia de Himmler."

A "Ordem do Comissário" ainda não havia nem sido enviada quando Heydrich se viu diante de uma corrente peculiar no papel dos *Einsatzgruppen* da SS. Em áreas atrás da linha de frente, foi proposto que o exército fosse a voz autoritária "para o movimento, as provisões e a acomodação", e só poderia se opor à SS em áreas onde suas atividades tivessem um efeito nas operações militares. A sentença mais significativa da corrente não ficou perdida para Heydrich: "Os *Sonderkommandos* ou *Einsatzgruppen* estão autorizados, dentro de suas tarefas e responsabilidades, a tomar medidas executivas que afetem a população civil."

O projeto foi aprovado por Heydrich, dando aos *Einsatzgruppen* liberdade quase completa para seu papel a seguir na União Soviética.

Cada *Einsatzkommando* dentro de um *Einzsatzgruppe* seria ligado a um grupo do exército específico e movido com ele, sustentado por outras formações da *Waffen-SS*. O relatório seguinte, produzido como evidência no Tribunal de Nüremberg, descreve uma unidade em ação: "O chefe de uma fazenda coletiva, na vizinhança de Bobruisk, foi preso porque havia intencionalmente desorganizado a produção ao ordenar que os fazendeiros terminassem seu trabalho e ao dar instruções para esconder a colheita na floresta. Um total de 600 pessoas foram presas em Bobruisk e nas redondezas por um destacamento de *Einsatzkommando 8*. Destas, 407 foram mortas. A execução atingira, além dos acima mencionados, judeus e elementos que haviam mostrado resistência aberta às ordens dadas pelas autoridades alemãs, ou que abertamente haviam incitado atos de sabotagem... Uma enorme ação judaica foi levada adiante na vila de Lachoisk. No curso dessa ação, 920 judeus foram executados com a ajuda de um *kommando* da divisão SS do Reich. A vila pode agora ser descrita como "livre de judeus."

PROTETOR DO REICH

Enquanto isso, Adolf Hitler estava ocupado com um novo conjunto de dificuldades envolvendo o designado Protetorado Tcheco da Boêmia-Morávia que, à parte da própria Alemanha, constituía o berço da indústria de armamentos do

Reich. Até a invasão da Rússia, a resistência dentro do Protetorado havia sido comparativamente branda. Barbarossa mudou tudo, e Moscou fez sua parte. Um congresso pan-eslavo foi realizado em Moscou, com considerável publicidade. Todos os eslavos foram conclamados a minar as atividades dos invasores quando possível. Métodos que se tornariam lugar-comum quando a má sorte da guerra se voltasse contra a Alemanha eram agora adotados: as facilidades telefônicas e telegráficas foram censuradas e os trens descarrilhados; as máquinas das fábricas precisavam parar devido a falhas mecânicas não-explicadas; houve pequenas explosões em depósitos de suprimentos e erros inexplicáveis sem impressões digitais. Os trens chegando com os suprimentos para as tropas de ocupação sofriam atrasos inesperados. Em um "acidente", um homem da SS ficou ferido quando um pedaço quebrado de madeira com neve caiu misteriosamente de uma janela de uma loja. Dentro do próprio Protetorado, a propaganda se acelerava, não apenas pela enorme circulação de literatura comunista, mas também pela publicação de poemas tchecos patrióticos. O espírito de Jan Hus, o mártir religioso e reformador, era constantemente evocado.

Um homem que observava de perto a situação era Heydrich, cuja atenção se focava particularmente na sorte declinante do Protetor do Reich. Era conhecimento comum que Freiherr Konstantin von Neurath fosse reconhecido por Hitler como brando demais e o processo de arruiná-lo não foi difícil. Ele possuía um oponente formidável no *Gruppenführer* Karl-Hermann Frank, que tinha os olhos voltados para o posto de Protetor do Reich e rapidamente procurava apoio dentro dos círculos mais influentes da SS e da polícia. Críticas a von Neurath aumentaram. Karl Böhme, comandante da Sipo e da SD em Praga, foi convocado para um encontro nos escritórios de Hitler, o *Führerhauptquartier* em Rastenburg (agora Ketrzyn), a leste da Prússia, onde destacou os sucessos da resistência à regra nazista dentro do Protetorado e o fracasso patente de von Neurath para combatê-los. A demissão de von Neurath logo ocorreu. Embora o novo chefe do posto, Reinhard Heydrich fosse designado apenas como "Protetor do Reich Atuante", a reação de Frank foi dura, uma vez que ele não recebera nada. Era com certeza o dia de Heydrich.

Após sua chegada em Praga em 27 de dezembro de 1941, o teletipo ultrassecreto em Berlim havia notificado uma mensagem urgente para Hitler, que se encontrava no *front* russo: "*Mein Führer*, relato que esta tarde, de acordo com o decreto de hoje do *Führer*, assumo o controle da Liderança de Ação sobre os assuntos de Proteção ao Reich na Boêmia e na Morávia. O relatório oficial segue às onze horas amanhã, com o centro das operações em Hradschin (Hradçany). Todos os relatórios políticos e mensagens irão chegar pelas mãos do *Reichsleiter* Bormann. *Heil mein Führer*! Assinado: Heydrich, *SS-Obergruppenführer*."

A mensagem havia sido rascunhada num momento de euforia, mas Heydrich temperou seu entusiasmo com cautela. Em toda fase de sua vida política, ele sempre olhou por cima de seus ombros, uma ação de reflexo. Os perigos se avizinhavam em sua nova posição e ele sabia muito bem disso. Havia pessoas em Berlim que não hesitariam em envolvê-lo em intrigas e levar vantagens com sua ausência de Praga.

Heydrich mal havia se instalado no Castelo de Praga e logo partiu para o ataque. A primeira de suas vítimas foi o Primeiro-Ministro tcheco, general Alois Eliás, conhecido por estar em contato com o governo tcheco exilado em Londres. O fato de que ele também havia sido um protegido do desacreditado von Neurath era suficiente. Eliás foi entregue à Gestapo, que arrancou dele uma confissão em poucas horas, e foi então levado a um julgamento alemão e condenado à morte. A execução foi a princípio adiada, e logo foi tomado refém por causa do bom comportamento do povo tcheco; foi finalmente executado em 19 de junho de 1942.

O ASSASSINO DE PRAGA

A Gestapo continuou a atacar os centros de resistência, por meio da infiltração de agentes secretos da SD. Heydrich com frequência deixava passar todos os processos legais e entregava os prisioneiros para a execução imediata, em alguns casos em público. Um exemplo notório ocorreu em 15 de dezembro de 1941 na praça ao lado da Catedral de Praga, que desde a manhã estava coberta por uma camada de neve. Normalmente, teria sido um cartão-postal para as festividades natalinas, salvo para uma máquina com um canhão montada perto do centro do local, apontando para a praça. Havia também um pequeno pavilhão montado contendo cinco pesadas cadeiras. A bandeira suástica balançava no alto. Aqueles escolhidos para ver de perto o espetáculo, olhariam para uma praça cercada por cordões vermelhos, pretos e brancos. Cada esquina do local estava dominada por um medalhão gigante no qual aparecia o emblema da águia e da suástica do Terceiro Reich. No chão, haviam sido pintados cem discos amarelos; um trabalhador do Departamento de Estradas havia sido contratado, a fim de evitar que a neve atrapalhasse toda a operação.

A cargo dos procedimentos do dia estava o *Obergruppenführer* Kurt Schact-Isserlis, para quem Heydrich havia entregado mais de cem dossiês sobre os quais a Gestapo e a SD estiveram investigando desde a invasão da Tchecoslováquia. O conteúdo era baseado nos relatórios de uma rede de informantes localizada em casas, apartamentos, fábricas e escritórios a partir do momento em que os tchecos haviam se tornado vassalos dos alemães. Schact-Isserlis, cujos registros detalhados dos dias de trabalho acabariam nas mãos dos Aliados ao final da guerra, era capaz de se lembrar de todos aqueles condenados à morte pelas cortes e que agora estavam prestes a ser eliminados na praça. O evento, além disso, era distinto pela presença de Himmler, cuja Mercedes, rodeada de criados, liderava a festa que se dirigia ao pavilhão.

Era então a vez daqueles que morreriam entrar na praça: uma seleção de donas de casa, trabalhadores, balconistas e estudantes. Schacht-Isserlis esperou até que cada um dos condenados estivesse em cima dos círculos amarelos. A ordem foi dada às 12h15, quando os relógios soaram no quarteirão. Enquanto o arco de fogo atingia

Reinhard Heydrich, o assassino de Praga, chegou à capital tcheca como Protetor do Reich. Junto com Karl Frank (à sua esquerda), Heydrich faz a saudação no átrio do Castelo Hradçany quando a bandeira da SS é erguida.

o grupo indefeso, houve uma distração momentânea; Himmler havia caído de sua cadeira num desmaio mortal repentino. Foi Heydrich quem veio para o resgate, como Schacht-Issier mais tarde lembrou: "Havia um olhar de desprezo no rosto de Heydrich. Junto do chefe de polícia, ele pegou nos ombros de Himmler e colocou a cabeça dele entre suas pernas. Seus óculos caíram e o som que fizeram no chão foi simultâneo com o da arma que o carrasco balançava para lá e para cá..." A matança despertou imediatamente Himmler, cambaleante e mortalmente pálido e, apoiado por Heydrich, foi escoltado para sua Mercedes, onde o ouviram murmurar a respeito "de alguma coisa para se apoiar."

Em 29 de novembro de 1941, Himmler, visitando Praga, expressou preocupação a respeito da arrogância e do desprezo de Heydrich pela segurança pessoal. Foi uma postura arrogante que custou sua vida.

Então o cordão foi desfeito e os cadáveres foram levados para trás dos caminhões de carga por prisioneiros judeus encarregados da tarefa e que foram em seguida executados.

Apenas a menção do nome de Reinhard Heydrich era suficiente para atiçar o ódio e o medo; dali em diante ficaria conhecido como o "assassino de Praga." A devoção de Himmler às características da pureza ariana e seu ódio por aquilo que considerava como o bacilo judeu podem ter sido totais, mas essas crenças sempre foram vistas com cinismo por Heydrich. Isso levou a uma espécie de conflito entre os dois homens envolvidos no processo de repressão no Protetorado. Heydrich reconheceu a verdade nua e crua de que o progresso do esforço de guerra do Reich dependia do poder industrial: a produção dos armamentos Skoda, por exemplo, tinha de continuar. O problema era que o movimento de resistência estava concentrado lá; qualquer prisão significaria o enfraquecimento da força de trabalho.

Foi esse dilema que levou Heydrich a modificar sua política original em sua cabeça. Deixou que soubessem que, exceto em casos de provocação extrema, a perseguição política seria amenizada; os sabotadores, contudo, seriam sumariamente mortos. Os suprimentos de mão de obra foram aumentados para dois milhões de trabalhadores industriais. Hotéis luxuosos nos *resorts*, como o Karlsbad, foram requisitados como casas de férias e fins de semana. A esposa de Heydrich, Lina foi colocada como anfitriã, recebendo vários visitantes nas delegações de Czernín enquanto o próprio Heydrich escutava educadamente as petições de várias delegações. Inevitavelmente, as notícias das mudanças na política alcançaram o governo exilado na Inglaterra, que reagiu com certo alarme, particularmente quando seus agentes relataram que a resistência tcheca havia diminuído significativamente. Londres começou a implementar planos.

WANNSEE

Enquanto isso, para Heydrich, o posto de Protetor do Reich provava ser completamente estafante e absorvente, e havia a velha preocupação de que sua posição como chefe da RSHA pudesse estar sob ameaça durante suas ausências da Alemanha. A necessidade de reassegurar sua autoridade foi uma das razões para convocar uma conferência em 20 de janeiro de 1942, em uma confortável vila, antigo escritório-central da Interpol em Grossen-Wannsee, um agradável subúrbio na parte sul de Berlim. Originalmente, a conferência ocorreria em 8 de dezembro, mas no último instante foi adiada devido ao ataque dos japoneses à base americana de Pearl Harbour, e da invasão dos territórios aliados no sudoeste da Ásia, que havia tomado de surpresa tanto os Aliados quanto os alemães. O propósito da conferência – muitos dos minutos que provocaram a sobrevivência da guerra – era rever o progresso sobre o destino dos judeus e ressaltar as questões mais pertinentes para o futuro, notadamente à luz da diretriz de Göring no último mês de julho.

À maneira de um servente civil sênior, restringindo-se estritamente aos fatos estatísticos, Heydrich, que havia ordenado que a conferência fosse curta, dirigiu-se a personalidades-líderes do Ministério para os Territórios Ocupados, sob a autoridade do teórico racial nazista Alfred Rosenberg. Heydrich revelou que havia apenas 131.800 judeus deixados nos territórios originais do Reich, de um quarto de milhão no início da guerra. Entretanto, na Europa Oriental, na França e na Inglaterra, ainda havia um total de 11 milhões de judeus neces-

A SOLUÇÃO FINAL

"Um princípio básico deve ser a regra absoluta para os homens da SS: devemos ser honestos, decentes, leais e completamente companheiros aos membros de nosso sangue, e a ninguém mais. O que acontece a um russo ou a um tcheco não tem o menor interesse para mim. O que as nações puderem oferecer em termos de sangue puro, nós tomaremos, se necessário, ao raptar suas crianças e criá-las aqui conosco. Se as nações vivem na prosperidade ou morrem de fome me interessa apenas se precisarmos delas como escravas para nossa *Kultur*: do contrário, não me interessa. Se 10.000 mulheres russas caem ao chão de exaustão enquanto escavam um dique antitanque para a Alemanha me interessa apenas se os diques antitanque forem terminados. Não devemos ser duros ou sem coração quando não for necessário, isto é muito claro. Nós, alemães, que somos o único povo no mundo que possui uma atitude decente em relação aos animais, também iremos assumir uma atitude decente em relação a esses animais humanos. Mas é um crime contra nosso próprio sangue nos preocuparmos com eles e dar a eles ideais, causando com isso aos nossos filhos e netos o surgimento de uma época mais difícil... Podemos ser indiferentes a tudo. Desejo que a SS adote esta atitude com relação ao problema de todos os estrangeiros, pessoas não-germânicas, especialmente russos.

Quero dizer com isso a evacuação dos judeus, a liquidação da raça judaica. Cada membro do partido diz: "Iremos liquidar a raça judaica." Naturalmente: trata-se do programa do partido. Nós iremos eliminá-los. Facilmente feito. Então, seus cerca de 80 milhões de bons cidadãos alemães se observam e cada um possui seu judeu decente. É claro, todos os outros são porcos, mas este aqui é um judeu esplêndido. Nenhum daqueles que falou assim viu, nenhum deles se destacou. Muitos de vocês sabem o que significa quando cem cadáveres estão lado a lado, ou quinhentos, ou mil. Para se destacar, e ao mesmo tempo – ter permanecido companheiros decentes, foi isso o que nos fez assim. Esta é uma página de glória em nossa história, que nunca foi escrita e nunca será escrita."

Discurso de Heinrich Himmler, 4 de outubro de 1943.

Membros de resistência suspeitos são executados por um esquadrão dos Einsatzgruppen. Essas mortes ocorreram durante todo ano de 1942 na Morávia que, juntamente uma área da Boêmia, constituía o Protetorado de Heydrich.

sitando de atenção urgente. As condições da guerra haviam disposto um pagamento à política de emigração, mas, como Heydrich disse aos presentes, "havia outras políticas no leste." Esta frase deliberadamente vaga foi subsequentemente revelada como um eufemismo para deportação, guetização e assassinato em massa do tipo cometido pelos *Einsatzgruppen*, embora as minutas também sugiram que Heydrich favoreceu a criação de um determinado número centros de judeus, os quais estariam disponíveis para o trabalho escravo.

Isto dificilmente teria agradado ao *Hauptsturmführer*, dr. Rudolf Lange, já descrito por Heinz Höhne como um dos "fanáticos pela Solução Final", que achou esse "desejo pelo trabalho judeu escravo extremamente perturbador, uma vez que ameaçava a perpetuação de sua ação de extermínio total." Lange, como se sabe, estava na melhor das posições para saber o que subterfúgios como "evacuação" na verdade significavam: seu *Einsatzkommando* havia assassinado mais de 35.000 judeus e centenas de outras víti-

CAMPOS DE CONCENTRAÇÃO

Campos de concentração existiam desde o início do poder nazista. Com a nomeação de Adolf Hitler como Chanceler do Reich, em janeiro de 1933, Göring foi nomeado Presidente-Ministro do estado da Prússia. Como tal, estava encarregado da segurança e da polícia. Simpatizantes nazistas, homens tanto da SS quanto da SA, tinham altos postos-chave em vários campos já formados. Heinrich Himmler, como chefe supremo da polícia na Bavária, formou seu próprio "campo-modelo" em Dachau sob o controle da SS.

A prisão – a eufemística *Schutzhaft* ("Custódia Protetora") – era o destino de qualquer um considerado indesejável, incluindo judeus, sindicalistas, comunistas, ciganos, homossexuais, criminosos, protestantes e católicos. O comando estava nas mãos de um oficial da SS, no posto de *Standartenführer* ou *Sturmbannführer*, divididos em companhias a cargo de um *Haupsturmführer* ou *Obersturmführer*. Como era o caso com a maioria dos campos, os membros da Gestapo não estavam diretamente envolvidos na administração, embora tivessem o poder de dizer quem seria preso e internado.

No início, havia três campos principais: além do de Dachau, havia os de Buchenwald e Sachsenhausen. Campos em Belsen e Gross-Rosen na Alemanha, Mauthausen na Áustria e Theresienstadt na Tchecoslováquia logo foram criados. Após um tempo, os campos estabeleceram satélites, muitos usados pela indústria como fonte de trabalho, notadamente na Rússia, onde havia eventualmente até cerca de 500 campos-satélite.

Após a Conferência de Wannsee em janeiro de 1942, com o objetivo de fazer do extermínio dos judeus uma operação organizada, os campos se alastraram para o leste, especialmente Belzec, com uma capacidade de assassínio de cerca de 15.000 ao dia, e Sobibor, operando 20.000 mortes. Havia muitos mais em Majdanek e Treblinka, para onde a maioria dos judeus de Varsóvia foi levada.

Registros finais publicados a respeito das mortes em campos de concentração devem ser abordados com cuidado, uma vez que não existe documentação. Onze milhões são citados, embora historiadores recentes dizem que foram seis milhões. Este número, no entanto, não conta mortes causadas por doença ou falta de tratamento adequado.

Com o colapso da Alemanha, tentativas foram feitas para fazer com que os nazistas libertassem prisioneiros judeus e permitissem a entrada da Cruz Vermelha. Muitas tentativas foram frustradas, e foi apenas em setembro de 1944 que a Cruz Vermelha conseguiu entrar em Auschwitz. No mês seguinte de abril, comida e remédios foram levados a Theresienstadt, e os prisioneiros em marcha forçada de Oranienburg receberam suprimentos medicinais. O incidente que realmente trouxe à tona os horrores dos campos para o mundo foi a notícia de uma epidemia de tifo em Belsen, onde cerca de 60.000 prisioneiros estavam apertados em um espaço reservado a 8.000. O campo foi entregue à Inglaterra em 15 de abril de 1945.

Aqui, prisioneiros chegando ao campo de concentração de Auschwitz são divididos em dois grupos: aqueles considerados fortes o bastante para trabalhar, e aqueles que não serviam, tanto pela idade quanto por invalidez. Uma indicação do comandante do campo (segundo, a partir da direita) significava a distribuição.

mas durante os seis meses da ocupação nazista da Letônia. Além disso, a alguns meses da conferência de Wannsee, ele foi trabalhar com três caminhões de câmaras de gás em uma casa deserta na floresta próxima a Chelmno, 65 km (40 milhas) ao norte de Lodz, na Polônia. Foi para lá que os judeus foram levados e jogados para dentro de um dos caminhões, supostamente para usar os chuveiros. Assim que a porta se fechava atrás deles, os gases invadiam os compartimentos via um tubo conectado. As instruções emitidas pela RSHA, a mando de Heydrich, estipulavam que as mortes deveriam ocorrer após quinze minutos, mas na verdade levavam horas.

Eichmann, que estava em Wannsee como representante da Gestapo, foi cuidadoso ao desempenhar seu papel durante o julgamento em Israel em 1961, apresentando-se como o humilde burocrata: "Minhas ordens de meu superior, o *SS-Gruppenführer* Müller, eram as de garantir que os procedimentos das reuniões estivessem adequadamente organizados, e eu passei a maior parte do meu tempo apontando os lápis do estenógrafo."

E ao final dos procedimentos, Eichmann e Heydrich relaxavam brevemente com conhaque, enquanto outros utilizavam a oportunidade para se juntarem ao par e justificar seus próprios registros. Heydrich, ansioso para retornar a Praga, escapuliu assim que pôde.

Em questão de meses uma nova preocupação surgiu. A última obsessão de Himmler era a França, onde ele sentia que a influência e a disciplina da Gestapo haviam declinado por causa da rivalidade contínua com o exército. Atribuiu isso à ausência de personalidade suficientemente forte no comando da SS, e achou que esta deficiência poderia ser remediada com a indicação do *Brigadeführer* Karl Albrecht Oberg, um antigo associado de Heydrich. Este último estava ansioso que a crítica de Himmler dos registros da RSHA na França não recaísse sobre ele. Heydrich foi para Paris e chegou com estilo. O Ritz Hotel havia sido escolhido como um dos mais sofisticados pontos sociais que a capital tinha visto desde antes da guerra.

Em tal cenário, a figura central apresentou algo próximo de um anti-clímax: Oberg estava corado, extremamente benevolente e eclipsado como qualquer servil de baixa classe. Na verdade, ele era esse exemplo clássico de carreirista nazista. Havia lutado na frente oeste na Primeira Guerra e havia sido laureado tanto com a medalha de Segunda quanto de Primeira Ordem da Cruz de Ferro. A depressão econômica que se abateu depois da guerra destruiu as economias da classe média, e a família Oberg não foi exceção. Em 1930, Karl, com uma jovem esposa, estava lutando para sobreviver como proprietário de um quiosque de tabaco em sua Hamburgo natal. No mês de junho seguinte, havia se juntado aos Nacional-Socialistas (como membro de partido número 575205), e foi indicado por Heydrich para servir na SD. Sua ascensão tanto para o trabalho militar quanto o de inteligência foi rápida. Em setembro de 1941, já era SD *und Polizeiführer* em Radom, na Polônia, onde tomou parte dos programas judaicos. Agora, com o mesmo posto que Rauter na Holanda, tinha vindo para a França. A repressão avançava em todo o Reich com uma nova ferocidade, a qual também tinha o efeito de estimular as atividades da Resistência. Heydrich, retornando a Praga, estava para conseguir as forças que desencadeariam um resultado rápido.

6. OS TERRITÓRIOS OCUPADOS

O movimento secreto tcheco se revoltou assassinando Heydrich. Embora tivesse sido considerado um chamado à resistência em toda a Europa, ele provocou uma retaliação feroz.

Um grupo de tropas alemãs entra pelos portões do castelo de Hradçany, em Praga, no dia 15 de março de 1939, antes da chegada de Hitler. Os resistentes não demoraram para aparecer, mas, como mostra a foto, os colaboradores em potencial já estavam no lugar.

Um dos grandes momentos da comitiva cerimonial quando Reinhard Heydrich chegou pela primeira vez a Praga foi a exibição de uma antiga coroa de joias pertencente aos reis boêmios na catedral de St. Vitus. A peça central era uma coroa dourada de São Wenceslau, adornada com algumas das maiores safiras do mundo. Heydrich, com um calculismo político afiadíssimo, enfatizou que Wenceslau, que havia sido assassinado no século 10 após uma conspiração de seu irmão Boleslav, tinha sido amigo da Alemanha e havia caído nas mãos de guerrilheiros infames do leste. A criação de Hitler de um Protetorado estava portanto acertando algo errado já bastante antigo. As joias, quando não estavam em exibição, estavam seguras em cofres trancados, guardadas a sete chaves, referência simbólica aos sete selos das escrituras sagradas. Tradicionalmente, as chaves eram mantidas por sete indivíduos diferentes, começando pelo próprio chefe de estado. Nesta ocasião, o presidente Hácha entregou as chaves para Heydrich, que retornou três delas com eloquência, declarando: "Veja isso como um sinal de nossa confiança e também de sua obrigação."

Mas o que Heydrich escolheu ignorar foi que a extrema segurança cercando as jóias, tinha suas origens em uma lenda há muito estabelecida. Ela declarava que ninguém, a não ser um verdadeiro herdeiro do antigo reino, deveria colocar a coroa em sua cabeça, e que, se outro o fizesse, estaria marcado para a morte. Foi provavelmente bem típico de Heydrich o fato de ele ter ignorado tal superstição e supostamente, ter colocado a coroa em sua cabeça sem hesitar.

Cerimônia à parte, logo se tornou evidente que o poder do Protetor Interino e da SS exerceria um domínio absoluto. Em sua primeira aparição oficial, Heydrich se endereçou a um grupo de dignatários e às forças do exército no Palácio de Cernin, sua chegada saudada por Karl-Herman Frank com a tradicional saudação nazista. Anotações durante o encontro estavam proibidas. No entanto, a secretária de Heydrich, fora da vista dos outros, gravou o discurso em fita,

Heydrich com sua esposa Lina, que exercia o papel de consorte e anfitriã durante o tempo de seu marido como Protetor Interino do Reich. Na verdade, o casamento passava por certa tensão devido às constantes e frequentes ausências de Heydrich em Berlim, além de sua ininterrupta sucessão de traições.

que acabou por sobreviver à guerra. Heydrich deixou absolutamente claro que a SS, a SD e a polícia de segurança eram inseparáveis da condução dos negócios dentro do protetorado e do partido nazista. A SS e a SD precisavam ser "as tropas de choque ... em tudo que diz respeito à segurança de nosso espaço, do ponto de vista da política interna, assim como à segurança do ideal nacional-socialista. Como tropas de choque, estamos sempre na vanguarda do exército, estamos particularmente bem armados, prontos para agir, e sabemos como lutar... Portanto, agiremos como um órgão de execução, consciente da missão do *Führer* e do Reich, essa missão que irá nos levar de um Grande Reich Alemão ao Maior Reich Germânico de todos os tempos. E, uma vez que o *Führer* me disse: "Tenha em mente que, onde quer que eu veja a unidade do Reich em perigo, escolho um líder da SS e o envio para preservar essa unidade." A partir destas palavras do *Führer*, vocês podem imaginar a enorme tarefa da SS e a minha, em especial, neste lugar."

O programa de terror da Gestapo foi lançado e logo estendido. Um novo requinte foi a introdução da "custódia protetora" – o direito de deter qualquer um, sem nenhum motivo, por um período indefinido. Amparados por dinheiro e favores de Heydrich e Frank, havia centenas de informantes. O número de "casas seguras" organizado pela Resistência diminuiu alarmantemente uma vez que seus postos foram penetrados tanto pela Gestapo quanto pelos traidores.

Enquanto os meses se passavam, Heydrich começou indiscriminadamente a se divertir com seu novo trabalho, e não apenas no poder que este havia dado a ele. Havia benefícios consideráveis, não apenas a aquisição de Panenské Brezany, uma propriedade rural fora de Praga, infinitamente mais atraente do que a formalidade do Palácio Cernin em Hradçany, embora Lina Heydrich gostasse de atuar como anfitriã lá para receber tchecos e alemães visitantes. A princípio, Heydrich encarava a vida de viajante, voando regularmente entre Praga e Berlim. Contudo, lembrando-se da intensa concentração de seu marido no trabalho, além das longas ausências em relação a seus casos extra-conjugais e seus negócios oficiais, havia se rebelado de forma radical: a família, ela decretou, tinha de fazer de Praga sua base. O próprio Heydrich respondeu sustentando uma imagem a ser criada do protetor com um rosto humano. Fotógrafos foram chamados a fim de mostrar o casal em atividade doméstica regular: Lina usando saias com longas meias brancas, que quase chegavam ao joelho, seu marido em shorts curtos e negros, usando um casaco de lã cinza com vários botões. Para completar a figura do aconchego familiar, as crianças do casal, seus dois filhos Klaus e Heider e sua filha menor, Silke, foram incluídos em diversas dessas fotografias.

CODINOME "ANTROPOIDE"

Agentes da inteligência tcheca em Praga haviam alertado Londres de que a política de "incentivos e punição" de Heydrich em relação aos trabalhadores industriais foi surpreendentemente bem-sucedida ao minar a resistência da ocupação. Ainda assim, a palavra "Protetorado" era um anátema para Hitler. O *Führer* queria o crescimento, abastecida por mudanças na frente russa, uma campanha que ele havia afirmado com grande exaltação, seria terminada em sete meses.

Durante a investida em Moscou, entretanto, o intenso inverno havia deixado as tropas congeladas e imóveis. A forte oposição, talvez pela primeira vez nesta guerra, começou a se mostrar. Oposições de qualquer natureza e variedade precisavam ser reprimidas. Com o objetivo de fazer um teste, no dia em que Heydrich viajaria para Berlim, Himmler enviou um rápido telegrama a Praga, ordenando a prisão de 10.000 reféns da força intelectual tcheca. Mais ordens foram lançadas para levar a cabo o assassinato de uma centena dos integrantes desta força naquela mesma noite. Foi em uma resposta para tal evento que o governo no exílio tinha estabelecido planos para o assassinato de Heydrich, um golpe a fim de causar a reação da oposição. Entre os membros do movimento secreto de Praga, entretanto, conscientes da provável vingança dos alemães, havia um certo horror em relação àquilo considerado como medida extrema. Apelos foram feitos ao governo britânico para acabar com todo o esquema. Estes foram ignorados.

Até agora, a atuação de inteligência do governo exilado não era muito encorajadora. Algumas ofertas, por exemplo, foram feitas à Força Aérea Real para enviar um agente especial a Praga a fim de relatar a situação dentro do Protetorado. O agente passou apenas duas semanas sem que a Gestapo o pegasse. Os assuntos, então, passaram para as mãos do tenente-coronel Frantisek Moravec, que havia sido líder do Serviço de Inteligência Tcheca antes da guerra. Em março de 1939, ele havia voado até a Inglaterra levando arquivos valiosos disponibilizados ao braço M16 da Inteligência Britânica. Antes de partir, ele havia transmitido aos tchecos o núcleo de um movimento de resistência, o *Obrana Naroda*, que possuía acesso a 100.000 rifles e 10.000 armamentos, junto de uma seção de sabotagem encarregada de oficiais regulares do exército. Muito desse material acabou caindo nas mãos da Gestapo e o treinamento de agentes em solo tcheco tornou-se praticamente impossível.

Moravec buscou ajuda prática ao projeto do assassinato de Heydrich, a partir do Operações Executivas Especiais, estabelecido em 1940 a fim de encorajar, dirigir e fornecer os grupos de Resistência nos países ocupados pelos nazistas.

Dez jovens, todos solteiros, foram chamados para um treinamento intenso em paraquedismo, espionagem, sabotagem, utilização de armas de fogo e, acima de tudo, sobrevivência. Para a tarefa real de matar Heydrich, com o codinome de "Antropóide", Moravec escolheu o primeiro sargento Jan Kubis, um moraviano do interior, além de Josef Gabcik, serralheiro meio eslovaco. Ambos eram órfãos, com vinte e poucos anos, e foram claramente alertados de que, uma vez completada a missão, a chance de continuarem vivos era ínfima. O par teve a ajuda do primeiro sargento Josef Valcik, membro de um outro grupo, denominado "Prata A", que havia sido equipado com um poderoso transmissor para cumprir seu papel na inteligência. Como com frequência acontecia em operações envolvendo paraquedismo, inúmeras aterrissagens acabaram acontecendo em diferentes áreas daquelas planejadas. A Gestapo conseguiu pegar vários agentes, assassinando-os logo depois.

Jan Kubis, filho de uma família camponesa da Morávia, havia servido como sargento no exército tcheco. Ele foi um dos membros-líderes do time da "Antropoide", e foi sua bomba que matou Heydrich. Para escapar de uma possível captura, tomou veneno.

Os sobreviventes, abrigados em uma série de casas e alojamentos preestabelecidos, começaram a seguir os movimentos do Protetor do Reich. Para Gabcick e Kubis, que nunca estiveram em Praga antes, as preparações para sua tarefa tiveram de ser absolutamente meticulosas. A possibilidade de invadir o trem especial de Heydrich, que viajava entre Praga e a fronteira tcheca, foi rejeitada porque os arranjos de sua viagem foram considerados muito irregulares. Estava claro que a tentativa de assassinato precisava ser feita na rota de transição de Heydrich entre sua casa e o escritório de Praga. Moravec havia traçado esta rota, apontando uma curva precisa na rua Holesovice V, a qual levava à ponte de Trója. Na curva, havia um declive próximo a uma parada de bonde; todos os carros precisavam diminuir a velocidade ali.

Um dos hábitos de Heydrich permaneceu. Embora fosse fortemente protegido no Palácio de Cernin e dentro dos confins de seu estado, ele frequentemente dispensava cobertura em qualquer outro lugar, rotineiramente realizando trajetos sem sua corte de guardas, em sua Mercedes luxuosa, confiando em seu motorista, o *Oberscharführer* Klein, e nas armas que ambos carregavam. Nem o carro estava coberto por algum tipo de proteção extra, como era o caso da maioria das autoridades nazistas. Hitler frequentemente expressava sua desaprovação diante da atitude um tanto inconsequente de Heydrich, mas ele não dava atenção. Os agentes de Moravec relataram que Heydrich havia até mesmo rejeitado a precaução básica de variar sua rota ou mesmo mudar o chamativo número da placa, SS-33. Ele também insistia em usar os dois emblemas em seu uniforme – o emblema da SS e do Protetor do Reich. Concluíram que, em sua sublime arrogância, Heydrich simplesmente se recusava acreditar que qualquer pessoa, dadas as repercussões, se atreveria a atacá-lo.

HEYDRICH ASSASSINADO

Na manhã de 27 de maio de 1942, Heydrich dispensou sua escolta bem cedo, passou algum tempo com sua esposa e filhos e, antes de partir para Berlim, seguiu a caminho do seu escritório, como sempre ao lado de Klein, dentro de sua Mercedes. No local combinado, Gabcik aguardava com sua arma automática e Kubis, com uma bomba especialmente projetada. Os nervos dos dois homens estavam em frangalhos porque o carro começava a se atrasar. Então, às 10h32, Josef Valcik deu um sinal com o espelho informando que a Mercedes diminuía a velocidade para virar na curva. Um homem solitário em pé na calçada mudou a página de seu jornal: outro sinal. Kubis foi momentaneamente distraído por um som inesperado de bonde, que parecia chegar à esquina no mesmo instante que o carro do Protetor. Uma retirada mostrou-se impossível. Gabcik já havia tirado seu rifle fabricado na Inglaterra, alvejando a Mercedes à medida que ela se aproximava. Kubis gritou “Agora!” e Gabcik puxou o gatilho. Para o horror de ambos os homens, o rifle não funcionou.

Nessa hora, Heydrich já hava localizado seu assassino. Se tivesse ordenado a Klein para acelerar, com certeza teria salvo sua vida. Mas seu senso inato de autopreservação o abandonou por alguns segundos e ele acabou cometendo dois erros fatais: além de não pedir a Klein para acelerar, permanece dentro do conversível, tornando-se um alvo fácil. Enquanto o carro procurava sair da linha

A bomba de Kubi, que havia sido especialmente projetada por especialistas em explosivos da SOE, fez um buraco no carro de Heydrich. O veículo não possuía nenhuma proteção especial que caracterizava aqueles usados por outros nazistas veteranos.

de frente, Kubis arremessou sua bomba próximo ao painel frontal, mas ela não caiu no lugar. As testemunhas dentro do bonde mais tarde atestaram que houve um clarão enorme enquanto a bomba estilhaçava os vidros das janelas laterais. Heydrich fugiu do carro em chamas, atirando para os lados. Kubis também estava correndo, lançando um olhar para sua vítima antes de ficar entre dois bondes e montar a bicicleta destinada anteriormente à fuga mais rápida. Ele serpenteou rua abaixo, deixando Gabcik fugir do outro lado, passando pelo pequeno grupo de pessoas que já havia inevitavelmente se amontoado para ver a cena. Então Heydrich ficou parado, como se estivesse perplexo, antes que suas mãos deslizassem para o chão, enquanto ele procurava rastejar de volta para sua Mercedes. Klein, por causa do amplo compartimento do carro, não foi capaz de se locomover com tanta rapidez a fim de perseguir Gabcik, que fugiu. Heydrich, uma mancha escura corrompendo seu uniforme, ficou abaixado. Uma mulher loira na multidão o reconheceu e logo procurou tomar conta da situação, pegando um pequeno caminhão de carga e pedindo ao relutante motorista para carregar Heydrich a um hospital. Ele conseguiu entrar no carro num espasmo de agonia e dor, deitando-se de costas no chão do banco de trás.

Assim que o caminhão saiu do local, os espectadores ce-

Hitler, tomado pela emoção, falou apenas de forma breve no funeral de Heydrich, preparatório antes que o corpo fosse levado com toda a pompa para o cemitério em Berlim.

deram lugar a alguns curiosos que também se encontravam ali. Os primeiros a entrar na cena do crime foram um pelotão da infantaria alemã que estava por perto realizando exercícios de manobra. Diante deles, havia a Mercedes semidestruída e, ao seu lado, o desafortunado Klein, incoerente por causa do medo, balbuciando palavras a respeito do Protetor ter sofrido tiros. Um rápido telefonema, de um médico ao escritório de Karl-Hermann Frank enviou a SS à cena do crime e ao Hospital de Bulowka. Na cena, Heinz von Pannwitz, chefe da seção antissabotagem, assumiu o controle. Seus homens encontraram uma bicicleta de uma mulher, um boné de um homem, uma capa extremamente colorida, uma arma da marca Sten e algumas caixas de munição. Havia também duas maletas, uma das quais com uma bomba, prontamente identificada como de fabricação britânica.

No hospital, os pacientes foram tirados das enfermarias a fim de que Heydrich pudesse ter um quarto particular e completamente isolado, além de acomodação para os homens da SS e da Gestapo. Investigações preliminares do paciente revelaram pedaços de fios, couro e vidro, todos firmemente alojados em seu corpo. Mesmo que sua situação fosse deveras séria, logo a arma de propaganda nazista estava emitindo notas a respeito da condição de Heydrich como "promissora" e "respondendo ao tratamento."

Em Berlim, o único homem que deveria ser o encarregado provou um compromisso total. Himmler, não incomum em tempos de crise, foi reduzido a um estado de paralisação e pânico. Ao invés de permitir o Bullowka continuar com o tratamento, ele contactou médicos e cirurgiões renomados ao longo de todo o Reich e dos países ocupados, ordenando-os a se apressarem para Praga. Heydrich sobreviveu por uma semana, mas sua condição foi debilitada.

Finalmente, em 4 de junho de 1942, após um encontro final com Himmler, ele morreu. Um funcionário anônimo do hospital escreveu nos registros ao lado do nome de Reinhard Tristan Eugen Heydrich: "Causa da morte: infecção por ferimentos."

Com as câmeras do noticiário do Reich já de plantão, Heydrich foi velado por dois dias. Envolvido em suásticas, o caixão foi carregado ao longo da ponte Charles e levado para Berlim, primeiro para os quartéis da RSHA, e dali para a Chancelaria do Reich e seu destino final – o Cemitério de Invaliden. O *The Times* em Londres comentou que um dos homens mais perigosos no Terceiro Reich havia recebido um "funeral de gângster."

RETALIAÇÕES

Imediatamente após o assassinato, a Gestapo fez mais de 13.000 prisões, com cerca de 600 execuções por posse ilegal de armas. A morte foi decretada àqueles que expressavam o mínimo desconforto ou crítica sobre o regime. A ação mais notória de repressão (*Vergeltungsaktion*) foi a destruição da vila de Lidice, ao norte de Praga. O pretexto dado por Frank foi o de que os habitantes haviam auxiliado os páraquedistas. Todos os habitantes masculinos foram assasinados em um massacre que se estendeu por dez horas. As mulheres foram enviadas para o campo de concentração de Ravensbrück. Exceto por algumas poucas, cuja aparência as fazia parecer "racialmente desejáveis", as crianças foram deportadas para morrer nas câmaras de gás.

Quinze dias mais tarde, uma outra vila, Lezaky foi incendiada fogo. Ela havia servido de local para uma transmissão de rádio de um membro do grupo de paraquedistas "Prata A", o qual tinha se refugiado lá, e posteriormente foi caçado e morto. Nove casas rodeando um morro foram cercadas e seus habitantes expulsos. Todos os adultos foram mortos e 13 crianças foram transportadas para Praga, onde foram alojadas com outros sobreviventes de Lidice. Foram depois

A destruição da vila de Lidice, ao norte de Praga, foi em resposta às exigências de Hitler para mostrar aos tchecos e ao resto da Europa ocupada as consequências de se desafiar o governo alemão.

mandados para o campo de concentração de Chelmno, na Polônia.

Neste ponto, os assassinos estavam ativando o primeiro de seus planos de fuga. Este envolvia uma saída pela rua Resslova ao longo do rio na Cidade Nova, onde um pastor lhes deu abrigo na cripta da igreja ortodoxa grega de St. Cyril e Methodios. Foi um axioma entre os chefes de inteligência do SOE que cada grupo de agentes executando uma missão corresse o severo risco de conter ao menos um elo fraco. A "Antropoide" provou não ser exceção. Após o comando do assassinato e diante da inevitável perseguição, o sargento Karel Curda do grupo "Distância de Fora" quebrou uma das instruções mais importantes que eles haviam recebido: estavam proibidos de se refugiarem em famílias e amigos por causa do risco da traição. Curda, seus nervos já solapados pela extensão das represálias alemãs, fixou residência no sul da Boêmia, extremamente consciente de que a Gestapo o acharia. Finalmente, ele quebrou suas próprias regras e foi até os quartéis-generais da Gestapo em Praga para confessar sua ligação, e, incidentalmente, exigir a recompensa de um milhão de coroas que havia sido oferecida. Ele pagou caro por sua traição.

LIDICE

Embora em seu julgamento em 1945 Karl-Hermann Frank fosse condenado por dar a ordem de destruição de Lidice, sendo subsequentemente enforcado em público com os parentes das vítimas presentes, a idéia original vinha de Karl Bohme, chefe da SD na Boêmia-Morávia, estabelecido na cidade industrial de Kladno. A área, a aproximadamente 16 km (10 milhas) ao norte de Praga, era um local de preferência de pára-quedistas e, como tal, estava constantemente sob a mira da Gestapo. Quanto à vila, consistia de cerca de 500 habitantes, muitos dos quais iam trabalhar diariamente em Kladno e possuíam pouquíssimo interesse em política. Embora não houvesse evidência direta, Bohme estava convencido de que a vila estava envolvida. Em 28 de maio de 1942, os membros com uniformes negros da SS e da Gestapo, carregando listas de nomes, se organizaram e começaram as buscas, prendendo oito homens e sete mulheres das famílias Stribny e Horak, nenhum dos quais jamais foram vistos outra vez. Os alemães então se retiraram, deixando os habitantes pensarem que os inimigos haviam terminado com eles. Mas Bohme não possuía nenhuma intenção de deixar o local.

Na noite de 9 de junho, um esquadrão da polícia de segurança, sob o comando do *SS-Hauptsturmführer* Max Rostock retornou a Lidice. O que aconteceu depois foi relatado a este autor por Miloslava Kalibová, criada em Lidice, no quinto aniversário do massacre: "Toda a vila foi tomada pelos caminhões da *Wehrmacht* cheios de polícia militar. Lidice foi cercada e estes cercos organizados. As prisões e o barulho continuaram a noite inteira. Eles levaram meu pai, Jaroslav, e meu tio Antonín e os mataram. A esposa de Antonín morreu em Ravensbrück. Nós, mulheres, fomos levadas ainda de camisolas para a rua principal. Já então a vila estava completamente em ruínas, as casas tomadas e invadidas, as ruas repletas com os objetos pessoais dos habitantes. Nos disseram para pegarmos algumas coisas, e suprimentos de comida para três dias."

Rostock comandou os homens, quase 200 no total, para a fazenda de Horak, onde colchões foram colocados contra as paredes a fim de evitar ricochetes das balas. Ali foram organizados em filas para serem executados em grupos de 10. Assim que cada grupo era eliminado, os corpos eram deixados onde caíam e a próxima fileira era organizada. Muito dessas atividades foram registradas pelas câmeras da *Schutzpolizei*, o filme que sobreviveu tornou-se evidência forte no julgamento de Nuremberg. Algumas dessas filmagem ainda estão expostas no museu em Lidice.

A maior mentira foi dita às mulheres, informadas na chegada à escola secundária de Kladno de que as crianças iam à frente em ônibus para um campo onde esperariam por suas famílias. Na verdade, 82 das crianças foram para as câmaras de gás. Algumas poucas, consideradas de valor ariano, foram enviadas para casas de famílias. Miloslava Kalibová se lembra de ver mães entregando seus filhos, algumas delas implorando: "Mamãe, se você me ama, não pode me entregar desse jeito." Em Ravensbrück, nos reunimos em frente ao hospital do campo. Uma janela se abriu e uma voz nos perguntou em tcheco: "De onde vocês são?" "De Lidice. Nossos filhos estão aqui?" "Não, não há nenhuma criança aqui. Isto aqui é um campo de concentração."

A vila em si foi sistematicamente destruída, cumprindo as ordens de Hitler de que nenhum traço da cidade ficasse de pé. Ela foi queimada, dinamitada e posta literalmente abaixo. Até mesmo seu nome foi varrido dos registros. A comunidade de Lidice pode ter sido eliminada, mas não seu nome. As notícias da destruição logo se espalharam. Vilas em diversos países mudaram o nome para Lidice, e muitas crianças também receberam esse nome. No terceiro aniversário da matança, cerca de 140 mulheres se reuniram para o evento. Posteriormente 17 crianças foram encontradas e puderam se reunir novamente com suas mães após dois anos de busca incessante. Em 1948, começaram os trabalhos de reconstrução das primeiras casas. O antigo lugar é preservado como um memorial, e inclui as sepulturas comuns dos homens e mulheres assassinados.

A princípio, ele se limitou a trair os nomes de Gabcik e Kubis, mas seus interrogadores da Gestapo estavam convencidos de que havia mais. Após algumas surras, eles arrancaram dele o paradeiro da família Moravec (sem nenhuma relação com Frantisek Moravec). Este casal e seu filho de 21 anos, Ata eram membros ativos da Resistência e aliados aos responsáveis pelo "Antropoide."

Eram quatro da manhã quando os carrões negros pararam na Rodovia do Bispo no distrito de Zizkov. O inspetor da Gestapo Oskar Fleischer chegou rapidamente até a porta da frente do apartamento dos Moravec. Jogada no corredor, a família foi ordenada a virar-se para a parede com as mãos acima de suas cabeças. Os homens de Fleischer então se infiltraram pelos cômodos, remexendo os armários e guarda-roupas. Quando as interrogações tiveram início, cada membro sabia que em questão de minutos a tortura começaria. Tão casualmente quanto possível, a senhora Moravec pediu para ir ao banheiro, um pedido brutalmente negado. Quando ela pediu novamente após um intervalo nas interrogações, um guarda compadeceu-se e a acompanhou. Enquanto andava à sua frente, brincou casualmente com o medalhão de sua correntinha. Foi uma questão de momento para extrair uma pequena porção de veneno e colocá-la na boca. Ela caiu no chão, com espuma saindo de ambos os lados de sua boca. Todas as tentativas de ressuscitação foram inúteis. Ainda de pijamas, Moravec e Ata foram levados para os quartéis da Gestapo. Fleischer achou que a pressão em Ata, o qual havia com frequência atuado como mensageiro para a Resistência, provaria ser o método mais produtivo.

No museu, parte agora da nova vila de Lidice, construída após a guerra, está um quadro com as fotografias das vítimas assassinadas ou deportadas.

Os métodos utilizados pela Gestapo incluíram algemas, ameaças e maus-tratos em geral, além do uso de álcool enfiado goela abaixo. Ele também foi levado para ver o corpo de sua mãe em todas as horas do dia e noite até que eventualmente ele se dispusesse a contar à Gestapo tudo o que sabia – incluindo o esconderijo na igreja de São Cyril e Methodios.

OS ASSASSINOS SÃO ENCURRALADOS

Dezenove oficiais, 740 CNOs (oficiais não-comissionados) e diversos outros soldados foram enviados com armas e granadas, a fim de aniquilarem os assassinos e cinco outros escondidos na igreja. Von Pannwitz, que estava no comando, tinha a convicção de que deveriam ser levados vivos e interrogados. A área foi cercada; von Pannwitz se aproximou do prédio da igreja, tocou a campainha e entrou como se fosse um cansado sacristão. Com as armas já em punhos, seu grupo se dirigiu ao altar. Na longa batalha que se seguiu, os que estavam escondidos na nave superior e na cripta, embora em número menor, se recusaram a se render, a despeito da pressão lançada por Karel Curda para "Desistir, companheiros. Vocês não serão feridos." Bombas de gás lacrimogêneo foram lançadas. Quando isto provou não surtir efeito algum, von Pannwitz reuniu a brigada de incêndio para inundar a cripta utilizando mangueiras que entrariam pelas ventilações de cima. Apesar da água que caía, as tropas da SS receberam a ordem de descer e pegar quem estivesse saindo. Os tchecos reagiram atirando em muitos deles. Karl-Hermann Frank, já impaciente, ordenou que o cerco da igreja fosse acelerado, e, passando por cima da autoridade de von Pannwitz, enviou seu próprio destacamento de membros da SS.

Os tchecos lutaram até o fim, ou se matavam atirando em si mesmos; dois deles tomaram veneno. Ninguém se rendeu. Dado o silêncio contínuo, uma tropa da SS foi enviada para dentro da cripta. Não houve reprimenda de tiros. Logo, veio o grito: *Fertig* ("Terminado!"). Os cadáveres ensanguentados foram postos do lado de fora da igreja, Gabcik, entre eles. Kubis havia tomado veneno e foi levado para o hospital, onde perdeu a consciência, morrendo em seguida. A identificação dos outros corpos veio de Curda enquanto estava algemado, que pode ser claramente visto nas fotografias que restaram.

REPRESSÃO NA FRANÇA

Nos outros lugares, a sorte não sorria para o lado dos alemães. Reveses militares previamente inimagináveis começaram a persegui-los em 1942 na Frente Oriental, onde a *Wehrmacht* havia perdido mais de um milhão de soldados. Himmler pediu novos recrutas não apenas para a *Waffen-SS*, mas também para a SD e a Gestapo, que teve de enfrentar o ressurgimento de forças ocultas. Na França, a busca por novo poderio militar estava nas mãos do *Gruppenführer* Karl Albrecht Oberg, estabelecido em Paris, no número 57 do Boulevard Lannes.

Ele fez ofertas para os representantes pró-nazistas do governo Vichy de Pétain, que nominalmente controlava a chamada Zona Livre da França no sul. Ela foi ocupada em novembro de 1942 após a invasão Aliada dos territórios de Vichy na África do Norte. A Gestapo invadiu Vichy, lançando uma rede clandestina de transmissores de rádio. Células de Resistência foram interrompidas em Lyon, Marselha e Toulouse. O *SS-Hauptsturmführer* Huigo Geissler, com seus escritórios da Gestapo em Vichy, estava encarregado do *Einsatzkommando*, logo instalado em cada capital das regiões militares, notadamente Limoges, Lyon, Marselha, Montpellier e Toulouse.

O Combate, o maior e mais eficaz dos movimentos não-comunistas da Resistência, não hesitou em fazer da vida algo desagradável para aqueles cuja oposição era vista como indiferente. Sua base de poder era a Universidade de Strasbourg, que havia se mudado para Clermont-Ferrand na região de Auvergne, e compar-

Esta sequência de fotografias mostra execução de um lutador da Resistência francesa. Estas cenas se repetiram inúmeras vezes em toda a Europa ocupada.

tilhado das instalações da própria universidade da cidade. Com a presença de estudantes e professores, a área tornou-se um centro forte e poderoso de dissidentes, a partir do qual o Combate enviava cartas, assinadas "Centro Regional de Combate", pedindo aos vendedores de lojas locais e jornaleiros para pararem de exibir publicações colaboracionistas.

A recusa pediu uma rápida resposta: bombas seriam armadas em casas e escritórios de colaboradores suspeitos; bombas de gás lacrimo-gênico acabariam com qualquer reunião onde os palestrantes caíssem nas graças dos alemães.

As prisões foram inevitáveis, uma vez que os alemães contra-atacaram. O homem mais temido e odiado em Clermont-Ferrand era o chefe local da Gestapo, Paul Blumenkamp, cujo quartel-general ficava na Avenue de Royat. Seus colegas incluíam Ursula Brandt, conhecida como "A Pantera" por causa do casaco que ela usava constantemente, até mesmo durante as interrogações, torturas e espancamentos. Um dos grandes golpes da Gestapo veio no verão de 1943, quando Hugo Geissler perseguiu dois agentes em posse de armas e equipamento de rádio. Mais prisões entre os membros da ORA (*Organisation de la Résistance Armée*), um dos menores grupos de Resistência, apontou para uma célula dentro da universidade. Em 25 de novembro, todo o poderio da SD e da Gestapo foi designado para uma invasão no campus principal a fim de achar os arquivos dos acadêmicos. O destacamento da SS, liderado por Georges Mathieu, um nativo de Vichy que havia passado para o lado alemão, viu seu caminho impedido por um dos professores, Paul Collomp, que prontamente foi morto a tiros. Mais tiros atingiram outros membros da equipe. Dois estudantes foram feridos numa tentativa de fuga, enquanto Louis Blanchet, de 15 anos, pulou de uma janela, tornando-se subsequentemente vítima dos soldados que circulavam no prédio. Diversos estudantes e membros do corpo universitário foram presos, e um total de 86 deportados para campos de concentração alemães. Ao final da guerra, foi relatado que mais de 2.000 foram executados dentro do *département* regional de Clermont-Ferran ou deportados, além de incidentes de tortura e estupro.

As regras da Gestapo na França permaneceram absolutas até a chegada dos Aliados na costa da Normandia em junho de 1944. Paris era o centro de uma rede que compreendia cerca de 130 escritórios separados da Gestapo. Além disso, havia as redes separadas da *Abwehr* e da *Geheime Feldpolizei*.

A obsessão de Himmler para ganhar mais poder permaneceu. Em agosto de 1943, ele era Ministro do Interior e da Saúde Pública, autoridade policial suprema na Alemanha e controlador dos campos de concentração em toda a Europa ocupada, enquanto acalentava uma ambição maior de ganhar o controle do exército. Seus subordinados, no entanto, estavam presos nos empregos que possuíam, muitos deles atormentados pelas forças crescentes de resistência.

Em Paris, o *Sturmbannführer* Horst Laube foi abordado por Oberg para chefiar um departamento, designado Seção II Pol, com a tarefa específica de inspeção dos elementos mais pertubadores da Resistência francesa. O mais importante entre estes era uma unidade de guerrilha de elite conhecida como Maquis, um nome derivado do interior, onde os foras da lei se escondiam. Quando o assunto era a crueldade, havia ocasiões nas quais o Maquis poderia ser igual aos alemães; colaboradores capturados eram com frequência sumariamente executados.

As famílias que abrigavam traidores, ou que os ignoravam, recebiam o maior dos sinais do Maquis – caixões especialmente feitos em miniatura eram enviados em caixas do correio. Os apoiadores da Resistência dentro da SD e da Gestapo também apresentaram problemas. Os indivíduos eram sujeitados a checagem de segurança, enquanto todas as transferências, mudanças de estação e promoções eram monitoradas de perto.

OPERAÇÕES NA NORUEGA

Movimentos de resistência em todos os países sob a ocupação começaram a confiar enormemente nos recursos do SOE, membros que haviam recebido instruções memoráveis de Winston Churchill para "atear fogo na Europa." Os noruegueses, que tiveram seu país invadido pelos nazistas em 9 de abril de 1940 sem declaração de guerra, deram as boas-vindas aos recursos do SOE. Em relação aos britânicos, os noruegueses ofereciam excelente material para a resistência. Um governo no exílio foi estabelecido em Londres, enquanto havia uma população ultrajada e ressentida em casa. Durante os estágios iniciais da incursão alemã, jovens noruegueses, com a intenção de se tornarem agentes, tinham chegado na Inglaterra após passarem pelos perigos do Mar do Norte, em barcos de pesca, debaixo dos narizes dos alemães. De seus postos, desenvolveu-se uma grande força treinada de subversivos: 49 agentes SOE haviam voltado para a Noruega, vindos dos barcos de pesca, por volta de 1942, com 154 toneladas de armamentos e equipamentos em geral; mas 1942 foi também um ano de crise. Forças pró-nazistas haviam penetrado profundamente dentro da Resistência norueguesa, permitindo aos alemães pegar essas pequenas embarcações pesqueiras antes mesmo que atracassem em Olesund. Subsequentemente, foi alertado que a informação tinha sido passada aos nazistas por Henry Oliver Rinnan, um dos 60 informantes oficiais pertencentes ao chamado *Sonderabteilung Lola,* célula da Gestapo. Rinnan estabeleceu um recorde impressionante ao entregar e delatar centenas de seus compatriotas para os alemães, muitos dos quais foram torturados ou mortos. Capturado após a guerra, foi considerado culpado por assassinato e sentenciado à morte.

Foi também a reviravolta para o grupo de Resistência, conhecido como Milorg, sofrer outros dos reveses da Noruega. A cena foi em Televag, uma pequena vila pesqueira na ilha de Sotra, próxima a Bergen, considerado um local ideal por ser um dos lugares mais próximos às ilhas de Shetland, e com uma extensa população pró-britânica.

A Gestapo usou uma variedade de métodos de tortura quando fazia interrogatórios. A suspensão pelos pés era uma especialidade da Gestapo de Paris. Após 10 ou 15 minutos nesta posição, ocorria a perda de consciência. A vítima era então reanimador e, se a informação não fosse obtida, o processo era repetido.

Entre estes, no entanto, estavam informantes sob o controle do chefe da polícia local, conhecido membro do partido *Nasjonal Samling,* chefiado pelo notório Vidkun Quisling, um político fracassado do pré-guerra que havia formado seu próprio governo na Noruega baseado na plataforma anti-Inglaterra, pró-alemã. A SD, sob o controle absoluto do *Reichskommisar* Joseph Terboven da Noruega, se fechou no celeiro da casa de fazenda do líder Milorg local, conhecida por conter armas, munição e aparelhos de rádio. Dois oficiais foram mortos por um dos agentes noruegueses do SOE. Em resposta, os alemães mataram um deles, enquanto o outro foi preso para interrogação, juntamente com o líder Milorg. Ambos foram posteriormente executados. A tudo isso, seguiram-se retaliações violentas contra Televog, com 300 casas queimadas e grande parte do gado local morto. Quase toda a população masculina foi deportada e o resto presa.

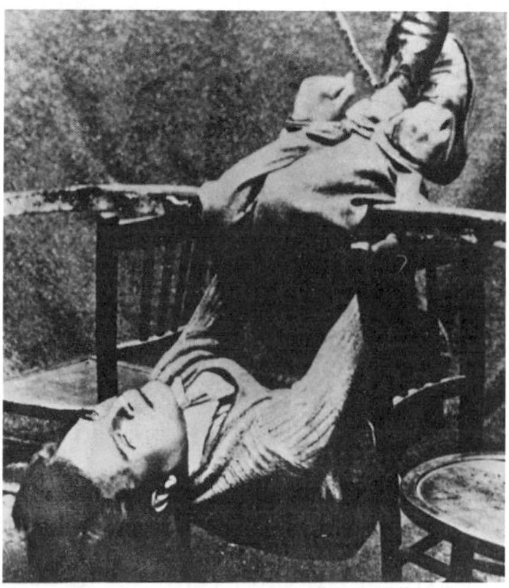

Dezoito homens de Olesund, escolhidos ao acaso, foram presos e, sob tortura, revelaram os nomes dos líderes Milorg. Durante os meses de maio e junho, estas revelações levaram a Gestapo para os principais centros do movimento em Bergen, Stavanger, Oslo, Drammen e Kongsberg. Aqueles cujas vidas foram poupadas e conseguiram fugir para a Inglaterra testemunharam ao governo exilado o que aconteceu aos

GEHEIME FELDPOLIZEI

A fardada *Geheime Feldpolizei* ("Polícia Secreta do Campo") se originou nos meses seguintes ao nazismo ter chegado ao poder. Eram originalmente membros do *Reichssicherheitsdienst* (RSD), uma organização responsável solenemente pela proteção de Adolf Hitler e outros membros da hierarquia do Terceiro Reich. O RSD foi o precursor do *Reichsicherheitshauptamt* (RSHA), organizado para formar uma organização única da Polícia de Segurança do Estado (Sipo e Gestapo).

Heinrich Himmler, entretanto, havia determinado que a RSD operasse ao longo do Reich e lançou o que viu como credenciais essenciais para os membros. Era requerido que eles fossem "Nacional-socialistas testados, e mais tarde excelentes oficiais de polícia criminal de uma confiança sem precedentes, consciência completa no cumprimento de seus deveres, boas maneiras e destreza física inigualável." As tarefas da RSD incluíam a segurança pessoal de Adolf Hitler e a investigação de possíveis tentativas de assassinato. A RSD também poderia pedir ajuda de outras organizações, além de ter ganho o direito de tomar conta de toda a polícia local em circunstâncias que requeressem a proteção pessoal de Hitler.

Oficiais da RSD eram juramentados por Himmler na presença do próprio Hitler. Todos fizeram o juramento da *Wehrmacht* até 1936, quando este foi mudado para o juramento da SS. Em maio de 1937, todo o pessoal da RSD se tornou membro da SS, fornecendo o sangue ariano tão caro a Himmler. Houve um conflito considerável entre a SS e a *Wehrmacht* quando o assunto era a guarda de Hitler durante as condições de guerra, com a *Wehrmacht* insistindo que os oficiais da RSD devessem ser nomeados membros da *Wehrmacht*. Foi dado a eles mais tarde o status de polícia militar secreta e o título de *Reichssicherheitsdienst Gruppe Geheime Feldpolizei*. Seu poder era considerável; podiam "solicitar" ajuda de qualquer seção do aparato policial, e podiam vestir os uniforme de qualquer de suas unidades.

O GFP esteve particularmente ativo contra os guerrilheiros gregos em junho de 1944. Em um incidente característico enquanto escapava de uma emboscada por guerrilheiros fora da vila de Distomo, o contingente da GFP lançou a "ação de reparação", que incluía o estupros, saques e a sumária execução dos habitantes locais. Uma delegação da Cruz Vermelha que conseguiu chegar a Distimo encontrou corpos pendurados até em árvores.

Nos procedimentos pós-guerra dos tribunais de Nuremberg, a *Geheime Feldpolizei* foi sentenciada como uma organização não-criminosa, definida "dentro da acusação de criminalidade contida no Indiciamento." O tribunal, no entanto, determinou que o pessoal da GFP cometeu crimes de guerra e contra a humanidade em uma enorme escala." Entretanto, nenhum oficial veterano da GFP jamais foi processado.

seus companheiros tomados pela Gestapo em Oslo, na rua Mollergata, número 19. Uma testemunha relatou a respeito de um companheiro de cela "levado para o porão após negar as acusações de espionagem. Lá, foi queimado a ferro em determindas partes do corpo e das mãos. Mais tarde, lhe explicaram o quão mais doloroso tudo seria se fosse queimado em lugares mais sensíveis. Uma vez que ele continuava se recusando, foi queimado nos pulsos, para logo em seguida, e com o mesmo ferro, ter suas veias expostas para serem finalmente queimadas também."

As unidades da Gestapo estavam se mudando para o norte, realizando centenas de prisões ao redor de Kristiansund, seguidas de assassinatos em massa. O sucesso para a Resistência na Noruega ainda iria demorar certo tempo.

TRIUNFOS DINAMARQUESES

Na Dinamarca, o chefe da Gestapo era o *SS-Obergruppenführer* Karl Heinz Hoffmann. Servindo ao seu lado, estavam Gunther Panks e Otto Bovensiepen, protegido de Ernst Kalterbrunner, que se tornara o sucessor de Heydrich como chefe da RSHA. Até a chegada de Hoffmann, a Dinamarca era capaz de manter um grau de independência, permanecendo relativamente próspera, por causa de sua autosuficiência em alimentos e do aumento das exportações agrícolas para a Alemanha. A comunidade de cerca de 8.000 judeus não ofereceu ameaça aos ocupantes, mas presumivelmente, isso não foi boa notícia para Himmler, ou, especialmente, Eichmann, que ativou seu próprio *Sonderkommando* e enviou um de seus mais confiáveis subordinados, Rolf Gunther, para Copenhague para acertar da deportação dos judeus dinamarqueses. Uma série de greves e crescente atividade do movimento de resistência dinamarquês foram vistos como pretexto. A limpeza ocorreu durante a noite entre 1 e 2 de outubro de 1943, sexta-feira à noite e sábado do sabá judaico. Para a frustração de Werner Best, que havia sido o primeiro conselheiro legal da SD e da Gestapo e que agora era Plenipotenciário para a Dinamarca, a batida policial foi bem-sucedida apenas parcialmente. Meros 472 judeus foram encontrados; muitos do restante foram salvos por meio da ação de Georg Duckwitz, um dos mais próximos ajudantes de Best e simpatizante dos dinamarqueses que haviam se juntado à Resistência. Embarcações pesqueiras haviam sido revistadas, e os judeus levados para a Suécia, completamente neutra.

Os últimos meses da guerra testemunharam dois triunfos para o movimento de resistência dinamarquês, um dos quais acompanhado de tragédia. No último dia de outubro de 1944, a Força Aérea Real, com a ajuda da SOE, montou um ataque bem-sucedido no centro da Gestapo em Orhus. O outro alvo, quase cinco meses depois,

era o Shellhus, no centro de Copenhague, que havia sido utilizado pela Gestapo como escritório desde a primavera anterior.

A decisão de destruir o Shellhus veio numa má hora para a Resistência. Muitos de seus líderes haviam sido encurralados, e um volume preocupante de material incriminador tinha sido arquivado dentro do prédio. Em dezembro, os líderes da Resistência haviam contactado o SOE em Londres, mas as circunstâncias eram de tal maneira que uma revolta proposta estava fora de cogitação, pelo menos até o mês de março. Enquanto isso, a situação difícil da Resistência tornou-se ainda mais séria e uma mensagem de rádio desesperada foi enviada a Londres pedindo urgentemente um ataque.

Às 8h55min., no dia 21 de março, 20 Mosquitos, escoltados por 30 Mustangues Mk III, partiram de Norfolk. Acima de um lago na Zelândia ocidental, as aeronaves se dividiram em três grupos para o ataque. A visibilidade prejudicada tornou o alvo impossível de ser atingido: mais tarde, soube-se que apenas duas aeronaves conseguiram atingir Shellhus. Outras bombas caíram na escola francesa próxima dali, matando 123 civis, incluindo 87 crianças. Um dos Mosquitos da primeira divisão, voando baixo, atingiu um fio elétrico, batendo próximo da escola. As bombas que de fato acertaram seus alvos da Gestapo atingiram seu objetivo uma vez que, ao atacar os prédios mais baixos, alguns

A despeito da aproximação final da guerra, a Gestapo estabelecida na Dinamarca permaneceu firme e uma decisão foi tomada para imobilizar os quartéis-generais ainda ativos em Aarhus. Eles ficavam em dois prédios adjacentes à universidade, atacados mais tarde com grande precisão pelos bombardeios da Força Aérea Real Britânica.

Duas guerrilheiras, operadoras de rádio, recebem instruções de comandantes do Exército Vermelho na Bielorrússia em 1944. Os guerrilheiros soviéticos aumentaram desde o início da invasão alemã em 1941, rapidamente ficando à frente do avanço constante alemão. No verão de 1942, muitos grupos de guerrilheiros já formavam mais de 1000 homens e mulheres. À medida que os alemães se retiravam, os guerrilheiros aumentavam suas atividades, e, ao final da guerra, havia um número estimado em 200.000 deles.

membros da Resistência que estavam em suas celas, ou sendo interrogados nos andares de cima, foram poupados. Apesar da destruição do prédio e de seu conteúdo, o ataque trouxe outro benefício, descrito por M.R.D. Foot, um dos maiores historiadores do SOE: "Um prisioneiro em fuga, sentindo-se culpado por sair dali com as mãos vazias, pegou por acaso um catálogo enquanto passava. O que ele havia pego era na verdade uma lista completa de todos os dinamarqueses que estavam cooperando com a Gestapo, e a prova que serviu de base para todos os julgamentos pós-guerra."

RESISTÊNCIA NA POLÔNIA

Se muitos dos grupos de Resistência no oeste eram lentos para se formar e tornar-se verdadeiramente efetivos, muitos do leste, logo após a ocupação de seus países, estavam já a postos desde o início. A Polônia fornece um bom exemplo. Em 1 de novembro de 1940, o primeiro aniversário desde o início da guerra, os desfiles de comemoração nazistas estavam em marcha em todo o país. Nenhum polonês ou judeu chegou a assistir, e todos os lugares de diversão permaneceram fechados. Foi apenas no começo da noite que a multidão começou a aparecer e a fazer sua lenta e silenciosa procissão para os cemitérios e monumentos patrióticos. Em Varsóvia, a Tumba do Soldado Desconhecido estava coberta de flores brancas e vermelhas. Embora fosse um protesto brando, foi o bastante para provocar a Gestapo, cujas tropas iniciaram prisões em massa e buscas em casas na capital e em Lodz. Jornais alternativos foram apreendidos: em Varsóvia, por exemplo, os repórteres e cerca de 200 outros funcionários clandestinos do *Dziennik Polski* (Diário Polonês) foram cercados e assassinados.

No centro da Resistência estava o *Armia Krajowa*, o exército interno polonês, comandado desde 1943 pelo lendário conde Tadeusz Komorowski, conhecido no movimento de resistência por seu codinome "Bor." Este grupo altamente organizado, com suas células de sabotagem e produção de documentos forjados, tornou-se temido pela Gestapo e por membros da Polícia Verde colaboracionista. Houve muitos momentos em que era difícil distinguir entre o conquistador e o conquistado. Frequentemente atuando sob as ordens do governo exilado em Londres, via instruções de rádio, os assassinatos de membros da Gestapo e de simpatizantes poloneses foram realizados com enorme eficiência. O tenente Roman Leon Swiecicki da Polícia Verde era um dos grandes colaboradores, presidindo impetuosamente os tribunais intimados que eram nada menos do que uma autorização automática e a autoridade máxima que entregava as sentenças de morte.

Membros do exército interno conduziram uma vigilância total dos movimentos diários de Swiecicki, concentrando-se em seu trajeto de seu apartamento de Varsóvia até seu escritório. Uma manhã, enquanto ele estava parado em um ponto do bonde, dois homens esperaram atrás dele, até que o bonde se aproximou antes de eles descarregarem suas armas em seu alvo e desaparecer na multidão que se formou.

Após cada assassinato, uma marca característica se seguia. Enormes placas e sinais foram espalhados ao longo de toda a

Himmler ordenou que o fim ao gueto dos judeus em Varsóvia em 1943 fosse completado no aniversário de Hitler, em 20 de abril. Sob a direção do SS-Brigadeführer Jurgen Stroop, cerca de 2.000 soldados da Waffen-SS, apoiados por um pessoal da Wehrmacht de cerca de 700 homens de reserva, foram em direção ao gueto. Em um mês de luta, 60.000 judeus foram assassinados, com a oposição ainda persistindo até junho. Apenas 100 judeus sobreviveram.

OTTO OHLENDORF CONFESSA

Provavelmente o membro mais notório do *Einsatzgruppen* a ser levado à justiça foi o *SS-Brigadefuhrer* Otto Ohlendorf, antigo chefe da *Amt III* da RSHA. Ao final da guerra, ele era especialista em comércio estrangeiro no Ministério da Economia, mas antes, havia comandado o *Einsatzgruppe D*, de apontamento pessoal a Heinrich Himmler. Estima-se que, durante seu tempo na Ucrânia, ligado ao 11º Exército, o *Einsatzkommando* de Ohlendorf executou 90.000 judeus. Em seu julgamento, Ohlendorf descreveu um típico assassinato: "A *Einsatz* entrava em uma vila ou cidade e ordenava que todos os judeus importantes chamassem todos os outros judeus a fim de realizarem uma "nova colonização." Era pedido que eles deixassem suas coisas de valor e, antes um pouco da execução, que tirassem suas roupas. Eram então levados para um local de execução, geralmente uma trincheira antitanque, em caminhões - sempre de forma que muitos pudessem ser mortos simultaneamente. Desta forma, eles ficavam sabendo o que iria acontecer com eles de verdade e teriam muito pouco tempo para terem alguma possível reação.

Então, eram assassinados, ajoelhados ou em pé, por pelotões de fuzilamento de forma militar e os corpos eram depois jogados na trincheira. Nunca permiti o tiro por uma só pessoa, mas ordenava que diversos soldados atirassem ao mesmo tempo a fim de evitar uma responsabilidade pessoal mais direta. Outros grupos exigiam que as vítimas deitassem alinhadas no chão para levarem tiros no pescoço. Eu não aprovava tais métodos...porque, para ambos os lados, tanto para os executadores quanto para aqueles que iriam morrer, era um fardo difícil de ser carregado."

Na primavera de 1942, Himmler ordenou uma mudança no método de execução de mulheres e crianças. Dali em diante, eles teriam de ser mortos em "furgões de gás" especialmente construídos para este propósito, onde as vítimas eram induzidas a entrar com a finalidade de serem transportadas para outra localidade. De acordo com um engenheiro dos furgões, a mudança para o gás tóxico teve um efeito psicológico nos homens da SD e da Gestapo, aos quais depois se exigia descarregar os cadáveres dos veículos. Mais tarde, suas reclamações de estarem sofrendo dores de cabeça terríveis, por causa do cheiro do gás, acabou minando a mecânica da execução. Ohlendorf testificou que as carretas poderiam despachar apenas entre 15 e 25 pessoas de cada vez. Quanto às vítimas masculinas dos pelotões de fuzilamento, estas incluíam, conforme foi afirmado, 16.200 habitantes do gueto de Minsk, que foram chacinadas em apenas um dia.

Os juízes de Ohlendorf em Nurembergue descreveram como o "Dr. Jekyll e o senhor Hyde", cujas ações suspendiam todas as crenças. Em 10 de abril de 1948, ele foi sentenciado à morte juntamente com 13 outros. Deste grupo, quatro (Ohlendorf e três outros comandantes) foram mortos em 08 de junho de 1951.

Varsóvia, ou onde quer que o exército interno fizesse sua retaliação, começando com as palavras: "Em nome da República Polonesa" e assinados pelo "Diretor da Resistência Polonesa." No caso de Swiecicki, foi confirmado que o tribunal o condenara como culpado de "crimes especiais" e o sentenciou à morte. Havia também uma referência às violações de lei instituídas pelo governo polonês do pré-guerra. A mensagem era clara: o Exército Interno não hesitaria em usar as medidas que eram um espelho daquelas empregadas pelos alemães. Os traidores eram executados sem nenhuma compaixão. Um dedicado membro da Resistência chamado Wojnowski (codinome "Motor") havia cometido o erro crasso de dizer à sua mãe em Varsóvia onde ela deveria entrar em contato com ele. Isto deu à Gestapo um registro de barganha que eles poderiam usar para trocar seu filho. Suspeito quando foi destacado por uma enxurrada de ataques, sua célula de Resistência fixou-se em Wojnowski como agente duplo. Ele foi julgado e assassinado.

O Exército Interno, por meio de seus informantes e contatos de rádio, persuadiu a BBC em Londres a transmitir notícias das execuções da Resistência em toda a Polônia. Os críticos argumentam, no entanto, que tais medidas apenas encorajaram as represálias contra a população civil. De fato, o general-governador Hans Frank instituiu um sistema de *Standgerichte* ("tribunais excepcionais"), compostos exclusivamente de membros da Gestapo, declarando: "Os tribunais excepcionais da polícia de segurança devem ser compostos de um *Führer-SS* da polícia de segurança, e da SD, e de dois outros membros do mesmo serviço." Além disso, as execuções resultantes seriam conduzidas "na hora." Isto só podia apontar para uma conclusão: o processo de aniquilamento teria de ser acelerado. Em 1943, sob a direção de Himmler, a Gestapo possuía 60.000 agentes ao longo da Polônia, apoiados por cerca de meio milhão de soldados. O Exército interno não poderia sobreviver sozinho; ligações com o governo no exílio tornaram-se mais próximas ainda. Poloneses que haviam sido treinados para matar na Inglaterra foram enviados de paraquedas para a Europa e, por meio das redes de contato da Resistência, acharam seu caminho para Varsóvia.

A Polônia, é claro, estava longe de ser a única vítima da ameaça da Gestapo. Mais de 40.000 membros da Resistência foram perseguidos somente na França em 1943, e os números continuavam a aumentar. No verão de 1944, entretanto, as coisas ficaram muito diferentes. A Europa não estava mais sob o domínio dos nazistas. Seu reinado de crueldade ainda governaria por certo tempo, mas agora havia uma dimensão adicional. A Gestapo estava enfrentando mais do que a resistência em seus estados conquistados. Outros inimigos estavam surgindo, e eles vinham de dentro.

7. ELIMINANDO A RESISTÊNCIA

Em 1944, o vingador pessoal de Hitler ameaçou, não apenas a partir do avanço sem remorso do Exército Soviético Vermelho, mas também de dentro dos mais altos escalões do regime nazista.

O chefe da Abwehr, o almirante Canaris, (à direita na foto) é visto aqui com Gobbels e Himmler. Canaris manteve um relacionamento profissional difícil com o chefe da SS, que não hesitou em espionar a Abwehr, que ele conseguiu destruir.

O almirante Willhelm Canaris, da *Abwehr*, conduzia os negócios por trás de uma mesa completamente desarrumada em seu vergonhoso escritório de Berlim, onde sua equipe e os visitantes eram obrigados a pisar em um tapete cheio de buracos regularmente estragado por dois cães basset presos a correntes. Livros e jornais se encontravam espalhados por todos os cantos e com frequência despencavam das mesas velhas. A sala nem um pouco impressionável fazia par com o homem que a ocupava. Com cerca de um metro e sessenta e cinco de altura, Canaris tinha o cabelo branco, fino e frágil, e um ar de constante cansaço, mas um amigo certa vez anunciou: "O almirante pode não parecer grande coisa, mas ele é afiado como uma navalha mortal." Aqueles que adentravam seu escritório pela primeira vez eram apresentados a três estatuetas de bronze de macacos. Estes, o dono aprontava-se em explicar, simbolizavam os compromissos de sua profissão – "Ver tudo,

Um oponente de longa data aos objetivos de guerra de Hitler, o general Ludwig Beck manteve fortes laços com outros que se opunham aos nazistas, mais proeminentemente entre estes estava o almirante Canaris. Seu papel no complô da bomba de 1944 foi amplamente como chefe-titular; entretanto, foi um envolvimento suficiente para selar seu destino.

ouvir tudo, dizer nada." Era assim o espião militar-chave da Alemanha, o homem que havia servido na inteligência naval durante a Primeira Guerra a bordo do navio de guerra *Dresden*, em uma ação celebrada fora das Ilhas Falkland. Quando o navio foi afundado, Canaris dirigiu-se perigosamente à Argentina e depois, de volta à Alemanha, enganou as autoridades britânicas com um passaporte falso.

Embora tenha permanecido na marinha por certo tempo após a guerra, a natureza distante de Canaris, o amor pela intriga e a facilidade com idiomas o levaram de volta à inteligência. Inicialmente, ele havia saudado a ascensão nazista como um novo amanhecer. Seu trabalho dentro da comunidade de inteligência eventualmente o levou à atenção de Hitler, desejoso de que a Alemanha espelhasse as realizações do serviço secreto britânico.

A ascensão de Canaris foi acelerada. Em 2 de janeiro de 1935, aos 47 anos, ele tomou posse como chefe da *Abwehr*. Solitário e solteiro, ele mergulhou no trabalho e estava perpetuamente de mudança, viajando em seu carro de um ponto a outro do Reich, um servente leal e inquestionável a seu mestre. Mas havia um outro Canaris, o homem conhecido por ter confidenciado a um colega que Hitler e seus associados eram todos "uma gangue de criminosos." Ele também havia se chocado por causa do assassinato de Ernst Röhm, da repressão brutal da SA e das maquinações sórdidas que acompanhavam o escândalo Fritsch-Blomberg. Sua lealdade canina à "nova Alemanha" por um lado se contrabalançava com seu horror e desprezo por seus métodos.

O COMPLÔ TOMA FORMA

A escolha de subordinados de Canaris refletiu suas opiniões e serviu para transformar o centro da inteligência estrangeira em uma ferramenta para a destruição do movimento que jurara servir. O coronel Hans Oster, seu chefe de equipe e representante de controle, era um aristocrata saxão extremamente arrogante vindo da velha escola, cujas maneiras estavam em contraste agudo com seu introvertido chefe. Cristão de convicção profunda, ele pouco fez para conciliar seu ódio pelo Socialista Nacional e pela SD de Reinhard Heydrich em particular. Quando um oficial da inteligência austríaca se apresentou para sua função na *Abwehr* e o saudou com o normalmente obrigatório sinal de levantar o braço, Oster se virou dizendo: "Sem saudações nazistas aqui, por favor!"

Com a declaração de guerra, e particularmente por causa dos desastres militares que começavam a se formar, Oster desenvolveu a convicção moral de que Hitler tinha de ser de alguma forma removido de seu posto. Suficientemente realista para perceber que só se conseguiria isso via uma cooperação com o exército, ele tramou para conseguir atrair simpatizantes em comum. Não poderia ter havido escolha melhor do que Ludwig Beck, que havia servido como *Chef des Truppenamtes* (General-Assistente) no *Reichswehr*, e depois como chefe da equipe geral do exército. Esta posição deu a seu portador um papel importante nas decisões militares mais cruciais. As propostas de Hitler de conquistar a Tchecoslováquia, entretanto, haviam ficado entaladas na garganta de Beck e ele chegou a providenciar um documen-

Artur Nebe (visto à direita da foto com Reinhard Heydrich) combinou a função de chefe da Kripo com ações de conduta de informação valiosa sobre os movimentos da Gestapo para os resistentes alemães.

WILHELM CANARIS

Wilhelm Canaris era Diretor da *Abwehr* (o nome completo era *Amt Ausland Abwehr*), o departamento de contra-inteligência do Alto Comando das Forças Armadas. Ex-almirante naval, ele foi um dos principais líderes em 1944 de uma conspiração contra Adolf Hitler.

Canaris nasceu em Aplerbeck, próximo a Dortmund, em 1 de janeiro de 1887. Após serviço ativo, incluindo a batalha das ilhas de Falkland, em 1915 e 16, ele levou consigo uma missão secreta na Espanha para a marinha alemã. De 1924 a 28, ele foi ativo nos assuntos navais, e, em 1935, tomou controle da *Abwehr*, no Ministério da Guerra do Reich. Em 1938, chefiou a unidade estrangeira do *Oberkommando der Wehrmacht* (OKW), o Alto Comando das forças armadas.

Gradualmente, tornou-se um opositor do nacional- socialismo e das políticas de Hitler. Juntou-se ao movimento da Resistência, mas sempre esteve contra qualquer tentativa de assassinar Hitler. Em cooperação com o general Ludwig Beck, chefe da Equipe Geral do Exército de 1935 a 38, Canaris organizou células de resistência. Manteve uma relação social com Reinhard Heydrich, chefe da Gestapo, enquanto tentava proteger seus próprios homens que se opunham a Hitler. Visto com grande crítica da *Abwehr* como braço de espionagem eficiente, Canaris vagarosamente logo sucumbiu às lealdades que dividia e foi dispensado em fevereiro de 1944. Sendo preso com diversos associados após o fracassado ataque à bomba contra Hitler, em junho de 1944, e foi enforcado num campo de concentração em 09 de abril de 1945.

A resistência geral a Hitler fracassou primariamente porque ela nunca se estendeu além do pequeno círculo de conspiradores, além de ter surgido tarde demais para ser posta em prática de forma eficiente. Havia falta de ajuda externa, uma vez que os Aliados insistiam na rendição incondicional. Várias propostas para assassinar Hitler foram natimortas.

to a fim de provar que uma incursão tcheca como prelúdio para uma guerra ainda maior e mais devastadora não possuía chance de sucesso em questões logísticas e táticas – o exército simplesmente não possuía os recursos. Suas objeções foram negadas e ele acabou renunciando como Chefe de Equipe em 18 de agosto de 1938.

O próximo passo de Oster foi contactar Carl Friedrich Gördeler, prefeito de Leipzig e administrador rígido, cujos talentos Hitler necessitava desesperadamente nos primeiros dias. Nesta época, Gördeler havia sido atraído pelos sucessos de Hitler em reassegurar o orgulho nacional, aparentemente acabando com os especuladores e eliminando o desemprego. Seu apoio foi laureado com o posto de Comissário de Preços e Controlador dos Negócios Estrangeiros. Hitler tinha até mesmo facilitado a viagem de Gördeler ao deixá-lo utilizar sua aeronave Ju 52. Os agentes de Heydrich, no entanto, não compartilhavam dessa visão favorável em relação a Gördeler. Sua recusa em se juntar ao partido foi suspeita o bastante, mas dois outros incidentes chegaram aos arquivos da SD. Como prefeito de Leipzig, ele tinha sido obrigado a tolerar os nazistas no conselho.

Uma das figuras mais enigmáticas do Terceiro Reich, Wilhelm Canaris combinou sua dedicação extrema como espião-mestre para a "nova Alemanha", com seu ódio por Himmler e a SS, desde que ele descrevia como "um bando de criminosos."

Na primavera de 1936, estes relataram a Berlim que havia uma estátua de Felix Mendelssohn em frente à sala de concertos de Gewandhaus; como ele foi judeu, isto só podia ser visto como uma ofensa intolerável a todos os Nacional-socialistas. Berlim ordenou uma delegação a fim de confrontar Gördeler com um pedido de remoção da estátua. A delegação foi rejeitada pelo volátil prefeito com as seguintes palavras: "Se esta estátua cair, então eu também caio." Seu próximo passo foi presenteá-lo com uma bandeira nazista contendo a suástica, a qual exigiram que fosse hasteada no topo da prefeitura. Sua reação foi tirar os nazistas do prédio e trancar as portas. A polícia municipal de Leipzig cercou a prefeitura em antecipação a um confronto com as tropas de elite. Mesmo assim, os nazistas foram em frente e desmantelaram a estátua. Gördeler se demitiu do cargo de prefeito. Consciente do perigo que enfrentava com a Gestapo, ele procurou em seguida um disfarce mais útil, empregando-se como conselheiro financeiro para a firma em Stuttgart, cujo proprietário, Robert Bosch, era em segredo um antinazista.

A principal vantagem era a de que, sob o disfarce de viagem de negócios legitimadas, ele era capaz de fazer visitas à Inglaterra e aos Estados Unidos, durante as quais teve oportunidade de lançar avisos discretos a respeito dos perigos que a Alemanha representava.

Em casa, no entanto, as maquinações de Gördeler tornavam-se progressivamente mais arriscadas, não apenas para si, mas também para Oster e Beck. Isto foi particularmente verdade quando ele conseguiu um espião duplo para a Prinz-Albrecht-Strasse. Como chefe da Kripo, Artur Nebe, que

Henning von Tresckow, outro oponente da SS e da Gestapo, esteve envolvido numa série de atentados à vida de Hitler, mais notadamente no complô de Smolensk. Enquanto servia na Frente do Leste, ele soube do fracasso do complô da bomba do mês de julho e acabou por suicidar-se.

antes de 1933 havia desfrutado de uma posição sênior como especialista em criminologia com a antiga polícia prussiana, estava compreensivelmente cuidadoso em relação ao material que estava para liberar. Era no entanto de um valor considerável: as casas aparentemente privadas que ele listara, escolhidas ao longo de toda a Berlim, eram na verdade subestações da Gestapo. Outra ajuda bastante útil para Gördeler foi Hans Bernd Gisevius, o advogado do Ministério do Interior Prussiano, que havia testemunhado grande parte da remoção de Rohm e mais tarde relatou o tratamento brutal de Gregor Strasser. Uma primeira testemunha dos efeitos da tomada de poder nazista e das resultantes irregularidades da polícia encorajadas pela Gestapo, Gisevius estava há muito tempo compilando dossiês e chamando para a ação contra aqueles que, em circunstâncias normais, teriam enfrentado cortes criminais. Com um saudável interesse pela autopreservação, Gisevius mudava de emprego para emprego, não ficando tempo o bastante em um simples ministério para que um dossiê incriminatório pudesse ser compilado. Nebe e Gisevius conseguiram esquematizar uma lista de localidades da SS e da SD que pudessem ser alcançadas em uma tentativa de derrubar Hitler do poder. Logo, ficou claro para Gördeler que a ajuda do exército seria essencial, particularmente quando o assunto era a localização destes lugares, como quartéis da SS em Lichterfelde, juntamente de rádios e centros de mídia na área de Berlim.

Um dos problemas mais sérios para os conspiradores era como localizar as fontes mais prováveis dentro do exército, uma vez que muitos de seus oficiais veteranos preferiam continuar exercendo suas funções enquanto esquivavam-se de qualquer coisa que reconheciam como política. Uma atitude típica foi a de Franz Halder, chefe de Equipe Geral de 1938 a 1942: "No dicionário do soldado alemão os termos "traição" e "complô contra o estado" não existem. Portanto, eu estava na posição de alguém que possui o dever do soldado – mas também um dever que considero maior, o dever da bandeira. Este é o pior dilema que um soldado pode enfentar." Como aconteceu, havia uma exceção: a escolha dos conspiradores dentro do exército foi Erwin von Witzleben, um profissional endurecido que havia ascendido na carreira a fim de alcançar o posto de Tenente-General do *Wehrkreis* ("Distrito de Defesa") *III* de Berlim. Uma vez que ele era imensamente popular com as tropas da 23ª Divisão de Infantaria, pensou-se que eles o seguiriam sob quaisquer circunstâncias. Gisevius forneceu um retrato de "um homem absolutamente descomplicado ... um típico general da linha de frente com o coração no lugar certo. Provavelmente não tão culto nem tão inclinado às artes de um modo geral, ele era no entanto um homem com firmes raízes nas tradições inquestionáveis dos oficiais do corpo prussiano. Gostava da vida do interior e era um caçador apaixonado." Sua presença se mostrou valiosa. Consciente de que Gisevius era provavelmente um homem marcado e que certamente temia a Gestapo, von Witzleben lhe deu um escritório privado próximo ao seu e que, como se esperava, estaria livre das espionagens da Gestapo, não deixando de dizer à sua equipe que o recém-chegado era "um parente próximo organizando os papéis de von Witzleben."

Quando o assunto era traição e presunção, o cenário para um golpe emergente era tão intrigante a ponto de estar à altura dos próprios nazistas. O primeiro estágio era anunciar que Himmler estava planejando substituir sua SS pelo *Wehrmacht*. Von Witzleben e seus seguidores estavam prestes a tomar Hitler e Göring em custódia protetora sob o pretexto de que os planos de Himmler os colocariam no maior dos perigos, após o qual Himmler e Heydrich seriam presos sob acusações de traição.

Em tais circunstâncias, as unidades *Wehrmacht* fora de Berlim seriam então chamadas a fim de conter os remanescentes da SS que haviam apoiado o "golpe" de Himmler. Uma vez que o *Wehrmacht* estivesse sob controle, as verdadeiras razões para essa tomada seriam então dramaticamente reveladas.

Todos os planos, contudo, foram por água abaixo com o anúncio da iminente invasão da Tchecoslováquia e a intenção do Primeiro Ministro, Neville Chamberlain, de ir à Alemanha "para tentar entrar num acordo" com Hitler. A notícia, espalhada para todos os países na Europa, foi saudada com alívio pela grande maioria dos alemães, os quais possuíam pouca disposição para a guerra. Os conspiradores sentiram que o humor dentro do país havia mudado. Se Hitler se retirasse, todo o ímpeto e apoio à revolta provavelmente desapareceriam. Após as reuniões de Hitler com Chamberlain em Berchtesgaden, Bad Godesberg e Munique, o *Führer* garantiu tudo o que exigiu dos tchecos sem que nenhum tiro fosse disparado.

Na casa de von Witzleben, os conspiradores jogaram seus planos secretos no fogo. Apenas Oster reteve seu rascunho de três páginas escrito a mão, o qual, num erro crasso, foi trancado no cofre do escritório da *Abwehr*. Como se temia, quando ficou claro que havia uma grande chance de Hitler assegurar algumas vitórias no oeste, os apoiadores menos ingênuos perderam seu interesse e fugiram. Originalmente, havia este plano de que Hitler fosse preso e colocado em julgamento, mas no início de 1943, à medida que a guerra ganhava terreno e as casualidades na Frente Oriental tornaram-se mais sérias, ficou muito claro que Hitler levava o país em direção à aniquilação. Era a hora de pensar o até agora impensável: não havia nenhuma alternativa para o assassinato.

OPERAÇÃO RÁPIDA

A tentativa mais significativa foi cunhada com o termo de *Smolensk Attent* (também chamada de Operação Rápida), planos que foram traçados durante os meses de janeiro e fevereiro. Dependia, para seu sucesso, do trabalho de um novo grupo de conspiradores que haviam se juntado à luz dos reveses na Rússia. Entre estes, estavam o general Friedrich Olbricht, chefe do *Allgemeines Heeresant* ("Escritório Geral do Exército"), o general Henning von Tresckow, servindo ao Grupo de Exércitos com quartéis em Smolensk, e Fabin von Schlabrendorff, oficial de patente inferior na equipe de von Tresckow. Canaris, ciente do que estava ocorrendo, permaneceu pessoalmente distante, mas enviou dois de seus homens, Hans von Dohnanyi e o general Erwin Lahousen, aparentemente para uma conferência de oficiais da *Wehrmacht*. Em Smolensk, os conspiradores se reuniram e elaboraram um plano para atrair Hitler até lá e depois matá-lo. Isto seria o prelúdio para uma revolta em Berlim.

Hitler, a esta altura suspeito de todos os seus generais, estava relutante de deixar seu quartel-general – o chamado *Wolfsschanze* ("Covil do Lobo") – próximo a Rastenburg (agora Ketrzyn). Após uma série de cancelamentos, entretanto, ele foi persuadido a ir para Smolensk em 13 de março de 1943. Uma tentativa de chamar o Marechal Gunther von Kluge, comandante do Grupo de Exércitos, para a conspiração, provou ser um fracasso; estava tudo nas mãos de von Tresckow e von Schlabrendorff, auxiliados por Lahousen, que havia trazido algumas bombas pela *Abwehr*. Os explosivos alemães provaram ser inúteis porque seus fuzis emitiam um chiado baixo que certamente denuciaria sua presença. Em vez deles, bombas inglesas, de um tipo que havia sido entregue pela RAF aos agentes aliados infiltrados, pareciam ideais, pre-

tendendo-se que elas fossem implantadas na aeronave de Hitler durante seu voo de volta. Von Schlabrendorff percebeu que, quando embalados, os explosivos pareciam duas garrafas envoltas em papel. Sob o pretexto de estarem enviando algum tipo de bebida pedida pelo colega em Rastenburg, o general Helmuth Stieff, ele conseguiu colocar os dois pacotes aparentemente inocentes a bordo da aeronave de Hitler.

Embora o Condor contendo a bomba pretendida para matar Hitler no vôo para Smolensk provou ser uma exceção, a predileção do Fuhrer por aviões deste tipo era sujeitada a constantes checagens.

O Condor de quatro turbinas havia transportado o *Führer* em sua viagem para a frente russa. Dali, levou-o aos quartéis ucranianos do Field Marshall Erich von Manstein, depois para Vinnytsya, seguido de um retorno para von Manstein a fim de parabenizar pela destruição de uma simples corporação russa. No vôo para Smolensk, Hitler não parecia nem um pouco cansado, conferindo detalhes normalmente com o general Alfred Jodl, seu chefe de operações do OKW. Na suspensão do Condor o fusível estava funcionando em relação à caixa de metralha. Em questão de minutos, o pino de detonação seria liberado, liberando o detonador e explodindo o avião. A explosão, de acordo com as informações de von Schlabrendorff, publicadas logo após o fim da guerra, deveria ter ocorrido logo após a decolagem de Minsk, em 30 trinta minutos de vôo de Smolensk. Foi pensado que, se a tentativa fosse bem-sucedida, o boca-a-boca se espalharia a partir de um dos aviões de escolta Messerschmitt 109. Como aconteceu, a mensagem só foi recebida após os conspiradores terem passado por maus bocados – o Condor, relataram, aterrisou seguramente em Rastenburg.

Von Schlabrendorff se recordou: "Ficamos estupefatos, não conseguíamos imaginar a causa da falha na explosão. Imediatamente, telefonei para Berlim e passei o código informando que a tentativa havia fracassado.

Então Tresckow e eu nos consultamos para ver qual seria o próximo passo a ser tomado. Estávamos profundamente perturbados. Era algo sério demais que a tentativa tivesse falhado. Mas pior ainda seria a descoberta da bomba, que inevitavelmente nos levaria à prisão e à morte confirmou de um enorme círculo de colaboradores."

Por sorte, uma ligação de von Tresckow para os quartéis-generais de Hitler confirmou que o pacote contendo "as bebidas" ainda não tinha sido entregue. Foi mais tarde explicado que houve um engano com as garrafas e que von Schlabrendorff chegaria no dia seguinte a negócios, levando as bebidas corretas. Quando conseguiu guardar o pacote incriminador, correu para pegar o trem noturno em direção a Berlim e desmantelou a bomba na privacidade de seu compartimento de viagem, descobrindo que, a despeito da preparada elaboração, o detonador não explodiu.

Em questão de duas semanas, houve nova tentativa. O coronel von Gersdorff, outro oficial do círculo de von Tresckow, havia oferecido sacrificar sua própria vida para matar Hitler. A ideia era que, enquanto o *Führer* estivesse abrindo uma exibição no Museu de Guerra de Berlim, von Gersdorf, com seu casaco repleto de bombas, se jogaria em cima do ditador. Como aconteceu, Hitler não ficou tempo o bastante na exibição, nem mesmo apareceu na hora marcada. De qualquer forma, von Gersdoff notou que o lugar estava infestado de guardas e oficiais da Gestapo. Por enquanto, a Resistência da *Abwehr*, que consistia majoritariamente de sabotadores de meia-idade inibidos por preconceitos e medos que não poderiam superar, esperou por outra oportunidade. Mas em outro lugar, e completamente desconhecido para eles, havia outro grupo de compatriotas que não possuía nenhuma inibição.

OS SCHOLLS

Houve um tempo quando jovens da idade de Hans e Sophie Scholl, nascidos nos anos após o fim da Grande Guerra, teriam olhado tristonhamente para trás para os eventos na cidade sulista de Nuremberg um dia em setembro de 1933, menos de nove meses após Hitler ter tomado o poder. Eles teriam se lembrado de uma multidão em delírio, alegre e triunfante dentro do magnífico estádio de Zeppelinwiese, o lugar dos espetáculos da antiga cidade. Neste local foi celebrado o que Rudolf Hess, o dedicado assistente de Hitler coroinha, havia chamado de "Congresso da Vitória."

O dia da assembleia havia pertencido à juventude – 60.000 deles usando camisas e vestimentas em geral nas cores vermelha, preta ou branca, realizando exercícios de formação bastante complexos por cerca de 90 extraordinários minutos, lançando slogans como "Sangue e Honra", "Despertar da Alemanha", "Juventude e Trabalho". Se moviam sem nenhum problema ao longo da arena, as palavras surgindo em vermelho, preto e branco, formando círculos, quadrados, retângulos, e sempre em algum lugar no centro dos desenhos, havia o símbolo da suástica. Acima, torres de luz ajudavam o sol do verão, e as florestas da redondeza tinham sido decoradas com uma série de bandeiras nazistas. Cada movimento do *tour de force* era saudado com um retumbante aplauso, o qual atingiu seu clímax quando 60.000 facas bem polidas foram sacadas de uma vez só, e agitadas a fim de simularem o efeito do brilho do sol ao entardecer.

Para Hans Scholl, que havia se juntado ao movimento *Hitler Jugend* ("Juventude de Hitler") em 1934, a desilusão tinha se formado vagarosamente. Ele teve dificuldades em entender por que seu pai, Robert Scholl, não compartilhava de sua dedicação com a nova Alemanha, chamando seus novos líderes de "lobos e traidores." O assalto em cima da liberdade individual sob o nazismo tinha sido gradual; um a um, organizações de jovens, que há muito tempo eram tradição alemã, foram vistas como foras-da-lei, seus membros

O único sobrevivente entre o grupo de oposição senior de oficiais do exército opostos ao regime de Hitler, von Schlabrendorff (na foto) havia recrutado Klaus von Stauffenberg para sua missão crucial do atentado à bomba. Após prisão e tortura, ele escapou da execução incontestável quando o Tribunal Popular foi destruído por bombardeios aliados em 1945.

Sophie Scholl (ao centro) com seu irmão Hans, estudante em Munique, e Christopher Probst, colega no movimento da Rosa Branca. A organização se espalhou para doze cidades, ressaltando o destino dos judeus e convocando a resistência passiva e a sabotagem da indústria da guerra.

oprimidos para se juntar ao *Hitler Jugend*. O dia chegou quando as casas dos Scholl e de seus amigos foram visitadas por agentes da Gestapo, que rasgaram livros, álbuns de fotos e diários, muitos dos quais meros registros adolescentes e politicamente inocentes.

Hans foi detido e levado à prisão antes de ser libertado com o aviso a respeito do destino que aguardava os dissidentes. Menos sorte tiveram os líderes das organizações religiosas de jovens, como a Adalbert Probst, que foi morto pela Gestapo enquanto "tentava escapar."

Após a prisão de Hans, a Gestapo continuou a perseguir sua família. Seu pai havia sido imprudente o bastante para denunciar Hitler como "um flagelo" ao conversar com um companheiro de trabalho em Ulm, e este não perdeu tempo em avisar a Gestapo. Eles chegaram às duas da manhã com a inevitável batida na porta, seguida de prisão sumária. Herr Scholl foi eventualmente libertado, com a certeza de que a Gestapo voltaria diante da menor provocação. O modo pelo qual seu pai foi tratado lhe causou profunda indignação e uma vontade de tomar providências, mas a princípio ele não sabia bem exatamente como agir. Após ser chamado para o serviço militar, Hans conseguiu perseguir seu intuito de estudar medicina na Universidade de Munique. Um dos líderes mais liberais e populares lá era o Dr. Kurt Huber, que havia tomado para si a causa das igrejas cristãs perseguidas. Três padres haviam sido presos por distribuírem o texto do sermão que especificamente denunciavam os abusos da guerra. Outro crítico de Hitler era o bispo de Münster, Hans Clemens von Galen, que deliberadamente havia enfatizado o papel dos nazistas em corromper a juventude por meio das "prisões ilegais, o exílio e a expulsão dos inocentes." Huber reuniu os excertos mais provocadores dos sermões do bispo e começou a distribuí-los para influentes cidadãos de Munique, incluindo os Scholls.

Não demorou muito para que Hans descobrisse que muitos de seus colegas estudantes compartilhavam e seu entusiasmo e, durante algumas noites, quando estavam livres das obrigações estudantis, um grupo trabalhou em cima daquilo que acreditava ser sua própria crença testemunhal do povo alemão. Inicialmente, seus panfletos causaram certa cautela. Ao invés de condenar o Nacional-Socialismo diretamente, eles citaram escritores clássicos com fortes convicções sobre a liberdade pessoal e os males das perseguições. Juntamente de Göthe e Schiller, os panfletos faziam referência ao estado de Esparta, quel havia abandonado o amor e a amizade, tornando o indivíduo completamente subserviente às exigências do estado. As implicações eram claras, no entanto, e, à medida que o tempo passava, o tom, no início florido e romântico, mudou para a crítica direta ao nazismo. O que tinha sido um mero grupo dissidente cresceu para um movimento de Resistência. Seu nome, *Die Weisse Rose* (a "Rosa Branca") havia sido escolhido por Hans Scholl a partir do título de um romance de um escritor misterioso chamado B. Traven, na verdade um panfletista alemão de nome real Albert Feige, cujo tema recorrente era a desumanidade básica de grandes instituições e corporações, dentro de uma história de aventura, romance e intriga com um pano de fundo mexicano. Hans havia há muito tempo reunido forças com Kurt Huber, e ambos trabalharam com grande afinco para produzir o que se tornou uma verdadeira avalanche de panfletos.

De maneira não-surpreendente, estes caíram nas mãos da Gestapo em questão de horas após sua distribuição. A princípio Heinrich Müller os considerou meramente irritantes. Não havia motivo para tentar rastrear as máquinas copiadoras, que poderiam estar distribuídas por toda a cidade de Munique, ou os papéis baratos nos quais os panfletos eram impressos. Quanto à vigilância, não havia nem tempo nem a força de batalhões para que se organizassem buscas nas casas dos estudantes, nos apartamentos ou quartos estudantis. Mas a preocupação moderada logo se transformou em alarme. Os panfletos começaram a surgir em ou-

O GRUPO DA ROSA BRANCA

A oposição a Hitler e ao regime nazista tomou várias formas, intensificada à medida que a guerra avançava. Um dos mais proeminentes grupos de dissidência entre os jovens na Alemanha Nazista foi o Die Weisse Rose ("Rosa Branca"), formado por estudantes da Universidade de Munique em 1942. Sua proposta era "desmantelar a parede de ferro de medo e terror." Entre aqueles no grupo procurados pela Gestapo, estavam os irmãos Hans e Sophie Scholl. Presos e levados a um julgamento rápido, e ambos foram executados, por decapitação, em 22 de fevereiro de 1943. Destemida sob os constantes questionamentos da Gestapo, Sophie havia declarado: "Milhares de outros despertarão por causa do que fizemos."

tras partes da Alemanha, com células aparecendo nas cidades universitárias de Hamburgo, Bonn, Freiburg e Hildeberg. Membros mais jovens da Gestapo foram enviados sob o disfarce de estudantes. Para o ódio de Müller, batalhões valiosos foram completamente desperdiçados em buscas que não levavam a nenhum lugar e que não conseguiram achar células de Resistência dentro das universidades. Na verdade, foi o incansável Hans, sua irmã Sophie e um pequeno grupo de amigos que conduziram a distribuição. O casal viajou até Linz, Viena e Frankfurt, postando cerca de 1.500 panfletos, bem como espalhando milhares de outros ao longo das ruas de Munique, que emergiram como o centro do movimento.

Em janeiro de 1943, enquanto os panfletos e os slogans dos muros e paredes continuavam a se espalhar, Himmler tomou providências de cunho pessoal. Deu instruções a um velho colega, o *Obergruppenführer* Karl Freiherr von Eberstein, chefe de polícia de Munique, declarando que as buscas policiais em toda a Alemanha eram um disperdício do esforço de seus homens. O que era necessário era a vigilância oculta feita por profissionais centrados em Munique: "Tenho certeza de que esses dissidentes estão dentro dos círculos católicos e reacionários." A tarefa clandestina de achar os responsáveis estava a cargo somente da SD. Duas semanas após a sentença de Himmler, surgiram notícias sobre a queda de Stalingrado. Demonstrou-se impossível esconder um desastre tão grande do povo alemão. A moral despencou e possivelmente pela primeira vez nessa guerra, perguntas foram feitas a respeito do custo das vidas humanas na campanha da Rússia.

No início da guerra, alemães que se consideravam patrióticos não hesitaram em relatar à Gestapo exemplos do que achavam ser uma rebelião. Um relatório da SD de 15 de março afirmava que desde então houve uma mudança considerável: "De acordo com nossa informação, os rumores a respeito de operações realizadas por círculos de oposição estão se espalhando e perturbando a população. Portanto, em várias partes do Reich as conversas giram em torno de "passeatas e protestos enormes dos estudantes de Munique." Existem também os rumores de panfletos e pôsteres marxistas aparecendo em Berlim e outras cidades. Algumas fontes de nossa informação enfatizam o ponto de que a população não está mais reagindo como o fez antes, removendo e destruindo esses panfletos e escritos difamatórios. Ao invés disso, eles os leem e os repassam aos outros."

REVOLTA NO CAMPUS

A mudança de humor foi rapidamente percebida pelo *Die Weisse Rose*, que reagiu imprimindo milhares de outros panfletos, deixados no campus da Universidade de Munique. Em um destes, podia-se ler: "Quem contou os mortos? Hitler ou Gobbels – para ser sincero, nenhum dos dois. Na Rússia, milhares de pessoas são mortas diariamente...O desgosto, a mágoa, o rancor penetram nas casas e não há ninguém lá para enxugar as lágrimas das mães que perdem seus filhos, mas Hitler mente para aqueles cujos tesouros mais queridos ele roubou e levou a uma morte completamente insensata e estúpida. Toda e qualquer palavra que sai da boca de Hitler é mentira. Se ele diz paz,

Um esquadrão da infantaria alemã do lado de fora dos escritórios da Gestapo na 8 Prinz-Albrecht-Strasse se prepara para mais uma batida. Embora muitas das batidas da Gestapo fossem realizadas pela SS, ou Geheime Feldpolizei, a Gestapo poderia reunir pessoal de praticamente qualquer exército ou esquadrão do Wehrmacht a fim de efetuar suas prisões.

O juiz Roland Freisler (ao centro) faz a saudação nazista enquanto preside o Tribunal Popular. Ele era conhecido por sua oratória imperdoável em relação aos acusados e às testemunhas. Foi morto em um bombardeio americano em Berlim, em fevereiro de 1945.

quer dizer guerra, e, se da forma mais sacrílega, ele usa o nome do Todo-Poderoso, ele quer dizer com isso o poder do mal, do anjo caído, de Satã. Sua boca é como as portas do inferno, e seu poder ainda é mantido. Certamente, devemos conduzir a luta contra o terrorismo do Nacional-Socialismo de todas as formas possíveis, mas qualquer um que hoje duvide da existência real dos poderes demoníacos com certeza não compreendeu o segundo plano metafísico desta guerra. Por trás do concreto, por trás das percepções materiais, por trás de todas as considerações factuais e lógicas, estão o irracional, a batalha contra o demônio, contra os emissários do anti-Cristo."

As armadilhas românticas do idealismo ainda estavam presentes, mas logo ficou claro que não poderia haver substituto para a ação direta. Uma oportunidade foi oferecida por Paul Giesler, Gauleiter de Munique e da Bavária Superior, que invadiu a universidade em fevereiro de 1943, rodeado de membros da SS. Ele ordenou aos estudantes que todos se reunissem no corredor, onde começou a disparar contra eles a fim de baixar seu moral. Todo estudante masculino que fosse considerado apropriado fisicamente, seria levado a realizar trabalhos de guerra. Quanto às mulheres, elas poderiam realizar algo útil parindo crianças todo ano pelo bem do Reich. Com um olhar malicioso, Giesler acrescentou: "Se algumas das garotas possuírem o charme suficiente para encontrar um parceiro, vou designá-las para alguns de meus ajudantes... e eu prometo a cada uma delas uma experiência bastante agradável." Isto foi absoluta e completamente demais para os estudantes, que se encontravam diante dos guarda-costas de seu interlocutor e conhecidos membros da Gestapo. Então, eles saíram rapidamente do auditório direto para as ruas, que logo se tornaram o cenário para passeatas e protestos anti-nazismo de uma escala sem precedentes. A oposição aumentou ainda mais quando a guerra de panfletos foi intensificada juntamente com o sentimento de rebelião que se formava na Bavária.

Alguns dias mais tarde, logo no início da manhã, e com os panfletos de Huber enfiados na sacola, Hans e Sophie caminhavam ansiosamente para a universidade. Ao entrar, andaram pelos corredores deixando alguns pacotes em determinadas portas e salas de palestra. O resto, deixaram no chão da entrada principal. O conteúdo não poderia ter sido mais provocador, pedindo aos leitores uma ação em massa com os seguintes slogans: "Retire-se das Organizações de Partido", "Lute contra o Partido", "Os mortos em Stalingrado estão te chamando", "O nome alemão está desonrado para sempre se a juventude alemã não jurar sua vingança."

Escondido, Jacob Schimdt, porteiro e factótum, e um dos inúmeros *Blockwärte* que não hesitou em passar informações para a Gestapo, observava Sophie realizando esta tarefa. Ele se apressou em disparar o alarme e logo todas as saídas da universidade foram fechadas. O cerco foi rápido. Os irmãos foram presos e colocados numa limusine preta, e foram parar nos escritórios da Gestapo, trancados em celas separadas.

A princípio, aguentaram bem a batelada de perguntas, negando qualquer envolvimento com os panfletos e slogans subversivos, mas todo o equipamento retirado de sua casa foi encontrado e, então exibido a eles. Hans, percebendo que a recusa não faria bem, agora admitia suas atividades, mas procurou persuadir seu interrogador que ele sozinho fora o responsável por tudo. Quanto a Sophie, o método de interrogação adotado pelo funcionário da Gestapo, Egon Mohe foi um exemplo bastante claro do quão sofisticadas as técnicas da SD haviam se tornado. Ao invés de lançar uma série de perguntas, ele ofereceu café e cigarros. Seu tom para a garota era de candura e suavidade. Claramente ela percebera que não havia feito nenhum serviço aos jovens alemães lutando nas frentes russas e que precisavam desesperadamente de sua lealdade. Será que suas ações foram o resultado de uma estupidez ao invés de esperteza e malícia? Sophie não tinha nenhuma delas, deixando claro que seguiria o mesmo caminho, se lhe dessem outra chance.

Naquela noite, Christoph Probst, outro estudante universitário (de música) e aderente ao *Die Weisse Rose*, também foi preso. Ele e os Scholls foram acusados de alta traição. Nenhum deles tinha a ilusão a respeito de escapar de um julgamento, a despeito das formalidades observadas sob o olhar de um advogado de defesa que, como todos os advogados praticantes no Reich, era membro da Associação de Advocacia Nazista. Quanto ao juiz, era uma das figuras mais notórias do Terceiro Reich, o intimidante Roland Freisler, antigo comunista cuja técnica favorita era atormentar e discutir prolongadamente com seus prisioneiros. Como Secretário de Estado no Ministério de Justiça do Reich, ele era uma escolha ideal para a presidência do *Volksgerichtshof*, o Tribunal Popular, cujos procedimentos não passavam de pura farsa e o propósito era dar vereditos já predeterminados.

Presumivelmente, a defesa não contestou o julgamento. De fato, teria sido difícil fazê-lo, uma vez que os três acusados não fizeram nenhuma tentativa de negar as acusações e permaneceram impávidos diante de Freisler, o qual logo deu início às sentenças:

> "Hans Fritz Scholl, *Tod* (morte)"
> "Sophie Magdalene Scholl, *Tod*."
> "Christoph Hermann Probst, *Tod*."

Os condenados foram então colocados dentro de carros da Gestapo e levados à prisão de Stadelheim, nas cercanias ao sul de Munique, onde foram despejados em celas separadas e instruídos a escreverem suas últimas cartas. Os pais de Hans e Sophie foram deixados a sós por alguns momentos com seus filhos antes do adeus final. Sophie, sendo a primeira a encarar a morte, foi levada à câmara de execução, onde suas mãos foram amarradas e ela, deitada numa mesa. Calculou-se que a pesada lâmina seria solta em questão de sete segundos após a entrada da prisioneira na sala. Guardas, mais tarde, se lembraram que Hans Scholl havia gritado: "Vida longa à liberdade!" Aquela tarde, informações a respeito do tribunal e das execuções foram dadas pelo jornal de Munique *Neueste Nachrichten*; o texto ainda estava sendo redigido enquanto o julgamento acontecia. A Gestapo não desistiu de sua busca por mais membros do *Die Weisse Rose*; Kurt Huber foi um dos que foram pegos e levados à prisão no mês de abril. A sorte e o destino do movimento estudantil anti-nazista havia atingido seu ponto mais baixo e triste.

A QUEDA DO *ABWEHR*

A perspectiva para o *Abwehr* era pouco melhor após o fracasso da Operação Flash. O próximo reverso da sorte dos conspiradores envolveu Wilhelm Schmidhuber, um próspero cervejeiro e agente *Abwehr* nas horas vagas que havia se envolvido na oposição a Hitler em 1940. Uma das atividades secretas organizadas pelos apoiadores de Canaris era a ajuda dada aos judeus (com frequência famílias inteiras) para escaparem da Alemanha sob o disfarce de agentes da contra-inteligência. O dinheiro vinha do orçamento do *Abwehr*, que os recompensava pelo mau tratamento dado pelos nazistas, sem contar a perda de suas casas e posses materiais.

A prática teve a aprovação total de Canaris; a organização estava nas mãos de Hans Oster e um representante, Hans von Dohnanyi, um anti-nazista de longa data que, como uma de suas avós o reconhecia como "não-ariano", já estava nos arquivos da Gestapo.

O esquema teve considerável sucesso, mas foi colocado sob séria ameaça pela detenção de um judeu, na Tchecoslováquia, afirmando ser um agente *Abwehr*, e, de maneira não comum, encontrado portando 400 dólares americanos. O rela-

ROTE KAPELLE

Uma das principais realizações do *Abwehr* em 1942 foi revelar um grande número de alemães proeminentes conduzindo uma elaborada operação de espionagem para os soviéticos. Os agentes do almirante Canaris conseguiram rastrear 100 rádios clandestinos, operando fora do Reich e dos países ocupados. Suas iniciativas receberam o codinome de *Rote Kapelle* ("Orquestra Vermelha")

Um organizador proeminente foi Leopold Trepper, judeu polonês e comunista treinado pela inteligência soviética que entrou em contato com influentes círculos a partir de uma base na Bélgica. Seu principal operador era Harold Schulze-Boysen, empregado esquerdista do Ministério da Aviação com acesso ao escritório de "pesquisa" de Göring, o *Forschungamt*, que se especializara em grampear telefones. Schulze-Boysen e outros conseguiram, durante o ano de 1942, enviar informações vitais à União Soviética a respeito de informações sobre os planos e armamentos militares alemães, incluindo a planos para a captura de Stalingrado.

O *Abwehr* reagiu rapidamente e houve 46 prisões, inclusive de Schulze-Boysen. A partir daí, a SD e a Gestapo tomaram o controle. Equipamentos foram rastreados e os operadores presos e torturados, seguido de execução em massa. Trepper conseguiu sobreviver, mas não houve nenhuma gratidão por parte dos russos. Em Moscou, já no final da guerra, ele foi acusado de colaboração com a Gestapo e enviado à prisão. Após um tempo, mudou-se para Israel.

Graf Claus von Stauffenberg (extrema esquerda) fica em posição de sentido diante de Hitler e Keitel fora da Toca do Lobo em 15 de julho de 1944, a apenas alguns dias de uma tentativa de assassinato fracassada.

tório da detenção chegou até Heinrich Müller, que decidiu tomar as rédeas da situação pessoalmente. O suspeito havia prontamente exigido seus direitos como agente do *Abwehr*, mas Müller ignorou o apelo e deu início ao interrogatório, descobrindo, entre outras coisas, que o dinheiro vinha diretamente de Herr Schmidhuber. As implicações eram sérias demais para se atrasar, e Schmidhuber foi prontamente preso. Ele provou não suportar as constantes ameaças, e, em questão de horas Müller havia descoberto o envolvimento e as atividades de Hans von Dohnanyi.

O poder inquestionável de Müller dentro da Gestapo não se estendia até o *Abwehr*, que invejosamente manteve sua posição com os militares. Uma autoridade mais apropriada foi logo requerida, e Müller se virou para Manfred Roder, Promotor de Justiça do tribunal militar do Reich. O papel de Roder dentro do próprio *Abwehr* foi impressionante. Ele havia penetrado de forma bem-sucedida em um grupo de cerca de 100 alemães pró-soviéticos que, sob o codinome *Rote Kapelle* ("Orquestra Vermelha"), havia organizado um sistema de espionagem operando para Moscou dentro do Reich.

Müller, no entanto, manteve sua influência ao persuadir Roder que incluísse um membro da Gestapo no partido dos oficiais que haviam chegado ao *Abwehr* em 5 de abril de 1943. Roder anunciou bruscamente possuir um mandado para procurar no escritório e para prender o *Sonderführer* von Dohnanyi. Canaris, acreditando que qualquer documento incriminador seria colocado em segurança, consentiu, mas insistiu que deveria testemunhar tanto a busca quanto a prisão. Oster então protestou, ele deveria ser preso porque as atividades de seus subordinados foram levadas adiante sob sua direção. Roder, entretanto, havia antecipado tal obstrução. Ele afirmou que a acusação contra von Dohnanyi não envolvia assuntos militares, mas uma violação dos regulametos vigentes. Então, sem nenhum atraso, invadiu o escritório de von Dohnanyi e exigiu a chave para abrir o pesado cofre. Este continha inúmeros arquivos, um dos quais com a inscrição *Z Grau* ("Cinza Z"). Von Dohnanyi tentou retirar três folhas de papel que caíam do arquivo e recebeu uma ordem de Roder para que não se mexesse.

No entanto, quando este virou as costas, Oster conseguiu pegá-los. O relatório subsequente de Roder, texto este que sobreviveu à guerra, descreve o que aconteceu depois: "O major-general Oster ficou encarando o investigador-chefe com sua mão esquerda para trás, retirou os papéis e os colocou no bolso de seu paletó. Tendo sido observado pelo *Kriminalsekretär* Sonderegger, também presente, além do investigador-chefe, ele foi prontamente desafiado e obrigado a entregar os papéis." Oster recebeu ordem de sair do recinto. Um dos três papéis continha um memorando declarando que os grupos militares na Alemanha e determinados elementos nas igrejas estavam envolvidos em ofertas de destruição do Nacional-Socialismo. A primeira frase do memorando era suficiente para ser considerada alta traição: "Por um tempo considerável agora, um pequeno grupo de proeminentes clérigos na Igreja Protestante Alemã está debatendo sobre como a igreja protestante pode ajudar nesta guerra a fim de trazer a paz duradoura e a construção de um sistema social baseado nas fundações do cristianismo." Se isto não fosse o bastante, outro documento delineava uma estrutura territorial de uma Alemanha pós-Hitler.

O CÍRCULO KREISAU

O Círculo Kreisau (*Kreisauer Kreis*) era um pequeno grupo formado em 1933 para se opor a Hitler e ao movimento nazista nascido de uma variedade de diferentes históricos, inclusive oficiais do exército, acadêmicos, conservadores, liberais, socialistas, católicos e protestantes. Liderado por Helmuth James Graf von Moltke e Peter Graf Yorck von Wartenburg, ele se reunia na propriedade da família Moltke em Kreisau, na Silésia (agora Krzyzowa, Polônia). Seus membros consideravam Hitler uma verdadeira catástrofe para a nação, concordando que era necessário trazer seu país de volta para os valores cristãos ao derrotar o regime nazista e estabelecer uma nova ética política e social no lugar. O grupo, no entanto, foi invadido pela Gestapo. Muitos de seus membros foram presos e eventualmente executados após o complô da bomba contra Hitler em 20 de julho de 1944.

O Círculo Kreisau se formou na casa de família de Graf Helmut von Moltke, um de seus fundadores. O que foi percebido como traição ocorrera no início da guerra quando ele contactou o embaixador dos EUA em Berlim, que foi alertado sobre o movimento de oposição. Von Moltke foi preso por traição e enforcado no início de 1944.

Foi o suficiente para que ocorressem prisões em massa. Von Dohnanyi foi jogado na prisão, junto de Josef Müller, o homem do *Abwehr* em Roma, e o pastor Dietrich Bonhöffer, um Ministro-Protestante também profundamente envolvido. Hans Oster foi dissociado de suas obrigações, rebaixado pelo OKW e proibido de ter quaisquer outras negociações com o *Abwehr*. Por certo tempo, Oster foi capaz de se retirar para Leipzig, mas a Gestapo já estava em seu encalço; ele foi aprisionado no mês de dezembro. Até então, Himmler considerava que não havia provas o bastante para prender Canaris, mas o *Abwehr* estava na agonia da morte.

As notícas do colapso se alastraram por Berlim e além. Um dos conspiradores menos alarmados, servindo na frente russa, era Hennig von Tresckow, que prontamente pediu a von Kluge uma dispensa médica, alegando tratamento de doença.

Uma de suas primeiras ações em Berlim foi contactar o tenente-general Friedrich Olbricht, chefe de seção do Exército de Reserva e figura-chave da oposição. Os dois homens começaram a procurar um substituto mais adequado para Oster. A necessidade era urgente. Um decreto emitido em 14 de fevereiro de 1944 ordenou a dissolução do *Abwehr* e de suas duas sub-seções, *Amtsgruppe Ausland* e *Abwehr Amt*. A primeira foi formada da união com o *Wehrmachts Fuhrungsstab* (a equipe para a realização das operações) do OKW, enquanto a RSHA absorveu o *Abwehr Amt* sob o título de *Militarische Amt* ("Escritório Militar"). O poder completo nas operações estrangeiras foi dado a Walter Schellenberg. Para os conspiradores, isso foi nada mais nada menos do que um desastre. A cobertura protetora do *Abwehr*, fornecedora dos álibis falsos, dos papéis e explosivos de mentira, não mais existia. E não havia mais meios de se contrabandear os conspiradores mais compromissados em segurança para a Suíça.

Benito Mussolini observa os danos na sala de conferência em Rastenburg, após o atentado contra a vida de Hitler. Durante o que foi a última reunião dos dois ditadores, Hitler declarou que sua sobrevivência havia sido intervenção divina.

OPERAÇÃO VALKYRIE

Enquanto Hitler conduzia a Alemanha cada vez mais em direção à catástrofe, mesmo aqueles servindo no *Wehrmacht* que permaneceram teimosamente leais, passavam por crises de confiança. Entre estes estavam Claus Phillip Maria Schenk, Graf von Stauffenberg, um sábio que poderia traçar sua linhagem intocada desde 1298. seu bisavô, Franz Ludwig Freiherr von Stauffenberg, era conselheiro hereditário do rei da Bavária e havia sido nomeado Graf por Ludwig II em 1874. Mesmo com toda essa origem aristocrática, von Stauffenberg havia escandalizado alguns de seus oficiais quando, no dia em que Hitler assumiu o poder, usava seu uniforme de tenente à frente de uma multidão em delírio marchando por Bamberg. Diferentemente de muitos de seus contemporâneos, ele não viu nada incoerente em usar seu uniforme completo quando frequentava a missa a cada domingo, como um devoto católico romano.

Um incidente em 1938, no entanto, quando ele foi designado como jovem soldado a representar o 7° Regimento de Cavalaria em uma passeata do Dia do Partido em Bamberg, deu início a uma mudança de atitude radical. O principal palestrante era Julius Streicher, gauleiter de Nuremberg e dedicado antissemita, que havia se jogado numa cruzada obstinada contra todos os judeus. Isto foi demais para von Stauffenberg, com deveres militares ou não; ele e seu irmão oficial, abandonaram o desfile. Definitivamente, a aderência ao nazismo era uma verdadeira impossibilidade: de acordo com von Schlabrendorff, "O desprezo de von Stauffenberg por Hitler possuía uma base espiritual... Ele nascia diretamente de sua fé cristã e de suas convicções morais." Ele havia se tornado uma peça de Resistência ideal. Sua mudança de opinião não passou desapercebida pelos outros colegas oficiais de opiniões semelhantes. Durante certo tempo, ele foi atraído por outra célula de oposição conhecida como Círculo Kreisau, pequeno grupo de oficiais e civis profissionais que derivava seu nome da localização do estado de Graf Helmut von Moltke, conselheiro legal do OKW. No entanto, o pacifismo inerente do Círculo o tornou impaciente e ele acabou percebendo que não passava de mera sessão de debates.

A carreira no exército de von Stauffenberg o levou primeiramente à Polônia a serviço da equipe de fornecimento da 6ª Divisão Panzer e depois para o Alto Comando do Exército, onde ele permaneceu, envolvido em um plano de longo prazo, até fevereiro de 1943. A isso se seguiu uma transferência a seu pedido, para o serviço ativo e um posto na África do Norte com a 10ª Divisão Panzer, a qual, no mês seguinte de abril, sofreu duro ataque das aeronaves norte-americanas. As forças da divisão foram amplamente retesadas e ficaram completamente vulneráveis à medida que os tanques procuravam atirar de volta com armas de fogo mais leves. O pequeno caminhão Volkswagen de von Stauffenberg era extremamente vulnerável diante das balas calibre 50. Os ferimentos que sofreu foram terríveis, com a perda de seu braço direito, além do terceiro e quarto dedos da mão esquerda e o olho esquerdo.

Foi uma medida de sua própria coragem o fato de que ele se recusou a deixar o exército e se voluntariou prontamente para colocar uma bomba a fim de assassinar Hitler durante a conferência militar nos quartéis-generais do *Führer* em Rastenburg. Isso seria possível porque ele era o único membro do pequeno círculo de Resistência a frequentar as conferências da equipe do *Führer*.

Outra vantagem para ele foi ter permissão de ficar próximo de Hitler, porque seus ferimentos tinham afetado sua audição. Assim como planejar o assassinato, von Stauffenberg e von Tresckow deram os retoques finais à "Operação Valquíria." Isto se tratava, de fato, de uma remodelação de um plano já existente que Olbricht e Canaris haviam apresentado a Hitler dois anos antes como meio de deter a agitação interna. Foi salientado ao *Führer* que, por volta de 1944, haveria cerca de oito milhões de trabalhadores escravos e prisioneiros de guerra dentro do Reich, qualquer um deles pronto a organizar uma rebelião. Olbricht e Canaris haviam concordado com a necessidade de um plano para se opor a este acontecimento. Hitler havia dado carta branca para o esquema e a hora tinha chegado para ativá-lo.

A BOMBA EXPLODE

Rastenburg era um complexo totalmente desconvidativo cercado por lagos, áreas pantanosas e densa floresta. Os prédios eram cobertos por redes de camuflagem, árvores artificiais e charco falso. Todas as três zonas internas de segurança estavam repletas de pontos de vigília e guardas em vigilância constante. Um trabalhador polonês certa vez procurou cortar caminho ao voltar para casa, penetrando no lugar, e foi logo morto a tiros; milhares de minas que se estendiam por 50 metros foram então plantadas. Os criados de Hitler carregavam armas a todo instante; cada porção de comida era testada para verificação de venenos. Buscas pessoais eram frequentes. Contudo, o dado foi arremessado. Von Stauffenberg, acompanhado do tenente Werner von Haeften, seu ajudante de ordens, voou de Berlim para Rastenburg com uma bomba em sua sacola. No caminho para a cabana de conferência após sua chegada, von Stauffenberg usou o pretexto de ter esquecido seu boné e seu cinto numa ante-sala a fim de disparar o fusível. Então, às 12:36, ele colocou a pasta com os explosivos no chão, próxima a uma das pesadas pernas da mesa. Afirmando que precisava fazer um telefonema, saiu discretamente da sala, para a irritação considerável do Marechal Wilhelm Keitel, que, como chefe de equipe do OKW, era o oficial sênior mais graduado presente e consciente de que von Stauffenberg faria seu relatório mais tarde. Keitel saiu para procurá-lo, sendo informado logo em seguida pela telefonista de que o coronel von Stauffenberg havia ido embora. Keitel voltou para a conferência completamente pasmo, a tempo de ouvir o relatório do general Adolf Heusinger sublinhado a situação séria que prevalecia na frente oriental. O coronel Heinz Brandt, chefe de equipe do general, estava entusiasmado para analisar o enorme mapa militar diante de si, mas percebeu que a pasta deixada por von Stauffenberg atrapalhava seu pé. Ele se abaixou para deixá-la na outra parte da mesa.

Friedrich Olbricht, ex-oficial do exército, foi o iniciador da Operação Valquíria, a conquista militar do centro administrativo de Berlim após a morte de Hitler. Após o fracasso do complô da bomba, Olbricht foi levado à corte marcial e executado.

No bunker de Rastenburg destruído, Herman Göring (à direita) está ao lado de (terceiro a partir da direita) Julius Schaub, um dos primeiros associados de Hitler ainda fracassado putsch de Munique. Esta foto também mostra o SS-Gruppenfuhrer Hermann Fegelein (quarto a partir da esquerda), morto por tentativa de deserção em abril de 1945.

Heusinger estava dizendo: "A oeste de Dvina, grandes contingentes russos estão se dirigindo para o norte. Suas frentes de grupo já estão no sul de Dvinsk. A menos que, finalmente, o grupo do exército seja retirado do lago Peipus, uma catástrofe irá..." Nesta hora a bomba explodiu.

Fumaça negra e chamas saíam da cabana, a mesa completamente destruída, o teto despencou e as janelas foram reduzidas a estilhaços. Por um momento, presumiu-se que um bombardeio tinha sido o responsável. Quatro das pessoas que estavam na reunião foram mortas. Mas Hitler sobreviveu: seus ferimentos consistiam em machucados nas mãos e nas costas, dores nos ouvidos e estilhaços na perna esquerda.

Imediatamente após a uma hora da tarde, o avião de von Stauffenberg decolou de Rastenburg para Berlim. Como não estava equipado com rádio de longa distância, ele permaneceu sem saber o que estava acontecendo no *Wolfsschanze*, embora não pudesse imaginar que Hitler tivesse sobrevivido à explosão, a qual ele tinha ficado tempo o bastante para testemunhar antes de correr para o aeroporto. Tudo o que ele poderia esperar era que Olbricht, como Chefe do Estado-Maior e Vice-Comandante do *Ersatzheer* ("Reserva do Exército"), tivesse tomado as ações necessárias, realizando buscas nos prédios e organizando as tropas em marcha. Para sua consternação, no entanto, von Stauffenberg percebeu que Olbricht não havia feito precisamente nada enquanto esperava a confirmação da morte de Hitler. Ainda se recusando a ponderar que o *Führer* pudesse estar vivo e ciente de que tempo valioso estava se esgotando, von Stauffenberg ordenou que a operação Valquíria seguisse em frente imediatamente. Olbricht prontamente contactou o general Friedrich Fromm, que possuía o comando de todas as forças *Wehrmacht* em Berlim no antigo prédio do Ministério da Guerra e fazia parte da conspiração. Fromm, no entanto, se recusou a escapar até que tivesse provas concretas da morte de Hitler. Há muito reconhecido por alguns dos conspiradores como um mero amigo nas boas ocasiões, ele agora sentia que havia problemas no ar e uma ameaça à sua sobrevivência. De fato, dúvidas a respeito da lealdade de Fromm levaram à nomeação do tenente-general Erich Hoppner como possível substituto, caso Fromm se virasse contra o golpe.

A primeira confirmação de Rastenburg veio quando Keitel telefonou a Fromm com a notícia de que a tentativa de assassinato de Hitler havia falhado. A reação de von Stauffenberg quando chegou ao Ministério de Guerra foi declarar resolutamente que o golpe ainda se mantivesse e pedir ajuda de Fromm. Quando este último se recusou, os conspiradores o procuraram e o confinaram em sua sala adjunta, cortando os fios telefônicos por precaução. Algum tempo depois, Fromm implorou para retornar a sua função, dando sua palavra de honra como oficial de que não tentaria escapar. Inexplicavelmente, acreditaram nele e o libertaram. Os conspiradores mais tarde tiveram de encarar a chegada inesperada de três de seus generais de equipe, que se recusaram fortemente a se associar com o golpe e exigiram serem levados a seu chefe. Fromm rapidamente indicou uma pequena saída de emergência, pedindo para que eles buscassem ajuda, cercassem o prédio e pusessem um fim à revolta.

EXECUÇÕES

Os eventos que se seguiram foram uma série de desastres para os conspiradores. Um grupo de oficiais de patente inferior, até então leais a Olbricht, sentiu que o golpe estava se desmantelando e enfraquecendo e, com medo de prisões inevitáveis, havia contrabandeado algumas armas para dentro dos quartéis-generais da Bendlerstrasse. Uma delegação chegou para indagar a Olbricht a respeito do que estava acontecendo precisamente. Von Stauffenberg, tentando intervir, foi perseguido. Enquanto tentava fugir, foi baleado em seu braço bom.

INTERROGAÇÃO

Em caso de um prisioneiro resistir, as torturas começariam como se iniciaram com von Schlabrendorff: "Primeiro, minhas mãos foram acorrentadas em minhas costas, e um aparelho que apertava cada dedo separadamente foi colocado em minhas mãos. A parte interna deste mecanismo estava cheia de pinos cujas pontas comprimiam meus dedos. A virada de um parafuso fazia com que o instrumento se contraísse, então liberando os parafusos para perfurarem minhas mãos. Quando isso não arrancava a desejada confissão, o segundo estágio tinha início. Eu era preso com correias e virado de cabeça pra baixo dentro de uma espécie de moldura, e minha cabeça era coberta por uma manta. Cilindros que lembravam pinos de fogão com pontas afiadas na superfície interna eram empurrados em cima de minhas pernas descobertas. Aqui, também, um parafuso era usado para contrair estes tubos a fim de fazer com que os pregos penetrassem minhas pernas na altura de meu tornozelo. Para o terceiro estágio da tortura, a "armação de cama" propriamente dita era o próprio instrumento. Eu era colocado de ponta cabeça, como dito anteriormente, de novo com uma manta cobrindo meu rosto. Com a ajuda de um mecanismo especial, este instrumento de tortura medieval era então expandido - gradualmente ou de uma vez só - a cada vez puxando com força meu corpo. No quarto e último estágio, eu era amarrado em uma posição curvada que não me permitia mover para nenhuma parte."

As torturas seguiram-se com uma série de golpes de cassetetes, cada um deles fazendo com que ele caísse mais ao chão, arrebentando seu rosto. Após cada sessão, ele era levado de volta à sua cela. Mas ele não disse absolutamente nada a seus interrogadores. Eventualmente, foi removido para um caminhão a fim de ser levado a um campo de concentração em Sachsenhausen, para aguardar sua aparição diante do Tribunal Popular.

Fromm agora tomava as rédeas da situação. Organizou uma corte marcial, declarando que o general Olbricht, seu chefe de equipe, o coronel Albrecht Ritter Mertz von Quirnheim, "o coronel cujo nome não irei mencionar" (von Stauffenberg), e seu auxiliar, o tenente Werner von Haeften, estavam condenados à morte. Ludwig Beck fez uma tentativa de atirar em si mesmo, mas foi morto posteriormente com um tiro no pescoço.

Um pouco antes do meia-noite e meia, os conspiradores foram levados para um terreno coberto de areia, com escavações feitas durante o trabalho de construção. Pediu-se aos motoristas para que dirigissem com as luzes dos faróis bem altas. Olbricht foi morto primeiro, seguido de von Stauffenberg, que gritou: "Vida longa à nossa sagrada Alemanha!" Então, foi a vez de

Mertz von Quirnheim. O sinal lançado por Fromm acabou por encobrir sua cumplicidade: "O golpe tentado por generais irresponsáveis foi completamente reprimido. Todos os líderes foram mortos. As ordens dadas pelo general Marechal von Witzleben, o coronel-general Hoppner, não serão obedecidas. Eu assumo o comando novamente após minha prisão temporária por forças de armas."

No dia 20 de julho, Heinrich Himmler estava trabalhando em seu trem especial, com 14 vagões, a cerca de 25 milhas de distância de Rastenburg. Sua reação inicial à tentativa de assassinato o levou a um estado de pânico, consciente de que os dias de seu próprio poder pudessem estar contados.

Seu massagista, Felix Kersten, encontrou seu chefe preparando-se com grande ansiedade sua chegada a Berlim para lidar com "raça reacionária." Primeiro, entretanto, Himmler foi parabenizar Hitler por sua sobrevivência, deixando-o com as seguintes palavras: "Meu *Führer*, deixe comigo."

Uma das primeiras ações de Himmler foi a ordem para que não houvesse mais execuções. Aqueles envolvidos seriam questionados por todos os meios necessários à disposição da Gestapo, com tortura prolongada caso fosse preciso. Somente depois, haveria execuções. Um ódio em especial foi reservado a von Stauffenberg e seus colegas, como Himmler mais tarde relatou: "Eles foram despejados no solo tão rapidamente que chegaram a ser enterrados com as cruzes de seus cavaleiros. Foram desenterrados no dia seguinte, e suas identidades confirmadas. Então ordenei que os corpos fossem incinerados e as cinzas jogadas nos campos. Não queremos deixar o mínimo traço destas pessoas."

Ordens expressas foram dadas a um grupo de oficiais da Gestapo do RSHA *Amt IVE* (Contra-inteligência) de ir para Bendlerstrasse. No comando estava o *SS-Standartenführer* Walther Huppenkothen, da Sipo e da SD, conhecido por ser um interrogador brutal e extremamente persistente. Os interrogatórios foram também conduzidos por Josef Göbbels, a quem os conspiradores queriam prender. De acordo com um de seus oficiais, interrogado após a guerra, o principal objeto de suspeita de Göbbel era Fritz Fromm, que agora estava mortalmente cicatrizado. Göbbels falou brusca e asperamente: "Você parece ter estado com muita pressa para arrumar testemunhas inconvenientes no submundo." Fromm, que havia simultaneamente flertado com os conspiradores enquanto proclamava sua lealdade ao *Führer*, ainda sobreviveria um pouco mais; no mês de março seguinte, foi julgado e condenado à morte.

O general Carl Heinrich von Stulpnagel, o governador militar da França, foi a princípio altamente bem-sucedido como instigador do golpe de estado proposto na França em favor da Resistência alemã, mas falhou ao tentar vencer o Marechal von Kluge como Comandante-Chefe do oeste. Completamente isolado, tentou suicídio, mas acabou preso e, após sua aparição diante do Tribunal Popular e foi executado.

CONSPIRAÇÃO NA FRANÇA

A princípio, parecia que os conspiradores organizados na França tinham sido bem-sucedidos em seus planos. Sob as ordens do tenente-general Hans Freiherr von Boineburg-Lengsfeld, Comandante da Grande Paris, destacamentos do segundo batalhão do Regimento da Primeira Guarda haviam ocupado os prédios que abrigavam a SS, incluindo a residência privada do *SS-Gruppenführer* Karl Albrecht Oberg. Este último, juntamente com Helmut Knochen, havia sido cercado sem o menor protesto. Além disso, mais de 1.200 oficiais da SS e da Gestapo foram confinados na prisão do *Wehrmacht* em Fresnes e dentro das fortificações de pedra do antigo forte de l'Est, em Saint-Denis.

Infelizmente, uma mensagem chegou a Berlim, proveniente de uma das estações de teletipo da SD, e que não havia sido notada. Nem o apoio para os conspiradores tinha sido tão firme quanto imaginado, visto que o almirante Theodor Krancke, comandante da Marinha em Paris, tinha se recusado a ponderar uma conspiração; milhares de seus homens estavam armados e formavam companhias, prontos para tomar de assalto as prisões e libertar os prisioneiros. Havia também uma ameaça de que um batalhão armado da frente da Normandia, onde as tropas aliadas estavam consolidando sua posição, seriam retiradas para atacar Paris.

Entretanto, um efeito bem-sucedido, embora temporário, das ações em Paris havia sido o de cortar toda a comunicação da França com a Alemanha. O chefe organizador era o coronel-general Carl Heinrich von Stülpnagel, governador militar da França desde 1942, que sempre foi um crítico aberto dos planos de guerra de Hitler e há muito estava envolvido na conspiração. Mas então veio o golpe da deserção do general Marechal von Kluge, comandante do oeste, cuja devoção ao golpe sempre foi questionável e que deixou bastante claro que sua ativa participação somente seria dada "caso a tentativa fosse um sucesso."

Nas horas seguintes à morte de von Stauffenberg e dos outros, von Stülpnagel e outros conspiradores baseados na França juntaram-se ao redor de rádios para ouvir as denúncias sobre o putsch e de seus perpetradores feitas por Hitler, Göring e o almirante Donitz. Honestamente, havia pouca coisa a mais a ser feita em Paris. Von Stülpnagel ordenou que todos os 1.200 prisioneiros fossem libertados e enviados de volta a seus quartéis-generais. Um carro da equipe foi designado para buscar Karl Albrecht Oberg, também libertado.

A retratação final de von Kluge foi denunciar von Stülpnagel, que recebeu ordem de voltar para Berlim. Uma vez que Himmler estivesse instalado lá no lugar de Fromm, isso significaria sua prisão imediata assim que chegasse. Com sua decisão já tomada, von Stülpnagel, acompanhado de dois sargentos, arrumou um carro para a viagem, direcionando-o até a região desolada de Verdun, onde havia lutado em 1916 como capitão do Darmstadt Grenadiers. Em um determinado ponto, pediu ao motorista para que parasse, dizendo que faria uma rápida caminhada. Então veio o som dos tiros. Os sargentos o descobriram flutuando nas águas de um canal ali próximo, um de seus olhos completamente dilacerado. Uma operação de emergência seguida de transfusão de sangue em um hospital próximo salvaram sua vida, mas não sua vista.

Heinrich Himmler estava agora de posse dos poderes com os quais nunca havia sonhado. Foi condecorado como comandante-chefe do exército de reserva e encarregado do Ministério do Interior do Reich, recebendo o controle de 38 divisões da *Waffen-SS*, onde espiões da SD e da Gestapo estavam instalados em profusão. Enquanto isso, Ernst Kaltenbrunner estava implementando sua "Comissão Especial 20.7.44", onde 400 membros de sua equipe conduziam incansavelmente interrogatórios em demasia. O *SS-Obersturmführer* Kielpinski recebeu a tarefa de compilar relatórios em 24 horas, os quais foram enviados ao Secretário do Partido Martin Bormann e, depois, repassados a Hitler.

A remissão da Gestapo neste ponto não era meramente assegurar a evidência contra os colaboracionistas; Himmler foi muito mais além. Como leitor obsessivo dos mitos e lendas de uma terra distante demais e perdida na Antiguidade para ser chamada de Alemanha, ele ressuscitou o que acreditava ser uma antiga lei de oposição. Em uma conferência realizada em Posen (hoje Poznan) em 3 de agosto de 1944, ele discursou: "Tudo o que têm a fazer é ler as antigas sagas alemãs. Quando elas descreviam uma família e as chamavam de foras-da-lei, ou quando queriam vingança, iam em frente. Não tinham piedade. Se a família era acusada de alguma coisa, diriam: "Este homem é um traidor, o sangue é ruim, há sangue ruim dentro deles, eles serão erradicados." E no caso de um feudo sanguíneo, ele era erradicado até o último membro."

Mesmo aqui, no entanto, velhos hábitos demoravam a morrer. A convenção do circunlóquio mascarou as verdadeiras intenções: Himmler cunhou uma nova palavra, *Sippenhaft* ("lealdade de tribo"), para descrever sua forma revivida de vingança. Mas os recursos da Gestapo foram estendidos praticamente a um ponto de ruptura quando o assunto era lidar com os verdadeiros conspiradores. Provou ser fisicamente impossível prender todas as famílias, mas os esforços foram feitos. A esposa de von Stauffenberg e o filho foram presos, e seus outros filhos levados para longe da mãe e colocados em casas adotivas. Os oficiais da Gestapo com frequência se confundiam em relação a quem o *Sippenhaft* almejava. Os que foram levados presos de suas casas e atemorizados estavam totalmente inconscientes de que havia qualquer envolvimento de uma conspiração.

O TRIBUNAL POPULAR

Todas as seções da Gestapo estavam plenamente conscientes sobre Hitler estar observando todos os seus movimentos, obsessivamente ansioso de que os procedimentos se apressassem. O tribunal popular finalmente iniciou em 7 de agosto. Goebbels, como Ministro da Propaganda, provi-

Cercado e humilhado por Roland Freisler, Erwin von Witzleben encara o tribunal popular. Ele não teve nenhuma chance de escapatória, uma vez que até seu advogado o acusou de ser "um assassino." Totalmente não arrenpendido de seu papel no complô da bomba, ele foi executado por estrangulamento em agosto de 1944.

ERNST KALTENBRUNNER

O gigante de cicatrizes no rosto, *SS-Obergruppenfuhrer* Ernst Kaltenbrunner, sucedeu o falecido Reinhard Heydrich como chefe da RSHA ("Escritório Central de Segurança do Reich") - um papel que exerceu com singular brutalidade. Ele nasceu em Ried, na Áustria, em 1903, qualificando-se como doutor em lei e economia política aos vinte anos de idade. Juntou-se ao Partido Nazista da Áustria em 1932, atuando como conselheiro legal. No ano seguinte, se envolveu na campanha terrorista nazista de apoio austríaco aos alemães contra o estado. Quando aprisionado com outros nazistas após a tentativa de golpe de 1934, no qual o chanceler austríaco Englebert Dollfus foi morto, Kaltenbrunner organizou uma greve, assegurando sua própria libertação e de seus simpatizantes políticos. No *Anschluss*, Kaltenbrunner organizou seus homens da SS como "polícia auxiliar", realizando uma violenta campanha contra os judeus e austríacos proeminentes. Seu sucesso lhe deu o posto de Ministro do Estado e comandante da SS na Áustria.

Um homem de contato social extremamente capacitado e obsessivamente ambicioso, com um talento especial especial para identificar rivais, Kaltenbrunner há muito tempo vinha cortejando Himmler e seu círculo. O *Reichsfuhrer-SS* tinha ficado impressionado por seu comprometimento ideológico. Em 1943, ele havia, a mando de Himmler, se tornado chefe da RSHA, o escritório de segurança do Reich. O ano seguinte testemunhou o colapso da organização de inteligência estrangeira do almirante Canaris, a *Abwehr*, época na qual Kaltenbrunner havia sutilmente mudado sua aliança de Himmler para Hitler. Este último lhe deu quase carta *branca* no comando de verdadeiras atrocidades em larga escala, notadamente na eliminação dos judeus.

Muitos daqueles que tiveram contato com este homem vil e terrível, dado a bebedeiras homéricas, o acharam profundamente repulsivo. Canaris detalhou seus olhos frios e "suas patas de assassino." Ativamente encarregado das descobertas dos complôs de assassinato de Hitler, Kaltenbrunner decretou muitas das execuções. Ao final da guerra, foi finalmente capturado na Áustria na casa de uma amante. Durante seu julgamento em Nuremberg, era óbvio, dados seus intensos recordes, que nenhuma defesa efetiva era possível. Na noite de 15 para 16 de outubro, ele foi para a forca. Seu corpo foi enviado para Munique subsequentemente, onde acabou cremado.

denciou a cobertura da mídia no jornal e no rádio, e uma gravação fonográfica foi realizada. Uma filmagem completa dos procedimentos foi aprendida pelas forças britânicas e americanas ao final da guerra, e seleções deste material foram usadas como prova nos julgamentos de Nuremberg.

No banco dos réus estavam o general Marechal von Witzleben e sete outros que haviam se envolvido de uma maneira ou de outra com von Stauffenberg. Todos tinham sofrido espancamentos e chegaram mesmo a passar fome nas celas da Gestapo. Sua situação foi descrita minuciosamente por Sir John Wheeler

Bennett em *The Nemesis of Power*: "Com a barba por fazer, sem roupas apropriadas e cabisbaixos, eles se pareciam com aquilo que eram, homens física e espiritualmente dilacerados (será que não sofrido assédio de Walther Huppenkothen?), homens cientes de que seu destino estava agora selado, cientesde de que a morte lhes espreitava e cujas únicas orações deveriam se voltar para um fim rápido...

Estes oito homens não poderiam ter ilusões em relação às suas posições e o seu futuro. Sabiam, quando entraram na sala do tribunal, que seu destino seria a morte certa."

Imediatamente após a explosão da bomba em Rastenburg, Ernst Kaltenbrunner, que combinava brutalidade excessiva com bebedeiras homéricas, foi ordenado por Hitler a colocar suas mãos em qualquer pessoa envolvida no complô, ordem esta que ele tratou de cumprir com zelo extremo.

Os dentes de von Witzleben haviam sido retirados e não permitiram que ele fizesse a barba. Vestido com roupas que o deixavam parecido com um mendigo, ele prestou depoimento com certa dignidade diante da tirania enfurecida de Freisler. Virado de costas para os bustos de Hitler e de Frederico, o Grande, o juiz de robe vermelho apoderou-se de uma conversa que von Witzleben tinha tido com Beck no ano anterior. Ambos os homens haviam deplorado o que tinham visto como a tendência de Hitler de escolher seus comandantes seniores por causa de confiabilidade política, ao invés de seus conhecimentos militares. Freisler, virado para as câmeras, berrou: "Quem você achou numa ocasião daquelas que poderia ter feito melhor?" Von Witzleben respondeu prontamente: "Sim!" "Quem, então, poderia ter feito melhor?" "Nós dois", foi a resposta. Freisler não se conteve, histérico: "Vocês, vocês dois! Isto é uma audácia que nunca tinha sido cometida aqui antes! Um general Marechal e um general-coronel declaram que poderiam ter feito as coisas melhores do que ele, que é o *Führer* de todos nós... Você afirma ter dito isso?" De novo, veio a resposta: "Sim!" A atitude da defesa foi apenas previsível demais, com o advogado de von Witzleben afirmando suavemente: "Será impossível, até mesmo para o melhor advogado, encontrar alguma coisa a dizer na defesa do acusado." Todos na corte foram condenados à morte.

Friedrich Graf von der Schulenburg, como ex-embaixador em Moscou, era para ter um proeminente papel na direção da política estrangeira no regime pós-Hitler, advogando uma paz separada com os aliados ocidentais enquanto a guerra com a Rússia continuava. Porém como antigo diplomata com ligações ocultas com os Aliados, ele logo percebeu que isso seria impossível.

EXECUÇÃO EM PLOTZENSEE

Não havia dúvidas quanto às execuções pelos esquadrões de fogo de acordo com as normas militares. Hitler havia dado as ordens: "Eles devem ser pendurados como carne de gado." E assim foram. Hans Hoffmann, o guarda encarregado de von Witzleben na prisão de Plotzensee, cujas informações foram apoiadas pelo testemunho de outro guarda e do operadores de câmeras presentes, descreveu a cena no dia 08 de agosto: "Imagine uma sala com um teto baixo e paredes brancas. Abaixo do teto, um parapeito foi colocado. Dele, pendiam seis grandes ganchos, como aqueles que os açougueiros utilizam para pendurar suas carnes. Em um canto, estava uma câmera de filmagem. Alguns refletores lançavam uma luz muito forte, como essas de estúdios. Nesta sala muito estranha estavam o procurador-geral do Reich, o carrasco com seus técnicos de câmera e eu com um segundo guarda. Próxima à parede havia uma pequena mesa com uma garrafa de conhaque e óculos para todas as testemunhas da execução. Os acusados foram entrando, conduzidos. Estavam todos usando suas vestimentas de prisioneiros, todos algemados. Foram colocados em uma única fila. Fazendo piadas e conversando muito, o carrasco estava bastante ocupado. Era conhecido no meio por seu "humor." Nenhum padre, nenhum jornalista, ninguém mais. Um a cada vez, todos se viraram. Todos mostraram ser corajosos. Levou, ao todo, cerca de 25 minutos. O carrasco usou um capuz permanente, e fez piadas sem parar. A câmera registrava tudo ininterruptamente, uma vez que Hitler queria ver e ouvir seus inimigos sendo mortos. Ele chegou mesmo a assistir a toda operação naquele mesmo dia na Chancelaria do Reich...

"O acusado foi para o final da sala com a cabeça virada para cima, embora apressado pelo carrasco para que andasse mais rápido. Ao chegar no local, teve de fazer uma meia-volta. Então uma corda foi colocada em volta de seu pescoço. Depois, foi conectado ao gancho no teto. O prisioneiro foi então jogado com grande força, para que o laço apertasse seu pescoço instantaneamente. Em minha opinião, a morte veio muito rápida. Após a primeira sentença ter sido conduzida, uma pequena cortina preta foi baixada em frente ao enforcado, para que o próximo pudesse ser executado sem ver o anterior... As mortes foram conduzidas em rápida sucessão. Cada um dos homens deu sua última caminhada ereto e praticamente sem dar uma palavra."

Alguns dos conspiradores conseguiram sobreviver um pouco mais. Entre estes, estava Von Kluge, cuja traição vinda dos conspiradores não lhe fez bem algum. Liberto de seu comando por um Hitler desconfiado, ele tomou veneno após ser convocado por Berlim. O conteúdo da carta que deixou prova que seu coração nunca esteve completamente na conspiração: "Meu *Führer*, sempre admirei sua grandeza... sua força irá te manter no nacional-socialismo... Você lutou numa grande e honrosa batalha... me desligo de você, meu *Führer*, como aquele que esteve mais próximo de ti do que imagina."

O Tribunal Popular permaneceu em sessão até 1945. Von Stülpnagel, que não enxergava mais, foi levado para o cadafalso em 30 de agosto. Sob tortura, seu ajudante, o coronel Cäsar von Hofacker, soltou o nome do herói da nação, o general Marechal Erwin Rommel. Embora fosse favorável à saída de Hitler, Rommel havia se oposto ao assassinato porque acreditava que acabaria por criar um mártir. Ao invés disso, seria melhor colocar Hitler em julgamento para que revelasse seus crimes. Seu envolvimento no complô da bomba tinha sido mínimo, mas Hitler, quando soube da confissão de von Hofacker, enviou dois oficiais à residência de Rommel em 14 de outubro, juntamente com tropas da SS e contingentes da SD. Rommel foi informado de que poderia optar por ser preso antes de comparecer diante do Tribunal Popular, ou se suicidar. Ele tomou veneno e, após sua morte por "ataque do coração", um funeral foi arranjado.

Já nesta hora o prospecto de certa derrota estava à frente, mas o processo de vingança e recriminação murchou. Dentro da prisão Tegel de Berlim, Hans von Dohnanyi, sabendo que seria incapaz de suportar a tortura por muito tempo, brincou divertidamente com seus inquisidores, provocando-os com uma série de frases pitorescas e indicações vagas. Contudo, a hora havia chegado quando ele percebeu que seus torturadores não poderiam mais ficar esperando. Como uma tática absurdamente drástica, engoliu alguns bacilos de difteria enfiados dentro da cela por sua esposa Christine. Isso o levou a uma paralisia parcial, mas a longo prazo não fez nenhuma diferença. Sob as ordens de Kaltenbrunner, ele foi sentenciado à morte em corte no dia 6 de abril de 1945. Levado a julgamento deitado em uma maca, ele mal aguentava falar para que pudesse se defender. Três dias mais tarde, foi enforcado.

A QUEDA DE CANARIS

Em termos de carreira, o grande beneficiário da queda do Almirante Canaris foi Walther Schellenberg, que obteve ainda mais poder após a liquidação da *Abwehr,* incluindo a responsabilidade por toda a Inteligência Militar Alemã e, com isso, um unificado, embora de vida curta, Serviço de Inteligência Estrangeira. Schellenberg recebeu uma ordem do *SS-Gruppenführer* Müller para prender Canaris. A princípio, o antigo chefe da *Abwehr* foi tratado como "prisioneiro de honra", e lhe foi permitido manter seu uniforme, mas logo as coisas mudaram drasticamente com sua transferência para Flossenbürg.

Foi acorrentado e levado a uma cela de solitária. De alguma forma, ele ainda achava que escaparia da vingança da Gestapo, mas a evidência era forte demais, especialmente após a descoberta de um cofre no porão da *Abwehr* em Zossen. Entre as evidências comprometedoras estavam montes de arquivos, memorandos e relatórios de negociações com o Vaticano, rascunhos de discursos de Ludwig Beck e páginas rasgadas de cadernos nos quais Dohnanyi havia esboçado os métodos de realização de golpe. Havia também a revelação de que Oster tinha traído os planos da invasão alemã da França e dos Países Baixos. Canaris foi finalmente acusado de estar plenamente consciente dos planos do golpe de estado, além de não demonstrar o menor pudor com relação à existência de um grupo subversivo dentro da *Abwehr.*

Na manhã de 9 de abril de 1945, Canaris e Oster foram conduzidos por um jardim até a forca, onde montaram um pequeno par de degraus chutado longe. A morte, de acordo com os testemunhos, esteve longe de ser rápida – segundo uma testemunha da SS: "O pequeno almirante levou muito tempo – ele foi suspenso para cima e depois para baixo diversas vezes." Os corpos foram depois levados para a cremação.

Diferente de outros nazistas que fizeram ofertas aos Aliados Ocidentais, Hans Bernd Gisevius, trabalhador civil aposentado tanto da Gestapo quanto da Abwehr, foi confiado pela inteligência americana, mas às custas da suspeita Inglaterra. Em 1948, ele escreveu To the Bitter End, extensa informação sobre a Resistência Alemã.

OS SOBREVIVENTES

A vez de von Schlabrendorff de aparecer diante do Tribunal Popular havia chegado, no início de dezembro, quando, junto de outros cinco, ele tinha sido colocado diante de Freisler. Devido ao grande número de acusações, os procedimentos foram conduzidos até o início de fevereiro de 1945, quando mais uma vez ele se viu diante dos abusos do juiz; mas então veio uma dramática interrupção. As sirenes dispararam avisando sobre os bombardeios de aviões americanos B-17, sobrevoando os céus da capital. A sala da corte ficou em polvorosa, e seus ocupantes correram para os porões. Muitos não conseguiram fazê-lo, inclusive Freisler – uma pesada artilharia esmagou seu crânio; em uma de suas mãos podia-se ver o arquivo de von Schlabrendorff.

Este último havia sobrevivido, mas sua provação ainda não tinha acabado. Foi levado perante outro tribunal, onde, para sua surpresa, Wilhelm Krohne, o sucessor de Freisler, lhe permitiu falar em sua defesa. Ele argumentou que as acusações contra ele eram ilegais porque suas confissões foram conseguidas sob tortura, prática abandonada por Frederico, o Grande, dois séculos antes. O único resultado foi a garantia atestada por Krohne de que ele iria enfrentar o pelotão de fuzilamento em vez da forca, e então foi despachado para Flossenburg, onde a Gestapo estava no controle. Enquanto os Aliados avançavam no Reich, no entanto, a SS fugiu dos campos de concentração, com frequência arrastando seus prisioneiros com eles. Com as armas americanas audíveis em Flossenburg, von Schlabrendorff foi transferido junto com outros para Dachau. No dia 04 de maio, ele estava entre um grupo de prisioneiros abandonados pela SS na vila de Niedernhausen, próxima a Brenner Pass, onde foi avistado por uma tropa americana de avanço.

Um número final dos mortos após o complô da bomba nunca foi estimado, embora um mínimo de 10.000 seja com frequência levantado. O que é certo é que muitos poucos dos líderes principais conseguiram escapar. Carl Gördeler, apontado como chanceler em um novo regime, já tinha se escondido após os acontecimentos em Rastenburg. Durante três semanas, ficou vagando pela Prússia, confiando em amigos e parentes para abrigá-lo. Sabia do perigo de ficar muito tempo em um só lugar, portanto manteve-se sempre em marcha. Em meados de agosto, exausto e faminto, parou em uma estalagem em um vilarejo próximo a Marienwerder, local de sua velha casa. Nesse local, notou que estava sendo observado por um oficial *Luftwaffe* e logo tratou de fugir rapidamente, para ser preso logo depois e executado.

GIVESIUS ESCAPA

Quanto ao ardiloso Hans Bernd Gisevius, que havia se juntado à Gestapo sob o comando de Göring, e mais tarde jogado à sorte com a *Abwehr*, a certeza a respeito de como a guerra estava se encaminhando na Alemanha o levou a fazer ofertas para a Inteligência Britânica na Suíça, onde inicialmente sofreu muita desconfiança, durante certo tempo era, suspeito de ser agente duplo. Transferiu suas atenções para os americanos, onde informou Allen Dulles do Escritório de Serviços Estratégicos sobre um genuíno movimento de Resistência dentro do Reich. Ele convenceu Dulles de suas verdadeiras credenciais, mas teve poucas ilusões a respeito de sua habilidade em permanecer livre da Gestapo por muito tempo. O valor de suas evidências para os Aliados, particularmente quando o assunto foi a prestação de contas da Alemanha, foi reconhecido como de tal valor que Dulles estava determinado a retirá-lo da Alemanha e levá-lo para a neutra Suíça.

Falsificadores foram contratados para forjar cópias perfeitas dos documentos que Gisevius precisaria para sua viagem: um passaporte do Reich com a fotografia necessária, uma lista de ordens dos escritórios da Gestapo, incluindo uma carta de autorização para o "Dr. Hoffman" com uma assinatura falsa de Hitler e o disco prateado de aviso de identificação emitido pela Gestapo.

Em sua biografia, Gisevius mais tarde descreveu sua viagem de Stuttgart, onde tudo era um verdadeiro caos na estação, porque Kaltenbrunner estava para embarcar para Viena a caminho de sua terra-natal, a Áustria. O "Dr. Hoffman", que havia chegado à pequenina fronteira entre Konstanz e Kreuzlingen dois dias depois, em 23 de janeiro de 1945, estava vestindo a mesma roupa de verão que usara no dia 20 de julho e que apresentava danos em algumas partes. Os cansados oficiais alemães da fronteira foram incapazes de revistá-lo e examinar seus papéis apropriadamente, deixando-o passar sem maiores problemas. Gisevius prontamente respondeu com uma saudação a Hitler antes de pôr os pés na hospitaleira Suíça.

Como testemunha no tribunal de Nuremberg, ele teve pouca paciência com aqueles que mantiveram a afirmação de que não seria possível aos alemães se manifestaram contra atos criminosos. Poderia ter, ele declarou, mais oposição, prontamente mantendo que "Tudo era possível no Terceiro Reich."

8. O FIM DO REICH

Em meio à destruição do regime nazista, membros-líderes da Gestapo tentaram a fuga – alguns para o exterior, outros via o suicídio. Outros foram levados a julgamento em Nuremberg.

Dois soldados do Exército Vermelho colocam a bandeira soviética em uma coluna seguindo-se salva de tiros triunfante. No dia seguinte a bandeira foi removida a fim de ser hasteada orgulhosamente na cúpula destroçada.

Enquanto as fortunas de guerra da Alemanha declinavam, a base de poder de Himmler se expandia; após o fracassado complô da bomba, ele se tornou o segundo homem mais poderoso no Reich. Como comandante-chefe do Exército de Reserva, ele conseguiu quase a humilhação total do antigo Estado-Maior do Exército e sua organização de comando. Estes se tornaram completamente subordinados à SS, que assumiu o controle da criação, equipamento e treinamento de não menos que 38 divisões *Waffen-SS* sob o comando de Himmler. Escavando a barricada de força humana, o *Reichsführer* reuniu 15 divisões *Volksgrenadier* para empreender "uma guerra secreta do povo." Em uma tentativa de estimular a luta, Himmler proclamou: "Dou a vocês a autoridade para perseguir qualquer homem que vire as costas, se necessário amarrá-lo e jogá-lo dentro de um caminhão de suprimentos... Coloquem os melhores, os mais enérgicos e os mais brutais oficiais da Divisão no comando. Eles logo irão cercar a ralé. Qualquer um que se insurja contra nós será colocado contra a parede."

No início de agosto de 1944, insurgentes poloneses haviam reunido todos os partidários disponíveis para lutarem contra os alemães nas ruas de Varsóvia. A pressão veio das seções mais brutais da SS, notoriamente as forças do SS-Oberführer Oskar Dirlewanger. Era composta de caçadores, criminosos convictos e várias pessoas não-alemães da polícia – Schutzmannschaften ("forças de defesa") – criados sob as ordens de Himmler.

O quão impotente o Estado-Maior do Exército havia se tornado foi indicado quando "Bor" Komorowski, chefiando 35.000 poloneses partidários, se viu diante das forças alemãs ocupando Varsóvia. Estes não eram os *Wehrmacht*, no entanto, mas estavam sob o comando de um dos mais brutais aderentes da SS de Himmler, o *Gruppenführer* Erich von dem Bach-Zelewski, bem especializado por causa de seus serviços prestados nos *Einsatzgruppen*. As atrocidades cometidas sob suas ordens por 4.000 homens da brigada penal de Dirlewanger e 6.000 desertores e prisioneiros russos levaram protestos do general-coronel Heinz Guderian, o último comandante-chefe do *Wehrmacht*.

O levante de Varsóvia foi colocado abaixo com a selvageria da SS e, em 2 de outubro de 1944, o Exército Polonês de Resistência se rendeu.

Himmler logo tinha outras preocupações, no entanto, incluindo uma rebelião na pequena república da Eslováquia, onde uma porção do gabinete e do exército em Banská

ABORDAGENS SECRETAS ESCAPA

Dúvidas secretas e medos consumiam Himmler imediatamente após o complô de julho. Ele começou a colocar escutas entre seus próprios informantes, os quais seriam capazes de identificar células de Resistência sobreviventes para ele. Uma figura potencialmente útil era Carl Langbehn, um advogado de Berlim que Himmler havia conhecido socialmente antes da guerra por intermédio de suas filhas, que frequentavam a mesma escola. Suspeito de simpatias esquerdistas, ele era conhecido pela Gestapo como sendo indiferente em relação ao nazismo, o que ofereceu um disfarce útil para Himmler.

Outro resistente-chave conhecido de Himmler e Langbehn era o professor Johannes Popitz, que guardava ambições de se tornar Ministro de Finanças em governo interino caso Hitler fosse deposto. No início de 1943, Popitz estava discutindo que a guerra não seria vencida pelos alemães e que a melhor jogada era persuadir a Inglaterra e os Estados Unidos para negociarem, a fim de prevenir a ascensão do bolchevismo. Himmler já neste ponto estava esquivo, mas Popitz achou que havia percebido alguma simpatia. Ele relatou esses sentimentos a Langbehn, que não perdeu tempo em viajar a fim de aprontar seus contatos ocidentais na Suíça.

A Gestapo também foi alertada; segundo Schellenberg, ela havia interceptado mensagens de rádio a respeito das atividades de Langbehn, implicando Popitz ao mesmo tempo. Temendo a detenção por Müller, Himmler prontamente ordenou suas prisões. Julgamento a cargo da Gestapo era obviamente impossível. Langbehn foi confinado em um campo de concentração completamente fora do alcance de Kaltenbrunner e de Müller, e executado em 12 de novembro de 1944. Popitz sobreviveu até o mês seguinte de fevereiro, quando foi morto.

Bystrica se declarou contra o governo. A revolta durou meramente quatro semanas e foi colocada abaixo pelo *Einsatzgruppe H* e seus componentes da Gestapo, sob o comando do *SS-Obersturmbannführer* o dr. Josef Witiska. Ainda assim, Himmler, a despeito de seu poder e de seus grandiosos títulos honoríficos (um típico exemplo sendo o de Comissário do Reich para o Avanço do Germanismo), havia há muito se tornado um homem dividido. Tanto quanto pôde, procurou refúgio na desilusão.

Tão ligado ao passado quanto o próprio Hitler. Em novembro de 1944, por exemplo, ele insistiu em marcar o aniversário do Putsch da Cervejaria ao estender a Himmler um convite a fim de fazer o costumeiro discurso comemorativo. Tal preocupação irrelevante foi sublinhada pela total ignorância de Himmler sobre a verdadeira situação militar. Quando lhe disseram que não havia forças disponíveis para barrar uma ofensiva russa, Himmler tinha respondido a

Carl Oberg (esquerda) e Helmut Knochen foram presos pela polícia militar americana e entregues à França em 1945. No entanto, o caos de uma Europa dilacerada significou que seus julgamentos precisavam esperar. O tribunal militar na prisão de Cherche Midi, no início de 1954, precisou encarar um dossiê de 250 páginas, enquanto Oberg foi sujeitado a 400 interrogatórios. Foi apenas em outubro de 1954 que ambos foram condenados à morte, uma sentença mais tarde reduzida para trabalhos forçados durante o resto de suas vidas em abril de 1958.

um aterrorizado Guderian: "Você sabe, general-coronel, eu realmente não acredito que os russos irão nos atacar. É tudo um enorme blefe." Aqui falava o homem que seria mais tarde designado para o posto de Comandante-Chefe do Alto Reno para preencher a necessidade de qualquer grupo armado ser colocado entre Karlsruhe e a fronteira suíça, onde as forças britânicas e americanas ameaçavam romper os limites do Reno.

ESPERANÇAS DE SOBREVIVÊNCIA

Quanto a Himmler, sua saúde sofria com o debilitante esforço de comandar um grupo do exército, juntamente de outras inúmeras responsabilidades. Alegando um ataque de angina e fortes dores no estômago, ele se retirou para seu sanatório favorito, Hhenlychen, a cerca de 110 km (70 milhas) ao norte de Berlim. Lá, ficou aos cuidados de seu massagista, Felix Kersten, que havia tomado para si o papel de confessor – Himmler o chamava de "meu Buda mágico." Göbbels fez uma visita em 7 de março, escrevendo em seu diário: "Ele me dá uma impressão muito frágil...Utiliza linguagem muito forte a respeito de Göring e Ribbentrop, que ele reconhece como as duas fontes principais de erro em nossa conduta de guerra, e nisso ele está absolutamente

certo... Himmler resume a situação corretamente quando diz que temos pouca esperança de vencer a guerra militarmente, mas o instinto lhe diz que mais cedo ou mais tarde alguma abertura potencial irá emergir para virar a situação em nosso favor. Himmler pensa a respeito disso mais no oeste do que no leste... do leste, não há nada a esperar."

Hitler, que possuía certa compaixão pela saúde de Himmler, o convocou a Berlim em 15 de março para receber um longo e veemente discurso a respeito da "conduta geral" da guerra e o fato de que seu exército não poderia mais ser confiável para lutar com vigor.

Definhando com a experiência, Himmler não podia recusar quando Guderian o alarmou, pelo bem de sua saúde, para que desistisse do comando do Exército de Grupo de Vistula, embora ele ainda permanecesse no comando no Exército de Reserva e da *Waffen-SS*. Seu substituto era tudo o que Himmler não era. O coronel-general Gotthard Heinrici era um experiente profissional. Este veterano, impaciente com tudo o que se assemelhasse a fantasia e delírio, estava tão chocado quanto Guderian havia estado com a ignorância militar de Himmler, declarando que havia falhado em se apoderar dos elementos mais básicos de uma estratégia militar.

Himmler, na verdade, havia sido demitido por ineficiência, um gesto que deliciou seu detestável rival Martin Bormann, que procurou outra oportunidade de humilhar Himmler quando divisões de elite da SS na Hungria falharam em realizar os contra-ataques sobre as forças soviéticas que Hitler havia exigido. A divisão *Leibstandarte* da SS foi despojada de seu armamento especial e de suas insígnias da SS, uma degradação que mais tarde diminuiu a autoridade de Himmler. O poder, se servisse de algo, agora mudou para Ernst Kaltenbrunner como chefe da RSHA.

HIMMLER PROCURA UMA SAÍDA

Himmler, tanto quanto era capaz, havia se endurecido a fim de enxergar a realidade: deu seus próprios passos para negociar diretamente com os Aliados Ocidentais. Suas visitas em Hohenlynchen incluíram o conde Folke Bernadotte, que havia servido como vice-presidente da Cruz Vermelha sueca. Além disso, o contato havia sido feito com o Congresso Judeu Mundial e com Karl Wolff, o antigo oficial de Himmler nos quartéis-generais de Hitler e, mais tarde, governador militar do norte da Itália. Wolff teve conversas clandestinas com Allen Dulles, mensageiro de Roosevelt na Suíça, a respeito da rendição dos exércitos alemães na

O membro mais confiável da casta de Hitler, Martin Bormann teve uma ascensão irrefreável. Em outubro de 1944, ele foi indicado a comandante do Volkssturm ("Exército do Povo"), reunido enquanto os Aliados invadiam o Reich. Uma vez que seu corpo não foi positivamente identificado até 1998, durante anos correu o rumor de que Bormann havia sobrevivido à guerra após renunciar a seu posto em Berlim. Ele foi sentenciado em Nuremberg in absentia e condenado à morte. Em 1973, o governo da Alemanha Ocidental o declarou morto.

Itália. Himmler também havia sido induzido a assinar um acordo de que os campos de concentração deveriam ser entregues intactos com seus prisioneiros ainda vivos, enquanto cidades holandesas e o Afsluitdijk, cercando o Zuiderzee, deveriam ser atacados escassamente por foguetes V-2.

Depois, ele procurou contato com o general Dwight D. Eisenhower, Comandante Aliado Supremo na Europa, esperando usar seu posto como comandante do Exército de Reserva para iniciar negociações de paz, utilizando o conde Bernadotte como intermediário. Winston Churchill e Roosevelt, entretanto, rejeitaram a proposta de Himmler: eles exigiam a rendição completa e incondicional da Alemanha. O fato de que era, junto de Hitler, o homem mais odiado do Terceiro Reich, com quem as negociações neste ponto sempre estiveram fora de questão, nunca passou pela mente de Himmler. Era também uma medida de sua ingenuidade que ele havia previamente confidenciado a Schellenberg que a guerra da Alemanha contra a União Soviética "iria, é claro, continuar."

Enquanto Himmler ainda não conseguia engolir a realidade, outros se preparavam para o inevitável. Em meados de agosto de 1944, Karl Albrecht Oberg, que já havia assegurado que documentos incriminadores sumissem de Paris, fazia preparações para a fuga com Helmut Knochen. Em direção a Vittel nos Vosges, juntamente com membros da Gestapo que conseguiram reunir, eles montaram quartéis-generais temporários em uma área designada pela OKW ainda na época da fronteira estabelecida no leste da França. O gesto recebeu a desaprovação total de Himmler, que nutria um ódio profundo contra o par por causa de seu comportamento durante o complô da bomba quando, conforme constatou, eles tinham colocado pouca resistência em relação aos conspiradores. Oberg e sua equipe, forçados a ficar de mudança, finalmente avançaram ao longo do Reno, onde Himmler o reuniu às tropas da *Waffen-SS*. Quanto a Knochen, ele recebeu uma convocação final para Berlim de

Kaltenbrunner a fim de explicar sua atitude após os eventos em Rastenburg. As críticas de Kaltenbrunner foram comparativamente brandas: Knochen foi deposto de seu cargo e enviado como soldado raso para a *Waffen-SS*. Himmler, entretanto, ansioso até mesmo neste estágio da guerra para expor uma sombra de autoridade, deu uma contra-ordem a Kaltenbrunner ao ceder a Knochen um posto na SD da RSHA, onde permaneceu até o fim.

TRAIÇÃO

Hitler retornara a Berlim em 16 de janeiro, as ruas da cidade cobertas com cerca de três bilhões de pés cúbicos (cerca de 85.000 m^3) das ruínas e dos prédios destruídos. Os bombardeios da Força Aérea Americana (USAAF) durante o dia da Força Aérea Real Britânica (RAF) à noite foram impiedosos. Enquanto os ataques aumentavam, Hitler tomou a decisão de se movimentar no subsolo para aquilo que se tornou seu décimo-terceiro e último Quartel-General do Führer. Era um bunker relativamente pequeno, escavado a cerca de 55 pés (17 metros) abaixo do solo, suas paredes exteriores bastante grossas, tampadas por um teto de concreto com cerca de 30 pés (9 metros) de espessura da terra acima. Cômodos apertados com tetos baixos estavam agru-

Um soldado americano dentro do bunker onde Hitler e Eva Braun cometeram suicídio. O quarto estava sendo usado por Hitler como escritório, onde ele conseguia manter contato com o mundo lá fora por meio de um sistema de rádio telefone com os quartéis-generais do exército em Zossen.

pados ao longo da comprida passagem onde as conferências diárias eram feitas. Ligações com o mundo exterior estavam restritas a um pequeno quadro negro, um transmissor de rádio e um rádio-telefone ligado com os quartéis-generais da OKW (Ober-Kommando der Wehrmacht) em Zossen, a 24 km (15 milhas) ao sul de Berlim.

Foi neste fétido sarcófago de concreto que o *Führer* sofreu o segundo de dois golpes devastadores. O primeiro havia sido uma comunicação de Hermann Göring enviada em 23 de abril a partir de Berchtesgaden. O *Reichsmarschall* não tinha esquecido que, segundo decretos do *Führer* existentes, ele havia sido designado a substituir Hitler em caso de incapacidade deste último ou mesmo morte. Convencido de que a guerra estava perdida e satisfeito de que as provisões dos decretos estavam a salvo, Göring enviou um telegrama: "Meu *Führer*, em vista de sua decisão de permanecer na fortaleza de Berlim, você concorda que eu assuma o controle absoluto do Reich como seu representante máximo, de acordo com seu decreto de 29 de junho de 1941, com liberdade completa de ação tanto em casa como no exterior? A menos que uma resposta seja dada até as 22h, vou considerar que o senhor foi privado de sua liberdade de ação. Eu devo portanto reconhecer as condições impostas por seu decreto como estão e devo atuar com a melhor das intenções e no interesse do povo e da nossa terra. O senhor sabe de meus sentimentos em relação à sua pessoa nas horas mais difíceis de minha vida. Não consigo expressá-los adequadamente. Que Deus o proteja e permita vir até aqui o mais rápido possível. Seu fiel, Hermann Göring."

Na verdade, Göring, como Himmler, estava procurando contactar Eisenhower para chegar aos termos de paz. Em relação à liderança, no entanto, ele havia calculado erroneamente. Hitler respondeu furioso: "Suas ações são puníveis com a sentença de morte, mas por causa de seus serviços valiosos no passado vou me abster de tais procedimentos se você voluntariamente desistir de seu posto e título. Do contrário, ações serão tomadas." Göring rapidamente concordou e foi colocado em prisão domiciliar por homens da SS completamente constrangidos. Mesmo assim, ele conseguiu despachar mensageiros em seu interesse para as tropas americanas mais próximas. Adotando uma pose suave que temporariamente enganou um grupo de GIs, ele depois se submeteu ao cativeiro, mas sua tentativa de se insinuar e tratar de assuntos "de homem para homem" com Eisenhower como um soldado faria com outro foi, presumivelmente, um fracasso absoluto.

Para Hitler, surgiu um choque ainda maior. As maquinações de Himmler para assegurar um tratado com os Aliados foram de alguma forma vazadas para a agência de notícias Reuters em Washington, seguidas pela Rádio de Estocolmo e então para o Reich. Martin Bormann, com seu talento para a intriga e, maledicência intactos, fez que as notícias chegassem a Hitler. Uma das testemunhas principais da reação dele foi a famosa aviadora Hanna Reitsch, que provou ser uma valiosa testemunha do pós-guerra porque, como nazista fanática, ela foi uma das últimas a visitar o bunker. Em uma cena digna de um ballet grotescamente coreografado, bombas russas estavam devastando as paredes da chancelaria acima, e mais tarde intoxicando o ar que cobria o bunker. Em um cenário completamente terrível com pessoas suando e com falta de ar, Hitler surgiu, gritando por vingança, mostrando o texto da mensagem de Bormann para todos que lhe cruzassem o caminho, afirmando furiosamente que seu mais antigo colaborador – *der treue Heinrich* – o havia traído.

SUICÍDIO

Para aqueles que se encontravam em posição de servi-lo nessa época, Hitler, com suas costas curvadas e seus passos cambaleantes, apresentava um espetáculo pouco digno. O rosto estava amuado, o cabelo grisalho e o bigode mais esbranquiçados. Já então, ele estava incapaz de escrever alguma coisa, e sua assinatura foi forjada por um auxiliar. Numa tentativa meio ridícula, uma vez que a reunião poderia ter sido feita por telefone, e em condições de perigo evidente, ele chamou o Marechal Robert Ritter von Greim para ir até seu bunker a fim de assumir o posto de comandante-chefe do *Luftwaffe* na sucessão de Göring. Seriamente ferido desde a noite de 24 de abril, von Greim recebeu então ordens para voar para Berlim com Hanna Reitsch a fim de prender Himmler.

Nas primeiras horas do dia 29 de abril, Hitler casou-se com sua amada Eva Braun. Após ditar sua última vontade e seu testamento, ele ordenou que tanto Himmler quanto Göring deveriam ser presos como traidores. Incapaz de resistir um último golpe do exército, o qual havia, segundo ele, deliberadamente o traído, Hitler ordenou uma mensagem a ser entregue ao Field Marechal Keitel: "... minha confiança foi usada impropriamente por muitas pessoas. A deslealdade e a traição ocorreram durante toda a guerra. Não foi, portanto permitido a mim levar o povo à vitória.

A equipe do exército geral não pode ser comparada à mesma da Primeira Guerra Mundial. Suas realizações estão muito distantes daquelas da frente de batalha." Ele indicou o grande almirante Karl Donitz como Presidente Ministro

da Guerra e Supremo Comandante das Forças Armadas. Em um gesto grotesco, os recém-casados fizeram uma cerimônia durante a qual, em meio do tilintar das taças de champanhe, Hitler enaltecia os gloriosos dias do passado. Após terminar com suas despedidas, o casal se recolheu. Alguns instantes depois, houve o barulho de tiro. O corpo de Adolf Hitler foi encontrado num sofá, sangrando, enquanto Eva Braun havia ingerido veneno. Enquanto bombas russas explodiam dentro dos jardins da Chancelaria, os corpos foram levados para o lado de fora e cremados.

HIMMLER ESCAPA

Estabelecido em seus quartéis-generais em Plön, entre Lübeck e Kiel, Dönitz havia suposto que Himmler era o sucessor designado de Hitler, e de fato, Himmler também achava a mesma coisa. Foi apenas na tarde do dia 30 de abril, que Dönitz recebeu um sinal de Berlim anunciando sua indicação – nenhuma menção a respeito da morte de Hitler foi feita, porque esta informação era supostamente para ter sido comunicada a Donitz via uma mensagem que nunca chegou. Himmler, com uma irrelevância incrivelmente embaraçosa, assombrava Plön, grudando na Mercedes e na escolta da SS que forneciam as armadilhas do poder ilusório. Foi Josef Gobbels quem finalmente pôs um fim em todas as dúvidas ao enviar a Donitz um sinal ambíguo às 15h15 no dia 01 de maio, informando que Hitler estava morto e nomeando membro principais de seu novo governo, incluindo o posto de *Reichsfuhrer-SS* a Karl Hanke, gauleiter de Breslau.

No mesmo dia, um incidente de farsa interveio. Himmler foi contactado pelo líder belga fascista Leon Degrelle, o qual havia servido na *Waffen-SS* e agora vinha com a proposta de que seus homens deveriam juntar forças com as de Himmler a fim de organizar uma espécie de grupo de Resistência. Uma reunião foi realizada em Malente, a 10 km (6 milhas) a oeste de Plön. Himmler, dirigindo com seu capa-

Após serem cercados em Flensburg, três dos principais nazistas são exibidos aos repórteres. Albert Speer (esquerda), Ex-Ministro dos Armanentos e Munições; o Grande Almirante Karl Dönitz (ao centro), sucessivamente o comandante do braço responsável pelos submarinos da Marinha alemã, comandante-chefe da marinha alemã e último líder do governo da Alemanha; e o general-coronel Alfred Jodl (direita), chefe de operações do OKW. Todos foram julgados em Nuremberg, Speer e Dönitz recebendo sentenças de prisão, enquanto Jodl, acusado de ordenar execuções para milhares de prisioneiros de guerra, foi enforcado.

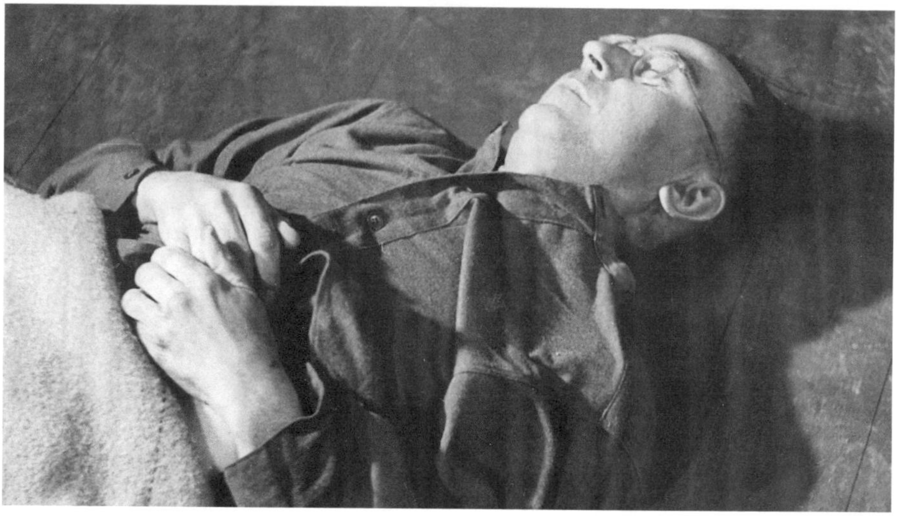

Preso pela tropas do Segundo Exército Britânico em Bremervörde, no dia 21 de maio de 1945, Heinrich Himmler, ex-Reichsführer-SS, apesar de um cuidadoso examinação a fim de detectar veneno, conseguiu ingerir uma minúscula cápsula de cianeto de potássio que levava escondida consigo. Ele morreu em 15 minutos.

cete enfiado na cabeça e seguido por sua escolta habitual, se encontrou com Degrelle, conduzindo um Volkswagen movido a forte bebida alcóolica, o schnapps. O encontro foi ilusório: Degrelle não possuía forças e suas equipes belgas da SS há muito haviam debandado. Enquanto os dois homens faziam sua pantomima, aeronaves dos Aliados apareceram por detrás das colunas, fazendo os dois se esconderem numa trincheira. Aparentemente consumido de toda a resolução e interesse, Degrelle conseguiu escapar.

Com a comunicação de Göbbels, Himmler estava acabado. O mês de maio viu o início da derrota e da rendição da Alemanha; dois dias mais tarde, sem nenhum tipo de consulta a Himmler, Dönitz começou a preparar sua rendição a Montgomery. Himmler, entretanto, ainda se prendia a suas ilusões, a última das quais era a formação de uma administração nazista "reformada" em Schleswig-Holstein, que negociaria com os Aliados como um governo soberano.

Ele então começou a distribuir novos títulos para aqueles que o serviriam, um procedimento grotesco visto com espanto. No dia 06 de maio, Dönitz enviou uma carta a Himmler: "Caro Herr Ministro do Reich. Em vista da presente situação, decidi isentar sua ajuda como Ministro do Reich do Interior e membro do governo do Reich, como comandante-chefe do exército de reserva e como chefe de polícia. Eu agora proclamo todas as suas operações como suspensas. Agradeço pelos serviços que prestou ao Reich." Não se sabe se Himmler recebeu a mensagem; uma cópia não-assinada foi encontrada na mesa de Dönitz, a que se seguiu a da prisão e o encerramento de seu governo em 23 de maio de 1945.

De qualquer forma, a equipe de Himmler foi aos poucos se desfazendo, um por um, com a exceção de dois leais ajudantes. De agora em diante, seus poderes de decisão não mais existiam. Com seu comboio reduzido a dois veículos apenas, ele se dirigiu ao interior do país com nenhum outro objetivo em mente a não ser fazer contato com os americanos. Posteriormente, o transporte foi abandonado no meio do caminho, e os homens embarcaram em uma longa viagem, acabando por parar em um ponto de controle britânico próximo a Bremervörde, a meio caminho entre Hamburgo e Bremen. A princípio Himmler passou sem ser reconhecido, uma vez que havia se disfarçado raspando o bigode, colocando um tampa-olho e usando o uniforme de um sargento do *Geheime Feldpolizei*, um erro fatal, incidentalmente, uma vez que essa organização, originalmente parte do *Abwehr* e mais tarde incorporada à Gestapo, encontrava-se na lista negra dos Aliados.

Juntamente com outros suspeitos dos britânicos, Himmler foi cercado e levado ao Campo de interrogatório civil em Luneburg. Lá ele foi exibido perante o comandate, capitão Silvester, o qual se utilizou da história: "O primeiro homem que entrou em meu escritório era pequeno e mal vestido, mas ele foi imediatamente seguido de dois outros homens, ambos altos e com aparência de soldado, um mais magro e o outro um pouco mais forte e robusto. O robusto andava mancando. Notei alguma coisa de diferente, e ordenei a um de meus sargentos para que colocasse os homens sob custódia, sem permitir que ninguém se dirigisse a eles sem minha prévia autorização. Eles foram retirados de meu escritório, enquanto o homem menor, o qual usava um tapa-olho do olho esquerdo, tirou o tapa e me proporcionou um espetáculo e tanto. Sua identidade logo foi esclarecida. Disse: "Heinrich Himmler", com uma voz muito baixa.

HIMMLER NA PRISÃO

Himmler se enrolou em um cobertor após se recusar receber roupas limpas no lugar de seu uniforme rasgado e velho. Fizeram-lhe uma revista pelo corpo todo, como continua o capitão Selvester: "Fiz isso pessoalmente, pegando cada item de suas vestimentas enquanto eram removidas por meu sargento, que também as examinava. Himmler carregava documentos com o nome de Heinrich Hitzinger, que eu acho se tratar de um carteiro. Em sua jaqueta, encontrei um pequeno compartimento de latão, semelhante a uma caixa de cartuchos, e que continha um pequeno frasco de vidro. Reconheci o que era, mas perguntei a Himmler o que continha e ele disse: "É meu remédio. É para minhas dores de estômago." Também encontrei uma outra caixinha semelhante, mas sem o frasco, e concluí que este deveria estar em alguma outra parte do corpo do prisioneiro. Quando todas as roupas de Himmler haviam sido tiradas e averiguadas, fizemos uma busca por todos os orifícios de seu corpo, inclusive seus cabelos e qualquer outro lugar que pudesse esconder alguma coisa, mas nenhum frasco foi encontrado. Nesta hora, pedimo-lhe para que ficasse em silêncio, uma vez que levei em consideração que, se o frasco estivesse dentro de sua boca, qualquer ação tomada poderia resultar em uma catástrofe. No entanto, pedi para que trouxessem sanduíches e chá quente, os quais ofereci a Himmler, esperando para ver se ele retirava alguma coisa de sua boca. Observei-o atentamente enquanto ele comia, mas não notei nada incomum." Selvester ainda estava preocupado, no entanto, uma vez que sabia que alguns nazistas-chave carregam consigo pequenas cápsulas de veneno a fim de evitarem uma capturacom vida; já tinha inclusive ocorrido lamentável e indesejado incidente quando algumas autoridades não tinham sido alertadas para isso, e um oficial sênior da SS

Informantes da Gestapo são reunidos em uma cela após a queda de Liege, Bélgica, para os Aliados em outubro de 1944. Estima-se que, no final da guerra, cerca de 24.000 judeus belgas haviam sido presos, deportados e assassinados.

conseguiu romper uma minúscula cápsula de cianeto que levava entre seus dentes.

Já agora reconhecido como uma das grandes capturas entre os prisioneiros nazistas, Himmler foi mais tarde entregue ao coronel Michael Murphy, chefe de Inteligência da equipe do general Montgomery, que também acreditava que o antigo *Reichsführer* poderia, a despeito de suas revistas prévias, ainda estar guardando veneno. Em um centro de interrogatório especial, Himmler foi colocado aos cuidados de Edwin Austin, um major-sargento britânico arquétipo sem medo de ninguém, que bruscamente ordenou a seu prisioneiro para que se despisse. Então, o coronel Murphy e o capitão C.J.L. Wells, médico do exército, começaram a revista, após a qual o médico ordenou que Himmler abrisse a boca e imediatamente identificou "um pequeno vasilhame preso entre os dentes, entre os da parte direita na mandíbula inferior." Sob a luz, Wells enfiou dois dedos na boca do prisioneiro, quando, de repente, Himmler se virou para ele, mordendo com força a mão do médico.

Enquanto o médico gritava, "Ele engoliu", Murphy, Austin e o major N. Whitaker, também presente, pularam em Himmler e o colocaram de cabeça para baixo a fim de evitar que ele engolisse a cápsula. Himmler foi depois suspenso e sua boca lavada com água em abundância, numa tentativa de "lavar" o veneno. Mas, nas palavras de Whitaker, "era uma batalha já perdida que estávamos lutando e o maldito deu seu último suspiro às 23:14. O viramos de costas, coloca-

Os principais julgamentos de Nuremberg foram seguidos de acusações lançadas contra antigos membros da SS. À esquerda da foto, um dos mais notórios, Otto Ohlendorff, que subsequentemente afirmou que foi "recrutado" nos Einsatzgruppen, recebe sua carta de acusação.

mos um cobertor sobre seu corpo e saimos." Um pedido de um dentista do exército de retirar dois dentes de Himmler como lembrança foi prontamente recusado.

Durante todo o dia seguinte, o corpo permaneceu intocado, enquanto os jornalistas e fotógrafos se aglomeravam, juntamente com uma grande quantidade de soldados britânicos. Alguns oficiais na equipe de Montgomery discutiram se o corpo deveria receber enterro militar ou cristão. A decisão final – insistida, segundo alguns, pessoalmente por Montgomery – era a de que não deveria haver nenhum dos dois. Ao invés disso, o corpo de Himmler, vestido com calças e camisa militares britânicas, e um par de meias alemãs, foi embalado em um cobertor do exército, segurado por cobertura de camuflagem e fios de telefone. Foi então depositado na carroceria de um caminhão e levado a uma cova não-marcada, cavada por três sargentos, em Luneburg Heath.

OS JULGAMENTOS DE NUREMBERG

Foi dito à época que a localização de Nuremberg como cenário para o julgamento de guerra foi simbólica, sublinhando a queda de uma cidade que havia encenado as celebrações durante os dias da ascensão nazista. A verdade era um pouco mais prosaica: embora Nuremberg sofresse muito com os bombardeios, ainda possuía uma prisão em funcionamento e um palácio de Justiça grande o bastante para abrigar um julgamento.

Desde o início, o julgamento foi controverso, muitos o acusando de ser um ato de pura vingança. Foi também apontado que uma resolução da Liga das Nações de 1927, enquanto condenava uma "guerra de agressão", não havia proposto punição ou culpa para os indivíduos. No entanto, os que apoiaram o julgamento argumentaram que a enormidade dos crimes de guerra da Alemanha foi sem precedentes e clamava por punição exemplar. A legalidade do julgamento foi afirmada em uma conferência de juristas em Londres feita pelas quatro nações vitoriosas, e um estatuto foi assinado em 08 de agosto de 1945.

Os 21 acusados representaram o Estado-Maior Alemão, o partido e o governo nazista. Mais três haviam sido acusados, mas Martin Bormann, o secretário de Hitler, fugiu da captura; Robert Ley, líder da Frente de Trabalho, havia cometido suicídio e o magnata dos armamentos, Gustav Krupp, tinha sido considerado sem condições para ser julgado.

As acusações pesaram em quatro grandes frentes: crimes contra a paz, crimes de guerra, crimes contra a humanidade e conspiração. O julgamento continuou, com alguns recessos, de novembro de 1945 até o fim do mês de agosto. As resoluções dos juízes foram entregues no dia 30 de setembro de 1946 e as sentenças declaradas no dia seguinte. Nas primeiras horas de 16 de outubro, 10 foram para a prisão no ginásio de Nuremberg. Alguns dos que escaparam à forca eram, após os corpos terem sido removidos, obrigados a limpar os detritos no ginásio.

O ex-oficial da SS, Ernst Kaltenbrunner, último chefe da RSHA e da Gestapo, levanta-se a fim de ler uma declaração em Nuremberg. Outros acusados que estão na foto são, da esquerda para a direita, Hermann Göring, Rudolph Hess, Joachim von Ribbentrop e Wilhelm Keitel. Nos julgamentos, a Gestapo foi acusada como organização criminosa e suas interrelações com a SD e a Kripo, reveladas.

A AVALIAÇÃO

Para as duas grandes figuras sobreviventes na história da Gestapo, a retribuição e o castigo tiveram de esperar um pouco mais. Às 10 da manhã, em 20 de novembro de 1945, juízes enfileirados em seus assentos, ficaram diante das bandeiras de quatro nações. O Tribunal Internacional em Nuremberg, autorizado por meio de um decreto organizado pela acusação das quatro nações Aliadas, deu início à sessão uma vez que 21 prisioneiros foram trazidos de suas celas; Ernst Kaltenbrunner, no entanto, foi levado para o hospital com séria hemorragia. O número recorde dos crimes nazistas foi organizado em um documento aproximadamente 24.000 palavras. Havia quatro tipos de cálculo: "O Plano em Comum ou Conspiração", "Crimes contra a Paz", "Crimes de Guerra" e "Crimes contra a Humanidade."

A acusação declarava que os acusados haviam planejado e empreendido guerras de agressão à violação dos tratados internacionais, contra países e sua população, e às regras e aos costumes da guerra.

Acusações contra aqueles associados com a Gestapo e a

SD envolviam "a perseguição e o extermínio dos judeus, brutalidades e assassinatos em massa em campos de concentração, excessos nas administrações dos territórios ocupados, o emprego de trabalho escravo e os maus-tratos aos prisioneiros de guerra." A acusação cobria uma larga escala, alvejada primordialmente a membros-chave do *Amt IV* da RSHA, comprimindo a Gestapo e as subseções que lidavam com grupos religiosos, subversivos e políticos. Nas acusações também estavam "*Amts III, VI* e *VII* da RSHA e todos os membros da SD, incluindo os agentes e representantes locais, honorários ou de outra natureza, fossem tec-

MÜLLER DESAPARECE

Com seu senso de autopreservação inato, aliado à total crueldade e desumanidade, Heinrich Müller conseguiu sobreviver até o colapso do Terceiro Reich. De fato, ele foi capaz de ficar longe dos julgamentos de qualquer crime de guerra.

Schellenberg, que havia trabalhado muito proximamente a Müller e com quem havia adquirido uma comunicação extremamente sustentável, imaginou que sabia o porquê. Em sua biografia, ele descreve um estranho encontro na primavera de 1943. Durante uma pesada sessão de bebedeiras, o chefe da Gestapo, cujo muito trabalho havia sido dedicado à oposição comunista, começou a desprezar suas crenças com uma franqueza desconcertante. Ele condenou não apenas a "anarquia espiritual" da cultura ocidental, mas o Nacional-Socialismo como "uma espécie de esterco neste deserto espiritual", comparando-o com a superioridade moral do comunismo e da União Soviética. Tudo isso vindo do homem que havia estado no comando de uma mesa anticomunista na seção política dos escritórios da polícia de Munique durante os últimos dias da República de Weimar, e que de fato havia sido elogiado por Hitler por deliberadamente impor uma série de métodos da Gestapo sobre aqueles favorecidos pela União Soviética, a qual ele havia visitado para levar à frente tal estudo.

Sem fornecer nenhuma evidência, Schellenberg postulou que Müller estava agindo como agente encoberto, provavelmente desde os anos de 1920, quando o Partido Comunista na Alemanha estava no auge de sua qualidade como sócio ou membro. Seja qual for a verdade, Müller desapareceu em 1945. Schellenberg disse que um oficial alemão lhe contou que Müller havia sido visto em Moscou três anos mais tarde, e que morreria não muito tempo depois. Um arquivo de 135 páginas sobre Heinrich Müller, entretanto, do *US National Archives and Records* em Washington, contém inúmeros relatórios e rumores de que ele na verdade estava trabalhando para tchecos, argentinos, cubanos e russos após a guerra. Há também informações de que ele foi morto nos últimos dias da guerra ou que cometeu suicídio, junto da família, em 1946.

Müller não foi o único dos servos dos nazistas a escapar da justiça imposta aos outros.

nicamente membros da SS ou não." Estas seções cobriam áreas como a segurança doméstica e internacional e acusava seus supervisores.

Consciente de que era o principal acusado, Göring procurou a oportunidade no banco das testemunhas para dominar os procedimentos, procurando com sua formidável memória qualquer oportunidade de desconcertar os advogados de acusação, particularmente quando estes se mostraram não estar tão bem preparados. O arrependimento, contudo, não era de sua natureza, e ele prontamente declarou que havia uma necessidade de eliminar os partidos políticos hostis e estabelecer uma polícia secreta de estado. Indispensavelmente a questão mais danosa colocada a Göring era se o tratamento de doenças dos prisioneiros ocorreu quando ele era chefe da Gestapo. A resposta foi evasiva: "Na época quando eu ainda estava diretamente conectado com a Gestapo, tais excessos ocorreram, como eu já afirmei. Para puni-los, precisávamos saber sobre eles. Os oficias sabiam que, se fizessem tais coisas, corriam o risco de serem punidos. Um número enorme foi castigado. Não posso afirmar qual prática foi posterior." Quanto aos campos de concentração, eram a preocupação de Himmler, e ele não sabia absolutamente de nada a respeito das atrocidades lá cometidas em segredo. O que Goring não pôde negar foi sua ordem de 31 de julho de 1941 que pedia a Reinhard Heydrich que "organizasse a solução final a respeito da questão judaica na esfera alemã de influência na Europa." Sua condenação, que sempre fora altamente provável, havia se tornado uma certeza.

Uma figura um pouco mais detestável, no entanto, era Ernst Kaltenbrunner, o mais alto oficial da SS a sobreviver à guerra.

Suas responsabilidades o conectavam diretamente com a Gestapo, a SD, os *Einsatzgruppen* na União Soviética e aos horrores dos campos de concentração. De uma família de advogados, seu aprendizado no nazismo e na SS haviam começado em sua terra natal, a Áustria, ao se aliar com Arthur Seyss-Inquart, chanceler austríaco seguinte ao *Anschluss*, ele subiu ao posto de *Gruppenführer*. Airey Neave, futuro membro do parlamento britânico que, como jovem major executou as acusações dos réus em Nuremberg, escreveu sobre Kaltenbrunner: "... um gigante com mãos impressionantes... Ele tinha um rosto muito comprido e uma profunda cicatriz que nascia do lado esquerdo de sua boca e ia até o nariz. Havia alguns buracos em seus dentes e ele possuía orelhas enormes." Foi descrito pela romancista inglesa Evelyn Waugh, que frequentou alguns dos julgamentos, como o único acusado "que na verdade parecia um criminoso."

A tentativa de Kaltenbrunner de conseguir favores com os Aliados ao entregar

O carrasco John Wood, do exército americano, em frente da forca erguida em Nuremberg para as execuções de 16 de outubro de 1946. Von Ribbentrop foi o primeiro a ser morto, seguido de outros nove condenados durante os tribunais.

o notório campo de Mauthausen aos americanos havia demonstrado ser um fracasso. Os pontos básicos da defesa de Kaltenbrunner eram previsíveis: que ele havia sido apontado como chefe da RSHA solenemente a fim de reorganizar o serviço de inteligência política do Reich e amalgamá-lo com o antigo *Abwehr*. O controle, ele disse, havia permanecido nas mãos de Himmler e Müller. Para Airey Neave, ele protestou: "Fiz apenas meu dever como órgão de inteligência. Recuso-me a servir como substituto para Hitler." Outro apelo foi feito para Gustav Gilbert, o psicólogo da cadeia em Nuremberg, que ele não tinha nada a ver com os assassinatos em massa, que ele não deu nenhuma ordem nem levou adiante nenhuma delas. Disse a Gilbert: "Você não consegue imaginar o quão secretas estas coisas eram, até mesmo para mim." No tribunal, ele foi confrontado com alguns decretos que ele próprio havia assinado, mas ele nem mesmo as reconheceu nem denunciou estas assinaturas como forjadas.

Uma das mais notórias ações de Kaltenbrunner foi suas ligações com Adolf Eichmann a respeito do controle dos prisioneiros judeus da Hungria. Eles se conheciam havia vários anos e ambos tinham sido membros do partido nazista ilegal na Áustria antes do *Anschluss*. As relações tinham se tornado mais próximas após a indicação de Kaltenbrunner como chefe da RSHA. Em 15 de outubro de 1944, Kaltenbrunner ordenou a ida de Eichmann para Budapeste com a sugestão de que 50.000 judeus fossem deportados imediatamente. Bombardeios aliados e o avanço das tropas soviéticas tinham tornado o transporte por trem difícil. Uma vez que o campo em Auschwitz estava sob a ameaça dos russos,

Eichmann sugeriu que os judeus marchassem a pé por mais de 193km (120 milhas) para o campo de detenção de Strasshof, próximo a Viena. Kaltenbrunner deu as ordens necessárias. Começando no dia 20 de outubro, cerca de 30.000 judeus, sem comida, roupas ou sapatos adequados, foram levados de Budapeste a Strasshof e outras localidades nas piores condições climáticas possíveis. Muitos foram abandonados no caminhos, ou mortos a tiros. Kaltenbrunner firmou-se à sua monótona ab-rogação de responsabilidade, uma atitude contradita por um de seus colegas da SS, o *SS-Hauptsturmführer* Dieter Wisliceny, que declarou: "Todas as medidas tomadas em relação aos judeus foram submetidas a Kaltenbrunner para decisões básicas: primeiro Heydrich, depois Kaltenbrunner."

Em 1 de outubro de 1946, o Tribunal Internacional considerou Kaltenbrunner culpado de cometer crimes de guerra e crimes contra a humanidade. Dezoito dias mais tarde, precedido por um padre católico, ele foi conduzido à morte. Perguntado se tinha alguma última declaração a fazer, disse: "Amei meu povo alemão com todo o meu coração. E minha terra natal também. Cumpri meu dever por meio da lei de meu povo e lamento que meu povo tenha sido liderado, desta vez, por homens que não eram soldados e que sobre os crimes cometidos eu não tenho nenhum conhecimento." Ele levou aproximadamente 15 minutos para morrer na forca. Houve pouco apreço. Peter R. Black, historiador no Escritório de Investigações Especiais, Departamento de Justiça dos EUA, se referiu à "ausência de qualquer tipo de culpa, remorso, ou mesmo reflexão a respeito das milhares de vidas dos inocentes mortos pelo regime que ele serviu ou que morreram como resultado de suas políticas.

Ao contrário, ele parece ter sido convencido de que fez tudo certo, de que suas ações foram necessárias, e que a "história" um dia provaria isso."

Ribbentrop foi o primeiro dos acusados a ser executado, seguido por outros nove – mas não Hermann Göring. Como Himmler, ele tinha conseguido ingerir veneno, o que deu a ele ao menos um último motivo para rir em relação a seus executores. Como ele conseguiu tal feito numa prisão de segurança máxima foge até o hoje ao entendimento. Quando os corpos dos homens enforcados foram exibidos, o de Goring, como resultado do veneno, foi encontrado completamente esverdeado. Todos os corpos foram cremados.

Outros tiveram mais sorte, levando em conta também Walter Schellenberg, que havia encontrado refúgio com o conde Bernadotte na Suécia e se ocupava de preparar um relatório sobre as negociações nas quais havia se envolvido durante os meses finais da guerra. Sua extradição, entretanto, foi logo pedida pelos Aliados e ele retornou à Alemanha em junho de 1945 para enfrentar o julgamento, aparecendo primeiro apenas como testemunha nas principais audiências de Nuremberg. Como membro da SS, da SD e de seu antigo departamento, a *Amt VI*, Schellenberg foi considerado culpado e sentenciado a seis anos de prisão, sendo esta relativa brandura influenciada por seus esforços nos últimos estágios da guerra para ajudar os prisioneiros de campos de concentração, quaisquer que tenham sido seus motivos. Liberto, ele foi para a pequena cidade italiana de Pallanza nas margens do lago Maggiore, onde trabalhou em sua biografia. Sua saúde deteriou-se rapidamente e ele acabou por morrer em março de 1952.

O corpo de pijamas de Hermann Göring estendido em um caixão de madeira. Esta foto oficial foi tirada após seu suicídio na prisão de Nuremberg, durante a noite de 15 para 16 de outubro de 1946. Como ele conseguiu esconder o cianeto em sua cela ainda permanece um mistério. Juntamente com outros que foram executados, seu corpo foi cremado.

ALÉM DE NUREMBERG

Com a queda de Berlim, não apenas os escritórios da Gestapo foram reduzidos a escombros, mas também a Prinz-Albrecht-Strasse foi renomeada como Niederkirchnerstrasse em homenagem ao lutador da resistência comunista assassinado pela SS. A destruição de um prédio e a mudança do

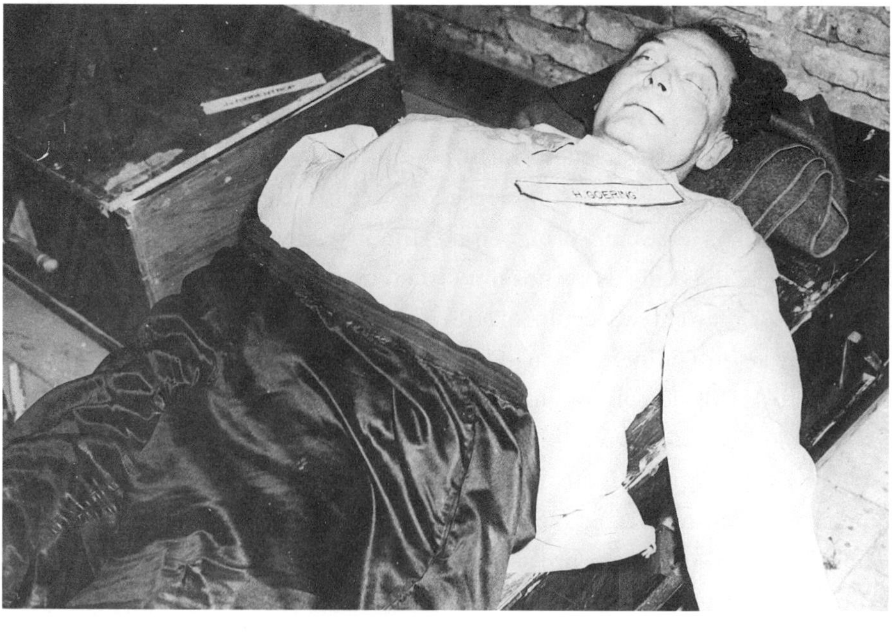

nome, no entanto, não foram o bastante para apagar as lembranças amargas e o desejo de justiça, especialmente nos antigos territórios ocupados.

Em 25 de março de 1949, o *SS-Brigadeführer* Hans Albin Rauter, sentenciado por sua perseguição recorde aos judeus na Holanda, foi condenado à forca, uma fonte de satisfação particular para a organização de Resistência Holandesa Binnenlandse Strijdkrachten. Mas ainda havia intensas lembranças sobre os acontecimentos de quatro anos antes.

Na noite de 6 para 7 de março de 1945, Rauter levou tiros e foi gravemente ferido por membros da Resistência próximo de Apeldoorn. Foi um ataque não-intencionado. Ao escutar a aproximação de um veículo pesado, os resistentes, vestidos com uniformes alemães, ficaram na rua em frente às luzes que quebravam a escuridão. Ficaram com a impressão de se tratar de um caminhão carregando comida para o *Wehrmacht*, que eles pretendiam sequestrar, mas na verdade o que houve foi que fizeram que a BMW conversível de seis cilindros de Rauter parasse imediatamente. Abriram fogo, matando o motorista e ferindo gravemente Rauter na boca, nos pulmões e nas vértebras do pescoço – mas ele sobreviveu. Em questão de horas, a SD local e a Gestapo assumiram o controle. Sob as ordens de Rauter, membros da Resistência, reféns e residentes de um campo de concentração próximo foram cercados e mortos pela *Ordnungspolizei*. Uma nota pregada nos corpos abandonados dizia: "É isto o que fazemos com terroristas e sabotadores."

À medida que os anos se passavam, vários membros da Gestapo, da SS e da RSHA, que haviam escapado da acusação, acharam que poderiam agora relaxar. Para dois homens ao menos, tal confiança foi subjugada. Foi de alguma forma irônico que, após a guerra, Adolf Eichmann tivesse caído por duas vezes nas mãos dos americanos, em diversas ocasiões dando os nomes de Otto Eckmann e Adolf Barth. Como estes não estavam em nenhuma lista de procurados, os americanos mostraram pouco interesse e, nas caóticas condições da época, não foi difícil para Eichmann sumir dos campos de prisioneiros de guerra. Em março de 1946, um homem que se apresentou como Otto Heniger apareceu na pequena vila de Eversen, próxima a Lüneburg Heath, na zona britânica da Alemanha. Este foi apenas um dos inúmeros disfarces que Eichmann adotou ao longo dos anos.

Ele explicou que sua casa era em Breslau e que estava ansioso para se juntar aos companheiros refugiados do leste. Seus papéis estavam em ordem, algo completamente surpreendente, uma vez que, na época, proliferavam os mercados negros de forjar de documentos. Permitiram-lhe compartilhar acomodações

A personificação da pura burocracia, Adolf Eichmann, descrito por um observador de seu julgamento como "assustadoramente normal", em pé dentro da cabine envidraçada durante seu julgamento em Jerusalém. Como se estivesse impelido a completar um negócio, fez uma longa e franca confissão, auxiliando seus interrogadores como se fosse uma testemunha de acusação de seu próprio julgamento. Ele foi enforcado na prisão de Ramleh em 21 de maio de 1962.

com meia dúzia de ex-soldados, além de conseguir emprego numa madeireira.

Embora toda a extensão de seu passado na Gestapo não estivesse ainda aparente, o nome de Eichmann figurava durante os procedimentos de Nuremberg quando Rudolf Hoss, comandante de Auschwitz, o identificou como o burocrata no comando dos assassinatos em massa de judeus, testemunho apoiado por outros, inclusive Dieter Wisliceny. Este testemunhou que, durante julho ou agosto de 1942, ele esteve em Berlim a fim de discutir o comprometimento dos judeus da Eslováquia. Lá, encontrou Eichmann, que apresentou um documento ultrassecreto, com bordas vermelhas. Era uma ordem assinada por Himmler no mês de março, clamando pela imediata implementação da solução final para a questão judaica. Wisliceny disse em seu testemunho: "Eichmann me disse que as palavras "solução final" significavam a exterminação biológica da raça judaica, mas que por enquanto judeus capazes e saudáveis seriam empregados na indústria e nos trabalhos que conseguissem realizar. Fiquei muito impressionado com este documento, que dava a Eichmann toda a autoridade para matar milhões de pessoas, que eu disse na época: "Que Deus proíba que nossos inimigos façam qualquer coisa semelhante ao povo alemão." Ele respondeu: "Não seja sentimental – esta é uma ordem do *Führer*." Percebi então que a ordem era uma sentença de morte para milhões de pessoas e que o poder para executar tal ordem estava nas mãos de Eichmann, sujeitado à aprovação de Heydrich e mais tarde de Kaltenbrunner."

Eichamnn tinha plena consciência dos riscos que corria ao permanecer na Europa. Em 1950, Eichmann foi para a América do Sul. Era aparente que a Argentina havia se tornado um dos principais centros do submundo nazista e que seu ditador, Juan Perón, estava consciente e apoiando a chegada de importantes figuras do regime de Hitler. Lá, eles receberama ajuda de um corpo denominado ODESSA (*Organization des SS-Angehorigen*), que facilitava a fuga de ex-carrascos nazistas e seus simpatizantes. Em 1952, Eichmann estava de posse de um cartão de identidade emitido pelas autoridades policiais argentinas sob o nome de Ricardo Klement. O cartão indicava que "Klement" havia nascido em Bozen (conhecida desde 1918 como Bolzano) ao norte da Itália. Agentes israelitas, ativos na Argentina, foram eventualmente levados a uma casa de tijolos de um subúrbio pobre de Buenos Aires. Em 11 de maio de 1960, Eichmann foi quando voltava Mercedes-Benz, onde trabalhava até então e foi levado para Jerusalém como acusado no primeiro julgamento televisionado na história.

No banco dos réus do tribunal de Jerusalém, o comportamento de Eichmann foi marcado pelo mesmo pedantismo administrativo que havia caracterizado sua conduta burocrática dos crimes. A confissão sob intenso interrogatório foi plena e factual – chegava às 3.500 páginas. Eichmann afirmou que não havia assassinado pessoalmente uma única pessoa e estava apenas cumprindo ordens. Estas réplicas já familiares foram rejeitadas completamente. Quando ele afirmou que Rudolf Hoss tinha tomado a decisão de usar (o gás) Zyklon B em Auschwitz para conseguir acelerar o processo de assassinato dos judeus a cerca de 9.000 por dia, a acusação concordou – mas perdeu tempo em apontar que a decisão de Hoss não poderia ter sido implementada sem a entrega da remessa de pessoas necessária, o que era responsabilidade da esfera de Eichmann.

O apelo de Adolf Eichmann contra a sentença de morte foi rejeitado pela Suprema Corte Israelense, e ele acabou sendo enforcado na prisão de Ramleh em 21 de maio de 1962. Não mostrou nenhum remorso quando foi escoltado para a câmara de execução pelo pastor de Jerusalém da Missão Cristã de Zion, que dis-

Jean Moulin, um dos grandes heróis da Resistência Francesa, foi procurado pela Gestapo em Lyon e torturado sob as ordens de Klaus Barbie. Em sua transferência forçada para Berlim a fim de prestar mais depoimentos, ele sofreu um ataque do coração fulminante que o matou em julho de 1943. Diversas teorias foram lançadas a respeito de quem teria sido seu traidor, mas nenhuma prova foi até hoje encontrada.

se: "Ele é o homem mais inflexível e duro que já vi. Parece não ter consciência dos erros que cometeu. Parece pensar que eliminou um povo que deveria ser eliminado. Se um julgamento pelos andamentos de um homem for justificado, este com certeza o é." A pedido de Eichmann, seu corpo foi cremado e suas cinzas jogadas ao mar.

O JULGAMENTO FINAL

A descoberta de Eichmann e o subsequente julgamento causaram uma sensação na época, mas não pôde ser comparado ao grande drama que levou à sentença de prisão perpétua de 1987 de Klaus Barbie, o "Assassino de Lyon." Lembranças do terror da Gestapo estão aguçadas em cada canto do leste da França e, se aqueles que sofreram pudessem ao menos esquecer, a eles isso não seria permitido.

Na manhã de 11 de novembro de 1942, uma procissão infinita de veículos alemães e colunas de soldados uniformizados penetrou nos subúrbios e nas alamedas principais de Lyon para tomar a cidade. A isto seguiu-se a ordem de Hitler, codinome Attila, para a ocupação alemã da França desocupada (Vichy) em resposta à invasão aliada na África do Norte francesa, que deveria assegurar aos Aliados uma posição favorável de controle do Mediterrâneo. Alguns dias mais tarde, o *SS-Obersturmführer* Klaus Barbie havia se dirigido para Lyon. Aos 29 anos de idade, e ainda relativamente novo no posto, ele havia assegurado um emprego de grande responsabilidade – era o chefe da Gestapo em Lyon, terceira maior cidade da França. Ele havia cumprido bem sua tarefa de casa. Falando fluentemente o francês, com pouquíssimo traço de sotaque, ele havia previamente visitado Lyon e, misturando-se facilmente com os lyonenses em cafés e bares, conseguiu formar um perfeito retrato de seus habitantes. As instruções que recebeu de Helmut Knochen eram de invadir e romper os movimentos de resistência, que eram conhecidos por estarem profundamente enraizados e fortes. Ele também conseguiu formar um forte *Einsatzcommando*, esquadrão que se tornaria especialmente odiado e temido por toda Lyon e redondezas.

Ao longo do regime de horror e intimidação de Barbie, dois eventos se tornariam notórios. Em 2 de junho de 1943, a paz noturna do subúrbio norte de Caluire foi devastada por uma fila de Citröens pretos, que se dirigiram para a praça Castellane, deixando um grupo da Gestapo. Atuando secretamente, a origem nunca confirmada, Barbie soube que algumas farmácias pertencentes ao Dr. Frédéric Dugoujon era ponto de encontro de proeminentes membros da resistência, notadamente certo Monsieur Martel, supostamente um paciente sofrendo de reumatismo. A Gestapo começou dando socos no estômago de Dugoujon, então bateram em outro homem, usando para isso a perna quebrada de uma das mesas. Mas seu interesse principal era Martel – com boa razão, uma vez que seu inimigo era na verdade Jean Moulin (codinome "Max"), que havia se refugiado ali e se tornaria um dos granes nomes da Resistência Francesa.

No final de 1940, Moulin havia viajado pelo sul da França, reunindo grupos de resistência para formar os movimentos do Combate. Em 1942, após visitar o general Charles de

Torturas e assassinatos conduzidos pela Gestapo em Paris eram uma característica constante da ocupação. Isso foi revelado em setembro de 1944, quando os corpos das vítimas, muitas das quais queimadas vivas ou mortas a tiros, foram descobertos no prédio do Ministério da Aviação, onde os alemães estavam sediados. Aqui, um alemão capturado é acareado diante das tiras de pano utilizados para cobrir os olhos das vítimas que eram executadas.

Gaulle em Londres, ele foi enviado (de parquedas) de volta à França para estabelecer, a pedido de de Gaulle, o nacional *Conseil National de la Résistance*. Teve uma primeira reunião em Paris, em maio de 1943, e foi uma das últimas iniciativas de Moulin antes de sua prisão algumas semanas mais tarde. Embora horrendamente torturado pela Gestapo, ele se manteve em silêncio e foi colocado em um trem a caminho da Alemanha. Em alguma parte durante a viagem, morreu; o atestado de óbito recebido por sua família, emitido nos quartéis-generais da Gestapo de Paris, deu a causa da morte como parada cardíaca.

DRANCY

Um projeto inacabado de abrigo no subúrbio de Drancy, em Paris foi escolhido em dezembro de 1940 como lugar do que estava para se tornar o maior campo de deportação (*Sammellager*) de judeus da França. Sessenta e dois trens de deportação, levando cerca de 61.000 judeus, deixou Drancy entre julho de 1942 e agosto de 1944. muitos destes deportados morreram no campo de concentração de Auschwitz-Birkenau. Até 1 de julho de 1943, Drancy era administrado pelos franceses, embora o controle definitivo ficasse a cargo da *Sicherheitspolizei* (Sipo) e da SD. No dia seguinte, o campo foi tomado pelo *SS-Hauptsturmführer* Alois Brunner, responsável pelo transporte final para Auschwitz das crianças de Izieu, próximo a Lyon.

Antes da chegada de Brunner, organizações judaicas francesas e a Cruz Vermelha obtiveram a permissão de enviar comida e agrados para os que estavam em Drancy, mas Brunner se recusou a deixar que o auxílio continuasse, reduzindo o racionamento de comida aos prisioneiros. Até que os alemães proibissem a prática religiosa, as celebrações do ano-novo judaico (Rosh Hashanah) e o Dia do Perdão (Yom Kippur) eram permitidos, e uma escola infantil clandestina estava operando até o início de 1943, quando foi então descoberta e forçada a fechar suas portas.

Logo no começo de agosto de 1941, havia atividade de resistência. Até agosto de 1943, um total de 41 prisioneiros conseguiu escapar, além dos planos que continuavam para se fazer um túnel de fuga, com 70 prisioneiros escavando durante três turnos. O trabalho estava quase completo quando os alemães descobriram o túnel e enviaram todos os prisioneiros responsáveis para a morte.

Na noite do dia 15 para o 16 de agosto de 1944, a apenas uma semana antes dos aliados chegarem a Paris, os alemães em Drancy queimaram todos os documentos incriminadores e escaparam, deixando para trás 1.543 prisioneiros. Raoul Nordling, o cônsul-geral sueco, assumiu o controle do campo e pediu à Cruz Vermelha francesa para que cuidasse dos prisioneiros. Um monumento aos judeus deportados foi erguido em frente ao lugar onde ficavam os portões principais de entrada do campo.

A reputação de Jean Moulin como um resistente efetivo e a provável identidade de seus traidores tornaram-se assunto de controvérsia ao longo dos anos; entretanto, em relação a cidade de Lyon, um evento ocorrido posteriormente foi relembrado com muito mais amargura. Uma mensagem enviada às pressas lançado por Barbie a Berlim em 6 de abril de 1944 dizia: "Nas primeiras horas da manhã, a casa infantil judaica "Colonie d'enfants", em Izieu-Ain foi tomada. Um total de 41 crianças, de idades entre 3 a 13 anos, foi levado. Além disso, toda a equipe feminina de judias, que cuidava das crianças, foi presa. Dinheiro e outros bens não foram levados. O transporte para Drancy segue em 7/4/1944 - Barbie." As crianças tinham sido enviadas, ao longo de toda a França, às escolas em vista do perigo frequente aos judeus. Um comboio de carros e caminhões entrava nos pátios escolares. A equipe e os funcionários eram mantidos presos sob a ameaça das armas enquanto a SS e a *Milice*, a força armada da Vichy colaboracionista, vasculhava a casa e levava as crianças, despachadas imediatamente para Paris.

Em 30 de junho de 1944, as crianças foram levadas para os vagões ferroviários e enviadas para Auschwitz, morrendo nas câmaras de gás. Foi a atrocidade de Izieu acima de tudo o que motivou os famosos caçadores de nazistas, o advogado judeu francês Serge Klarsfeld, cujo pai morreu em Auschwitz, e sua esposa alemã protestante, Beate, a encontrar Barbie e liderar a longa campanha para seu retorno forçado a Lyon.

Ao final da guerra, o "Assassino de Lyon" recebeu emprego e apoio da contrainteligência americana, ardorosamente interessado em se beneficiar de suas habilidades policiais e entusiasmo anticomunista, vistos como vantagens valiosas na proteção da Alemanha Ocidental durante a Guerra Fria. Posteriormente, sob a égide da contrainteligência, Barbie fugiu para a América Latina, com sua mulher e filhos, estabelecendo-se na Bolívia, ganhando cidadania em 1957. Viveu lá com algum conforto sob a alcunha de Klaus Altmann, trabalhando para as ditaduras tanto do Peru quanto da Bolívia. Sua identidade foi desmascarada pelo casal Klarsfeld em 1971, mas o governo boliviano se recusou a extraditar um homem que declarava ser um de seus cidadãos. Nem mesmo a França estava muito interessada em receber este ex-nazista, que poderia facilmente identificar antigos colaboradores de Vichy, alguns dos quais com respeitáveis empregos. Mas os Klarsfeld persistiram, e Barbie foi finalmente extraditado para enfrentar julgamento em 1983.

A decisão de realizar um julgamento foi criticada duramente por quem argumentara que, uma vez que os prédios e escritórios da Gestapo tinham sido des-

Um jovem Klaus Barbie, visto aqui usando um uniforme Wehrmacht, serviu como oficial de patente inferior durante a invasão da França antes de se juntar à SD. A natureza de seu trabalho em Lyon era muito clara: penetrar e destruir os movimentos de resistência. Juntamente as suas vítimas ansiosas por seu julgamento, havia antigos colaboradores temerosos (sem necessidade) de serem expostos.

truídos e aniquilados, qual era a razão de trazer um homem velho diante de um tribunal após tantos anos? Klaus Barbie não tinha sido Eichmann, não era arquiteto da solução final, mas um mero empregado de Himmler que nunca conseguiu subir a um posto mais alto do que o de *SS-Obersturmführer*. Milhares como ele ao longo da Europa não tinham sido pegos ou sentenciados, portanto, por que enquadrá-lo? As dúvidas eram opostas por aqueles que favoreciam um julgamento, apontando que, em Lyon, ao menos, seria possível levar a justiça em memória das crianças mortas de Izieu e da lenda de Jean Moulin.

Como pretendido, a chegada ao tribunal de antigas vítimas, algumas das quais ainda carregando as cicatrizes e os sinais físicos das torturas das interrogações da Gestapo, provou ser muito mais incriminador do que qualquer documentação. Algumas testemunhas, no entanto, descreveram a experiência como particularmente amendrontadora a partir do instante que avistaram Barbie. Seu rosto trazia o mesmo olhar remoto e meio sorriso que havia adotado quando conduzia interrogatórios cerca de quarenta anos antes. Obviamente consciente de que tinha chegado ao fim da linha, pouco fez como tentativa de se livrar. O alívio de que os procedimentos finalmente terminavam com uma sentença de prisão perpétua por crimes contra a humanidade não foi de forma alguma limitado às vítimas sobreviventes. Durante a guerra, Lyon havia produzido sua casta de colaboradores dentro de Vichy, mas aqueles que sofreram de consciência durante o julgamento não precisavam ter se preocupado: Barbie não entregou nenhum nome. Ninguém, por exemplo, sabe quem foi a pessoa que traiu Jean Moulin, embora ao longo dos anos os suspeitos tenham aparecido.

Klaus Barbie morreu na prisão em 23 de setembro de 1991. É improvável que haja outros julgamentos de crimes de guerra comparados ao dele. Mesmo nos primeiros dias da Europa dividida e da Guerra Fria, as lembranças começaram a desaparecer. Com relação à própria Gestapo, não houve sobreviventes, mas para os judeus em particular, inclusive os descendentes das vítimas do Holocausto, a culpa do nazismo não é esquecida. Para aqueles ansiosos para investigar as carreiras e atividades de homens como Eichmann, Müller e Barbie, há livros em museus e bibliotecas ao redor do mundo. Seu valor deve fornecer ampla evidência dos perigos e maldades de uma ditadura, especialmente com uma polícia repressiva para reforçá-la. Os avisos permanecem tão poderosos como nunca.

APÊNDICES

O DECRETO DA NOITE E DA NEBLINA

O notório *Nacht und Nebel Erlas* - Decreto da Noite e da Neblina - foi uma ordem emitida a pedido do *Führer* pelo Marechal Wilhelm Keitel, da SD, Gestapo e Kripo, em 07 de dezembro de 1941. Levando a assinatura de Keitel, o *Führer Befehl* (Ordem de Hitler) era dirigida aos habitantes dos territórios ocupados da Europa Ocidental. Seu propósito era perseguir pessoas consideradas "de periculosidade à segurança alemã." Seu destino era desaparecer na obscuridade, como revela o título do decreto. Nenhuma confirmação ou negação de seus paradeiros seria dita aos familiares.

O decreto havia surgido com a abundante irritação de Hitler em relação às políticas de segurança de fazer reféns - originalmente almejado para os lutadores resistentes comunistas e suas famílias - que ele considerava improdutivos, uma vez que encorajava apenas a rebeldia e os movimentos resistentes. Keitel, de um modo que selaria seu destino como criminoso de guerra nos julgamentos pós-guerra, lançou uma explicação direta da ordem de Hitler. O documento, um dos muitos produzidos no tribunal de Nuremberg sob a alcunha geral de "Conspiração e Agressão Nazista", declarava: "Em princípio, a punição por ofensas cometidas contra o estado alemão é a pena de morte. Se estas ofensas forem punidas com a prisão, mesmo aquela conhecida como prisão perpétua, isto será visto como um sinal de fraqueza. A intimidação eficiente só pode ser conseguida tanto pela punição capital quanto por medidas pelas quais os parentes do criminoso e a população em geral desconheçam seu destino."

Keitel mais tarde foi além, declarando que, se a pena de morte não for administrada dentro de oito dias após uma prisão, "os prisioneiros serão transportados para a Alemanha secretamente." Outros documentos subsequentemente lançados e formando a base para os julgamentos dos crimes de guerra, revelaram ordens em abundância para o "NN" (como a ordem ficou conhecida), incluindo o sancionamento da tortura e decapitação de prisioneiros masculinos. No banco dos réus, Keitel fez uma apologia para o *Nacht und Nebel*, explicando: "Foi a vontade do *Fuhrer* após uma longa consideração." Ele continuou dizendo que havia liberado o decreto relutantemente, protestando que era o pior que já havia sido obrigado a emitir. Questionado sobre o porquê de não ter se recusado a tal ordem para implementar o decreto, ele afirmava que diversas vezes pediu para ser afastado de seu cargo na OKW, mas nunca havia recusado uma ordem uma vez que todos os oficiais alemães e soldados estavam legalmente conectados pelo "voto sagrado ao *Führer*."

O homem conhecido por alguns colegas como "Lakeitel" ("Lackei Keitel") e "Nickesel", inspirado por um macaquinho de histórias infantis que nunca deixou de abaixar a cabeça aos comandos, permaneceu sempre leal. Keitel foi considerado culpado por ajudar Hitler a cometer a guerra mais agressiva e violenta e por endossar crimes de guerra e crimes contra a humanidade. Seu pedido para ser executado por um esquadrão de fogo foi recusado. Ele foi enforcado em outubro de 1946.

UNIFORME

A imagem popular do pessoal da Gestapo, usando sobretudos pretos de couro e bonés de borda larga realizando prisões em massa, seguidas de tortura e interrogação sem fim, conta apenas parte da história. Nem todos os membros da Gestapo usavam roupas impecáveis, nem seus serviços a serem executados eram assim realizados dessa forma.

O *Grenzzolldienst* (Serviço Policial de Fronteira), fundado em outubro de 1933 para policiar as fronteiras da Alemanha, foi logo reforçado com a SS. Quatro anos mais tarde, Reinhard Heydrich foi eleito a mais alta autoridade em relação a todos os assuntos fronteiriços, enquanto a autoridade executiva foi delegada à Gestapo. Enquanto realizava os serviços, esta última era obrigada a usar uniformes em tons de cinza escuro e exibir o emblema no braço do *Grenz-Polizei*. A fronteira da Alemanha com a Polônia ocupada pelos soviéticos era controlada exclusivamente pela Gestapo.

A rápida entrada das tropas da Gestapo na Polônia ocidental em 1939 proporcionou a criação das *Selbstschutz* (Unidades Autoprotetoras), responsáveis por defender o território alemão e os habitantes alemães na Polônia, mantendo custódia dos prisioneiros de guerra e guardando as instalações. Heinrich Himmler, sempre sensível à sua autoridade, mantinha controle extremo daquilo que ele chamava organização policial. A equipe das *Selbstschutz* incluía postos da Gestapo que inicialmente usavam roupas civis, mas progressivamente os uniformes, consistindo de um boné preto com um broche prateado na frente e o emblema nacional da SS do lado, foram incorporados.

Uma invasão mais profunda e complexa na União Soviética trouxe novas tarefas para a Gestapo. Todos os membros da *Sicherheitspolizei* (Sipo), a polícia de segurança que consistia da Gestapo e da *Kriminalpolizei* (Kripo), foram obrigados a usar os uniformes da SD. Seu status especial foi indicado pelo sibilo das pontas de seus distintivos.

Na época da invasão da Polônia, a Alemanha possuía à sua disposição seis *Einsatzgruppe* (Grupos de Ação Especiais). O *Einsatzgruppe* A tinha uma força de 1.100 pessoas, incluindo membros da Gestapo de Munique. Eram responsáveis por medidas antiresistência, que com frequência significava as execuções em massa. A princípio, usavam roupas normais, mais tarde trocando para os uniformes cinza-escuros e tiras do exército presas nos ombros. Isso levou a uma séria oposição da *Waffen-SS,* que se considerava uma elite privilegiada e profundamente ressentia o que considerava como seu território. Consequentemente, a SD e a Gestapo receberam permissão de usar apenas as tiras do exército da *Waffen-SS,* se estas incorporassem os sibilos das unidades policiais.

Mais tarde, tiras policiais (ao invés das do exército) foram incorporadas definitivamente aos uniformes. Os membros da SD e da Gestapo usavam sobretudos cinza com a marca da SS e com as especificações corretas de acordo com o posto que cada um ocupava. Entretanto, no início de 1943, quando a guerra começou a se virar contra a Alemanha e os materiais começaram a ficar escassos, golas e cordões foram abandonados. Portanto, estas ornamentações de uniformes se tornaram artigos extremamente caros, e, no verão de 1944, o uniforme e o equipamento dos oficias, para os homens da Sipo e da SD, tornaram-se padrão. Em 1945, os uniformes desapareceram como um todo, largamente descartados pelos homens que se vestiam sozinhos desta vez, com frequência carregando documentos falsos e procurando fugir pelos becos e pelas ruelas a fim de escaparem da justiça dos Aliados.

POSTOS

SS e a Gestapo	Exército Britânico	Exército dos EUA
Anwarter	Soldado	Soldado
Sturmann-Mann	-	Soldado de 1ª Classe
Rottenführer	Cabo	Cabo
Unterscharführer	Cabo	Sargento
Scharführer	Cabo	Sargento
Oberscharführer	Sargento	Sargento Técnico
Hauptscharführer	Sargento	Sargento-Chefe
Sturmscharführer	Major-Sargento	Subtenente
Untersturmführer	Segundo Tenente	Segundo Tenente
Obersturmführer	Tenente	Primeiro Tenente
Hauptsturmführer	Capitão	Capitão
Sturmbannführer	Major	Major
Obersturmbannführer	Tenente-Coronel	Tenente-Coronel
Standartenführer	Coronel	Coronel
Oberführer	Brigadeiro	Brigadeiro-General (1 estrela)
Brigadeführer	Major-General	Major-General (2 estrelas)
Gruppenführer	Tenente-General	Tenente-General (3 estrelas)
Obergruppenführer	General	General (4 estrelas)
Oberstgruppenführer	General	General do Exército (5 estrelas)
Reichsführer-SS	-	-

GLOSSÁRIO

Abwehr: A organização central de inteligência militar alemã, chefiada pelo almirante Wilhelm Canaris, um dos líderes do complô da bomba no atentado contra Hitler de julho de 1944.

Einsatzgruppen: Unidades móveis armadas da polícia, consistindo de pessoal da Sipo, SD, SS e Gestapo, utilizadas para cercar e executar inimigos nos territórios conquistados no leste. Seus alvos principais eram os judeus, oficiais comunistas – assim como os comissários – ciganos, líderes políticos e intelectuais. Cada unidade era formada por um número de companhias conhecidas como *Eisatzkommando*.

Gauleiter: O supremo oficial de território oficial do Partido Nazista, empregado na Alemanha e territórios anexos na Polônia, Áustria e Tchecoslováquia.

Geheime Feldpolizei (GFP): Formada em 1939 a pedido do Marechal Wilhelm Keitel, comandante-chefe da OKW, a "Polícia de Campo Secreta" era essencialmente polícia em roupas militares comuns. As funções da *Geheim Feldpolizei* incluíam contra-espionagem, contra-sabotagem, detecção de atividade de traição e contra-propaganda. Eles também auxiliavam o sistema legal do exército em investigações para as cortes marciais.

Kriminalpolizei (Kripo): A "Polícia Criminal" estava a cargo do combate ao crime não-político. Como a Orpo e a Sipo, era separada da Gestapo e da SD, embora na verdade o pessoal fosse controlado por Heydrich e obrigado a cuidar dos assuntos da Gestapo.

Oberkommando der Wehrmacht (OKW): O Alto Comando das Forças Armadas foi organizado por Hitler em 1938 para substituir o antigo Ministério de Guerra da era da República de Weimar. Comandado pelo Marechal Wilhelm Keitel, foi dividido em três áreas, e controlava todas as unidades das forças armadas, bem como a inteligência militar, incluindo o *Abwehr*. A OKW foi responsável por supervisionar os serviços militares individuais e assegurar que os requerimentos da liderança política estivessem de acordo. Essencialmente, a OKW era vista por Hitler como equipe militar responsável por emitir seus comandos aos vários outros serviços.

Ordnungspolizei (Orpo): A Orpo era separada da Gestapo e da Sipo, e cuidava de asuntos civis como o controle do tráfego, as patrulhas e os assuntos policiais de rotina. Nos territórios ocupados, entretanto, a Orpo com frequência se envolveu nas atividades dos *Einstatzgruppen*.

Reichsfuhrer-SS: O título de Heinrich Himmler como supremo comandante da SS e da Gestapo.

Reichsleiter: Um membro do quadro executivo do partido Nazista. Martin Bormann era seu mais ilustre conhecido.

Reichssicherheitshauptamt (RSHA): O Escritório de Segurança Central do Reich foi criado em 1939 como uma organização de proteção para todas as agências de inteligência não-militares, incluindo a SD, Kripo e Gestapo. A organização era originalmente chefiada por Reinhard Heydrich, e, após seus assassinato, por Ernst Kaltenbrunner.

Schutzstaffel (SS): Significando "Esquadrão de Proteção", a SS era originalmente a segurança pessoal de Hitler. Himmler a transformou em um exército dentro do exército. Mais de 40 divisões da SS foram criadas, especialmente à medida que a guerra na frente do leste se acelerava.

Sicherheitsdienst (SD): Significando "Serviço de Segurança", a SD era a organização de inteligência do Partido Nazista, enquanto a Gestapo era a "Polícia Secreta do Estado." Na verdade, as duas trabalharam juntas,tornando-se praticamente indistinguíveis.

Sicherheitspolizei (Sipo): Embora nominalmente parte do governo, mais até do que a SS, na verdade a "polícia de Segurança" trabalhou próxima da SD e da Gestapo, numa fusão das forças policiais políticas do estado.

Sturmabteilung (SA): Conhecidos como "Camisas-Marrom", os apoiadores uniformizados de Hitler foram recrutados já no início de 1921 em Munique, por Ernst Rohm, para proteger os nazistas e fornecer o ímpeto nas assembléias políticas. A SA foi destruída como força efetiva em 1934 após a morte de Röhm, durante a limpeza conhecida como "Noite das Facas Compridas."

BIBLIOGRAFIA

ARONSON, SHLOMO. *Beginnings of the Gestapo System.* Jerusalem: Israel Universities Press, 1969.

BLACK, PETER R. *Ernst Kaltenbrunner: Ideological Soldier ofthe Third Reich.* Princeton, New Jersey: Princeton University Press, 1984.

BOWER, TOM. *Klaus Barbie: Butcher of Lyon.* London: Michael Joseph, 1984.

CALIC, EDOUARD. *Reinhard Heydrich.* London: Military Heritage Press, 1982.

DELARUE, JACQUES. *The History of the Gestapo.* London: Macdonald, 1964.

DAWIDOWICZ, Lucy. *The War Against The Jews, 1933—1945.* London: Bantam Books, 1975.

DESCHNER, GUNTHER. *Heydrich: The Pursuit of Total Power.* London: Orbis, 1978.

GALLO, MAX. *The Night of the Long Knives.* London: Harper&Row, 1972.

GISEVIUS, HANS BERND. *To The Bitter End.* London: Jonathan Cape, 1948.

GILBERT, MARTIN. *The Holocaust: The Jewish Tragedy.* London: Collins, 1986.

GRABER, G S. *Historv of the SS.* New York: D. McKay, 1981.

HEADLAND, RONALD. *Messages of Murder: a Study of the Reports of the Einsatzgruppen of the Security Police and the Secret Service, 1941—1943.* Rutherford, New Jersey: Fairleigh Dickinson University Press, 1992.

HOHNE, HEINZE. *Canaris.* London: Secker & Warburg, 1979.

HOFFMANN, PETER. *Hitler's Personal Security.* London: Macmillan, 1979.

JOHNSON, ERIC A. *Nazi Terror. the Gestapo, Jews and Ordinary Germans.* NewYork: Basic Books, 1999.

MCDONALD, CALLUM. *The Killing of SS Obergruppenführer Reinhard Heydrich.* London: Macmillan, 1989.

MANVELL, ROGER AND HEINRICH FRANKEL. *The July Plot.* London: Bodley Head, 1964.

MASON, HERBERT MOLLOY. *To Kill Hitler: The Attempts on the Life of Adolf Hitler.* London: Michael Joseph, 1978.

NEAVE, AIREY. *Nuremberg: A Personal Record of the Trial of the Major War Criminals.* London: Coronet Books, 1978.

PADFIELD, PETER. *Himmler: Reichsführer-SS.* London: Macmillan, 1990.

REITLINGER, GERALD. *The Final Solution: the Attempt to Exterminate the Jews of Europe, 1939—1945.* Northvale, New Jersey: J. Aronson, 1987.

REITLINGER, GERALD. *The SS: Alibi of a Nation,* 1922—1945. New York: Da Capo Press, 1981.

RITCHIE, ALEXANDRA. *Faust's Metropolis: A History of Berlin.* London: Harper Collins, 1998.

SACHS, RUTH-1. *Adolf Eichmann: Engineer of Death.* New York: The Rosen Publishing Group, Inc., 2001.

SCHELLENBERG, WALTER. *The Schellenberg Memoirs.* London: Andre Deutsch, 1956.

SHIRER, WILLIAM. *Rise and Fail of the Third Reich.* London: Secker & Warburg, 1960.

SWEETS, JOHN F. *Choices in Vichy France: The French under Nazi Occupation.* Oxford: Oxford University Press, 1986.

WHEELER BENNETT, SIR John. *The Nemesis of Power: the German Army in Politics, 1918—1945.* London: Macmillan, *1953.*

WIGHTON, CHARLES. *Eichmann: His Career and Crimes.* London: Odhams Press Ltd., 1961.

WEBSITES ÚTEIS

www.einsatzgruppenarchives.com

Para uma introdução detalhada dos crimes cometidos pelas unidades móveis que se seguiram à invasão do Wehrmacht da Polônia e União Soviética. Inclui relatórios oficiais, diretrizes e estatísticas, bem como depoimentos de testemunhas e fotografias.

www.lidice-memorial.cz

Site oficial dedicado às vítimas do massacre de Lidice na Tchecoslováquia em 1942.

www.topographie.de

Site oficial da Topografia da Fundação do Terror. Esta organização fornece informação sobre o Nacional-Socialismo e seus crimes, e organiza exibições e eventos especiais tanto em seu endereço principal em Berlim (na Prinz-Albrecht-Strasse), como em outras cidades alemãs.

www.wienerlibrary.co.uk

Uma rica fonte da história alemã moderna, a Biblioteca Wiener é especializada em história judaica e na ascensão e queda do Terceiro Reich. Também possui extensa coleção sobre o antissemitismo e na Alemanha do pós-guerra. A coleção inclui livros, periódicos, autobiografias não-publicadas, documentos originais, testemunhos, recortes de imprensa, fotografias, vídeos e recursos multimídia.